"四史"精要学习公开课

李忠杰　著

人民东方出版传媒
People's Oriental Publishing & Media
東方出版社
The Oriental Press

图书在版编目（CIP）数据

“四史”精要学习公开课 / 李忠杰著 . —北京：东方出版社，2024.3
ISBN 978-7-5207-3828-6

Ⅰ . ①四…　Ⅱ . ①李…　Ⅲ . ①中国共产党—党员—学习参考资料
Ⅳ . ① D261.42

中国国家版本馆 CIP 数据核字（2024）第 027259 号

“四史”精要学习公开课
（“SISHI” JINGYAO XUEXI GONGKAIKE）

作　　者：李忠杰
责任编辑：孔祥丹
责任校对：曾庆全
出　　版：东方出版社
发　　行：人民东方出版传媒有限公司
地　　址：北京市东城区朝阳门内大街 166 号
邮　　编：100010
印　　刷：三河市中晟雅豪印务有限公司
版　　次：2024 年 3 月第 1 版
印　　次：2024 年 3 月北京第 1 次印刷
开　　本：710 毫米 ×1000 毫米　1/16
印　　张：20.5
字　　数：304 千字
书　　号：ISBN 978-7-5207-3828-6
定　　价：78.00 元
发行电话：（010）85924663　85924644　85924641

前　言

解析“四史”的辩证关系

习近平总书记要求全党学习党史、新中国史、改革开放史和社会主义发展史。2021 年 4 月 27 日，中共中央办公厅发出《关于在全社会开展党史、新中国史、改革开放史、社会主义发展史宣传教育的通知》。在中国共产党成立 100 周年之际，全党集中开展了党史学习教育，同时在更大范围开展了对“四史”的学习。十九届六中全会通过的《中共中央关于党的百年奋斗重大成就和历史经验的决议》，把“推动学习党史、新中国史、改革开放史、社会主义发展史”作为新时代党的重要工作和成绩之一。2022 年 1 月 11 日，在省部级主要领导干部学习贯彻党的十九届六中全会精神专题研讨班开班式上，习近平总书记进一步要求建立常态化长效化制度机制，不断巩固拓展党史学习教育成果。党的二十大要求“持续抓好党史、新中国史、改革开放史、社会主义发展史宣传教育”，并把“学习党史”写进了党章。

认真学习“四史”，对于科学总结党史、新中国史、改革开放史和社会主义发展史的经验，学史明理、学史增信、学史崇德、学史力行，具有重要的意义。

无论研究“四史”、撰写“四史”，还是阅读“四史”、学习“四史”，都会首先遇到“四史”的关系问题。所以，在本书开头，首先要对怎么理解和把握“四史”的关系作一点分析和说明。

顾名思义，党史，就是中国共产党的历史；新中国史，就是中华人民共和国的历史；改革开放史，就是中国改革开放的历史；而社会主义发展史，在这里主要指中国社会主义发展的历史，但必然涉及世界社会主义发展的大背景。社会主义在中国的发展，既包括改革开放前建设和探索社会主义的历史，更应该反映十一届三中全会以来中国特色社会主义创立和发展的历史。

“四史”总体上是一致的。党史的主体无疑是中国共产党。中华人民共和国是在中国共产党领导下成立和不断发展的；改革开放也是在中国共产党领导下兴起和不断推进的；建设和发展社会主义是中国共产党的目标和任务，中国特色社会主义是中国共产党在改革开放的历史进程中创立和发展的。因此，“四史”的主体都是中国共产党，是中国共产党领导下的最广大人民群众。“四史”的全部内容，都离不开中国共产党，离不开中国共产党的决策、领导、组织和推动。如果不写中国共产党的活动和作用，新中国史、改革开放史、社会主义发展史就没有了主体，也没有了灵魂。因而，在一定程度上，中国共产党的完整的历史，本来就应该包括新中国史、改革开放史和社会主义发展史。

从“四史”的相互关系来说，新中国史是党史的一个重要段落和篇章，改革开放史又是党史、新中国史的一个最新的重要段落和篇章。社会主义发展史则是党史、新中国史、改革开放史的一条重要脉络，与党史、新中国史、改革开放史一同发展、一同进步。中国特色社会主义更是在改革开放的历史进程中诞生和发展的。所以，“四史”本身是内在统一的，它们的主题、主线、主流、本质是一致的，它们的内容也在很大程度上相互融合，要将四个“史”截然分开是很困难的。

从时间上来说，“四史”有共同的时间段，也有不同的起讫点。如果以 2023 年 7 月为截止时间，那么，“四史”除了它们的前史之外，中国共产党的历史，从 1921 年开始，到 2023 年是 102 年。新中国的历史，从 1949 年开始，到 2023 年是 74 年。改革开放的历史，从 1978 年开始，到 2023 年是 45 年。社会主义发展的历史，在世界上已有 500 多年。在中国，1949 年以前以建立社会主义为目标，但实际进行的是新民主主义革命。从 1949 年开始，逐步从新民主主义社会向社会主义社会转变。1956 年社会主义改造完成以后，中国进入了社会主义社会。改革开放以后，进一步创立了中国特色社会主义。按不同的标准、从不同的角度界定，社会主义发展史的时间长短就会不一。大致说，新中国的历史，也就是探索、建设和发展社会主义的历史，时间是74年。如果按中国特色社会主义计算，又与改革开放的历史同步，时间是45年。

所以，中国共产党的历史，在1949年前，就是单纯的党史，当然是以近代以来中国社会的变迁过程为背景；从1949年开始，就融进了新中国史和社会主义发展史；到1978年，又融进了改革开放史和中国特色社会主义创立和发展史。从内容上它们很难分开，但在时间上则有先后顺序和起讫点，不能完全等同。

从内容上来说，“四史”除了基本的共同之处外，也有很多差别，主要是侧重点的差别。分别撰写和学习“四史”时，必须十分注意它们的侧重点。我在审读有关部门编写的《中国共产党简史》《中华人民共和国简史》《改革开放简史》《社会主义发展简史》提纲和教材时，曾特别提出和强调了这方面的建议。如果不注意“四史”之间的侧重点和差别，4本教材就会出现大量重复，不仅浪费资源、时间和精力，而且会各说各话，造成史实上和观点上的不统一，使读者产生困惑，无所适从。

所以，无论编写还是阅读“四史”教材，都要注意“四史”各自的侧重点。党史，自然应该完整反映中国共产党的奋斗史、探索史和自身建设史，完整反映中国共产党的全部实践和理论活动。新中国史，则主要反映中华人民共和国成立和发展的历史，其中，应该比较多地反映政权建设、经济建设、文化建设、社会建设、生态文明建设以及外交、国防等方面的内容，反映现代化建设的历程、成就、经验和教训。改革开放史，则主要反映改革开放是如何在中国兴起、发展、推进和深化的，要突出反映改革开放的一系列重要举措、重要方案及其实施的过程、成就和经验。社会主义发展史，则主要反映追求、探索、建设、创新、发展社会主义的历程，既要反映社会主义实践的推进，也要反映社会主义思想理论的发展。尤其要处理好一般所说的社会主义与中国特色社会主义的关系，不能简单割裂，也不能简单混同。写中国社会主义的发展，还不能离开世界社会主义的大背景，必须恰如其分地说明中国社会主义，特别是中国特色社会主义与世界社会主义运动、与书本上的社会主义和外国社会主义模式之间的关系，反映中国特色社会主义的伟大创造，反映中国共产党对社会主义的发展和贡献。

“四史”中的每一个史，都必然要写中国共产党，但具体写什么、怎样写，要有所侧重和不同。党史要完整地写中国共产党，主要写党自身。而新中国史、改革开放史、社会主义发展史，应该主要写中国共产党在这些方面和领域的领导、决策、组织和推动工作。每个史，都应该根据自己的主轴有自己的侧重。

“四史”中有大量重要的史实，每个史都不能不写。但如果同样整齐划一地写，就必然大量重复。因此，写每个史时，都应该突出自己的侧重点。读者阅读和学习时，也要注意这种侧重点。同一件事情，要从不同的角度切入。比如，写党代会和中央全会，党史应该写整体和完整的情况。但新中国史则要侧重于党代会和中央全会关于国家发展和各项建设的决策。而改革开放史，则要侧重于党代会和中央全会关于改革开放的一系列决策和重大政策。社会主义发展史，则要侧重于党代会和中央全会对社会主义理论和实践的思考、推动、创新和发展。

如果注意到“四史”的这些统一、联系、差别和侧重，“四史”的著作和教材就能有所侧重、有所区别，在一定程度上解决重复问题，发挥互补作用，真正融为一体。

按照上述认识和看法，本书在处理“四史”关系上作了适当的探索。

本书在框架结构和内容上的特点是：

第一，最大的特点，是将党史、新中国史、改革开放史和社会主义发展史集中在一本书里，分别加以介绍。不是按照通史那样写在一起，而是明确分为四个单元。一个单元写一部史，做到“一书在手，‘四史’皆知”。近年来，我已经出版了《领航——从一大到十九大》《从百年征程看初心和使命》《改革开放关键词——中国改革开放历史通览》《共和国识别码》《共和国之路》《中国共产党历史通览》《中共党史基本知识（手绘彩图本）》《中国扶贫脱贫史》《读懂党章》《党代会怎样领航中国——中国共产党党代会重大决策历史通览》等著作，实际上从不同角度介绍了“四史”的内容。而《“四史”精要学习公开课》，则是到目前为止明确将“四史”集中在一本书里但又分别加以介绍的第一本著作，为的是让读者学习起来比较方便。

第二，集中介绍“四史”的“精要”。本书的内容和体例都与分别编写的“四史”著作不同。不是连贯、完整地介绍每一个历史，而是分别提炼党史、新中国史、改革开放史和社会主义发展史中的精华、要事，贯通起来加以研究、介绍和分析。这样比4本单独的书更有深度。读者既是在阅读、学习，也可以有思考、研究。本书不是取代对4本书的阅读和学习，而是为了帮助读者更好、更快、更深入地理解和掌握“四史”的精华，与4本书起到互补作用。读者如果需要了解更多“四史”的内容，可以分别阅读其他有关“四史”的专门著作，包括我的著作。

第三，采取专题形式。全书分别按照党史、新中国史、改革开放史和社会主义发展史的顺序，分为4个单元。每个单元列4个专题。本来计划每个单元写5至7个专题，但那样写出来，篇幅就很多了。考虑到读者的需要，便压缩为每个单元4个专题。每个专题集中介绍某一方面的内容。其写法不同于一般的党史著作，也不同于我的《中共党史基本知识（手绘彩图本）》中按知识点加以介绍的方法，而是按照专题，把每一个方面的历史和事实集中和贯通起来，便于读者从总体上把握每一个史的主要内容和重要问题。4个专题之外应该写的、可以写的内容还有很多，本书只能忍痛割爱了。

第四，尽量将普及性与研究性、历史性与理论性结合起来。本书是为读者学习“四史”服务的，所以，篇幅不是很多，专题也不是很多，书名中含有“公开课”3个字，相当于给读者开设了“四史”的专题讲座。但普及并不意味着浅显。因为采用专题形式，可以将每一个专题讲深讲透，介绍很多最新的研究成果，也可以介绍4本书难以展开的事实、史料、观点。特别是，本书既讲历史，又讲理论，把历史与理论有机地结合起来。该讲历史时讲历史，该讲理论时讲理论，既从理论的高度深化历史，又用历史的事实来论证理论。其中，还有不少我自己独创的理论和观点，深化了我们对历史的认识和解读。这样，既可以引发读者阅读的兴趣，也可以帮助读者作进一步的思考和研究。

希望本书能够为读者学好“四史”发挥一定的作用。

李忠杰

目录

第一单元

党史

第一题 中国共产党的历史起点……2

一、中国共产党的早期组织……3
二、中国共产党一大开幕的时间……4
三、中国共产党成立纪念日及其由来……6
四、中国共产党一大闭幕的时间……7
五、北京孕育，上海制造，南湖起航……10
六、中国共产党成立时的党员……11
七、中国共产党一大代表及其命运……12
八、中国共产党的成立与共产国际……14
九、中国共产党第一个纲领和章程……16
十、中国共产党最早的领导机构……17

第二题 中国共产党的百年历程……19

一、夺取新民主主义革命的伟大胜利……19
二、完成社会主义革命和推进社会主义建设……22
三、进行改革开放和社会主义现代化建设……25

四、开创中国特色社会主义新时代 27
五、党的历史如同长途跋涉的万里长征 31
六、百余年征程积累了宝贵的历史经验 33
七、中国共产党的万里长征仍然“在路上” 36

第三题　中国共产党历史的基本内涵 39

一、贯穿百年的主题主线 39
二、波澜壮阔的伟大革命 43
三、载入史册的伟大贡献 46
四、思想理论的历史飞跃 50
五、新时代的成就和变革 55

第四题　中国共产党的党代会之路 65

一、新民主主义革命时期的 7 次党代会 65
二、党执政后至改革开放前的 4 次党代会 69
三、改革开放后的历次党代会 71
四、新时代已经召开的 3 次党代会 75
五、党代会制度建设的历史经验 78

第二单元

新中国史

第一题　中华人民共和国的成立 84

一、新政权的筹建工作 84
二、中华人民共和国的成立 87
三、起临时宪法作用的《共同纲领》 90

四、崭新的国家标识......93
五、确立党的执政地位......97

第二题 社会主义基本制度的确立和发展......100

一、社会主义基本制度的确立......100
二、人民代表大会制度的坚持和完善......104
三、中国共产党领导的多党合作和政治协商制度不断完善......107
四、民族区域自治制度的发展和完善......111
五、基层群众自治制度的建立和发展......114
六、中国特色社会主义制度的形成......118

第三题 十四个五年计划（规划）的制定和实施......122

一、第一个五年计划的制定和实施......122
二、计划经济体制的确立......126
三、艰难曲折的“二五”“三五”计划......128
四、新时期五年计划的改革......129
五、改革开放中五年计划（规划）的实施......130
六、计划经济的利弊得失......133

第四题 走向现代化的目标和发展战略......135

一、社会主义现代化的奋斗目标......135
二、从“以阶级斗争为纲”转向以经济建设为中心......138
三、制定和推进“三步走”发展战略......142
四、从“全面建设”小康社会到“全面建成”小康社会......144

五、“五位一体”总体布局......146
六、“四个全面”战略布局......148
七、新时代脱贫攻坚战略......150
八、抗击新冠疫情......154
九、开启全面建设社会主义现代化国家新征程......156
十、建设中国式现代化......158

第三单元

改革开放史

第一题　改革开放的历史进程和阶段划分......164

一、改革开放的起步和全面展开......164
二、改革开放以建立社会主义市场经济为主线深入发展......168
三、改革开放沿着科学发展道路继续推进......172
四、新时代全面深化改革......175
五、改革开放是决定当代中国命运的关键抉择......178

第二题　社会主义市场经济的建立和完善......182

一、生存需要开闸个体经济......182
二、自主创业兴起民营经济......185
三、国有企业改革增强动力活力......188
四、建立和完善社会主义市场经济体制......193
五、公有制为主体、多种所有制经济共同发展......197
六、按劳分配为主体、多种分配方式并存的分配制度......200

第三题 对外开放的历史抉择和战略举措 203

一、打开封闭半封闭的国门 203
二、发挥经济特区的窗口作用 207
三、把开发开放浦东上升为国家战略 209
四、及时提出“走出去”战略 212
五、加入世界贸易组织 214
六、提出“一带一路”倡议 217

第四题 贴近老百姓生活的历史变革 221

一、教育体制改革 221
二、价格体制改革 226
三、住房制度改革 228
四、医药卫生体制改革 233
五、计划生育国策的实施和调整 237
六、户籍制度改革 239

第四单元

社会主义发展史

第一题 世界社会主义的由来和变迁 244

一、科学社会主义奠基人对新社会的构想 245
二、社会主义制度在苏联的创立和实践 249
三、社会主义制度在欧亚各国的建立和发展 252
四、社会主义国家改革兴起和发展的过程 254
五、社会主义没有一个固定的模式 257

第二题 从新民主主义到社会主义的跨越 259
一、新民主主义革命和社会 259
二、大步跨入社会主义社会 262
三、对中国建设社会主义道路的思考和探索 266
第三题 由房屋而论什么是社会主义 270
一、一个首要和根本的问题 270
二、邓小平对社会主义本质的科学揭示 273
三、社会主义功能价值与具体形式的关系 275
四、社会主义的根本任务是发展生产力 278
五、正确认识社会主义的基本特征 282
第四题 中国特色社会主义的创立和发展 286
一、在改革开放中创立中国特色社会主义 286
二、邓小平是中国特色社会主义的创立者 289
三、在实践“三个代表”中对中国特色社会主义的发展 292
四、在坚持科学发展中推进中国特色社会主义事业 296
五、中国特色社会主义进入新时代 299
六、坚定不移高举中国特色社会主义伟大旗帜 306

第一单元

党史

·第一题·

中国共产党的历史起点

党的二十大宣告："中国共产党已走过百年奋斗历程。"此前的 2021 年 11 月，十九届六中全会审议通过了《中共中央关于党的百年奋斗重大成就和历史经验的决议》，这是中国共产党第三个关于历史问题的决议。

决议全面总结了中国共产党成立 100 年来，团结带领全国各族人民创造的伟大成就，特别是着重肯定了党的十八大以来党和国家事业取得的历史性成就、发生的历史性变革，系统阐述了百年奋斗积累的"十个坚持"的宝贵经验，回答了"过去我们为什么能够成功、未来我们怎样才能继续成功"的重大命题，进一步阐明了确立习近平同志党中央的核心、全党的核心地位，确立习近平新时代中国特色社会主义思想的指导地位的深远意义，号召全党全军全国各族人民更加紧密地团结在以习近平同志为核心的党中央周围，以史为鉴、开创未来，埋头苦干、勇毅前行，为实现第二个百年奋斗目标、实现中华民族伟大复兴的中国梦而不懈奋斗。

100 多年前的 1921 年，中国共产党宣告成立，这是开天辟地的大事变，是中国共产党 100 多年跋涉奋进的历史起点，也是中国社会发生沧桑巨变的历史起点。学习中国共产党的历史，首先要了解中国共产党的诞生史。改革开放以来，对于中国共产党诞生的研究，取得了许多成果，但有的成果还不为人所知，以致迄今很多人对党的历史起点还有误解和不准确的地方。在党走过 100 多年历程之后，作为中国共产党的党员，特别是领导干部，应该及时了解这些事实和新的成果、新的结论。

一、中国共产党的早期组织

中国共产党在1921年成立，但有些老一辈革命家却称是1920年成立，毛泽东填表时称自己入党的时间是1920年。为什么？因为在中共一大之前，各地就已经成立了一些共产党组织。过去，党史上都统称其为共产主义小组。但这种称谓不太准确，所以，中央党史部门出版的党史基本著作很久以来就已经改称为“中国共产党早期组织”。

1920年8月，陈独秀等人在共产国际帮助下，以上海马克思主义研究会为基础，成立了中国第一个共产党早期组织，取名为“中国共产党”，陈独秀为书记，李汉俊和李达先后代理过书记。上海党组织积极推动各地共产党早期组织的建立，出版了6期《共产党》月刊，直接负责了中国共产党一大的筹备工作。所以，也有人称其是中国共产党的发起组。

1920年10月，在北京大学图书馆李大钊的办公室里，成立了北京的“共产党小组”。年底，决定成立“共产党北京支部”，李大钊任书记，成员多为北京大学的师生。

1920年8月，在上海共产党早期组织帮助下，在武昌董必武寓所成立了“共产党武汉支部”。1920年初冬，在毛泽东筹划下，长沙的共产党早期组织在新民学会的先进分子中诞生。1921年春，陈独秀在广州主持成立了“广州共产党”，王尽美、邓恩铭等在济南成立了共产党早期组织。在旅日、旅法的华人中，也成立了共产党早期组织。

党史基本著作一般列举这8个早期组织，各方面也基本认可。但有资料显示，天津及唐山、香港、南京也有过共产党的地方组织。党史学者还注意到共产国际档案中有一份《四川省重庆共产主义组织的报告》。该报告称，1920年3月在重庆成立了一个共产主义组织，有40多个成员和60多个候补成员，还设立了书记处、宣传部、出版部、财务部等组织机构。这些组织后来的情况怎样？它们是否都是共产国际直接或间接帮助成立的？它们与中共一大成立的中共是否同属一个组织？目前尚不是很清楚，有待进一步研究。

北京、上海等地的党史研究室曾经联合召开研讨会，探讨过党的早期组织的活动和贡献问题。

中国共产党早期组织的出现和活动，促进了对中国前途命运的思考，推进了对马克思主义的研究传播，开始了构建党的组织形式的探索，开展了初步的群众动员工作，因此，对中国共产党的正式成立起了重要的作用，是中国共产党历史起点的重要组成部分。

二、中国共产党一大开幕的时间

1921 年 7 月，中国共产党召开第一次全国代表大会。具体是哪一天呢？长期以来，人们一直以为是 7 月 1 日开幕的，但实际情况并非如此。

1972 年，苏联两位学者发表文章，以共产国际档案为依据，提出中共一大开幕的时间应该是 7 月 23 日。改革开放后，在胡乔木主持下，中共中央党史研究室对中共一大开幕时间进行了研究。1980 年，《党史研究》和《党史资料丛刊》发表了三份共产国际的档案文献。其中一份题为《中国共产党第一次代表大会》的详细报告明确写道：“代表大会定于六月二十日召开，可是来自北京、汉口、广州、长沙、济南和日本的代表，直到七月二十三日才到达上海，于是代表大会开幕了。”[①]

苏联学者公布的《驻赤塔赤色职工国际代表 Ю. Д. 斯穆尔吉斯的信件》，则更加明确地记载，“从七月二十三日到八月五日，在上海举行了中国共产党的代表大会”[②]。

经过慎重研究，中共中央党史研究室编写、经中央批准、2002 年出版、2011 年再版的《中国共产党历史》第一卷明确写道：“中国共产

① 中共中央党史研究室、中央档案馆编：《中国共产党第一次全国代表大会档案文献选编》，中共党史出版社 2015 年版，第 26 页。

② 中共中央党史研究室、中央档案馆编：《中国共产党第一次全国代表大会档案文献选编》，中共党史出版社 2015 年版，第 33 页。

★ 图为中共一大会址纪念馆　中新图片／黄冬

党第一次全国代表大会于1921年7月23日晚上开幕。”[①]2011年经中央批准的《中国共产党历史大事记》，2021年经中央批准的《中国共产党一百年大事记》，也都明确记载：“7月23日　中国共产党第一次全国代表大会在上海法租界望志路106号（今兴业路76号）开幕。”[②]2021年出版的《中国共产党简史》没有在正文中说7月23日，而是加了一个注释，说“据后来考证，党的一大开幕的准确日期是1921年7月23日”[③]。

中共一大于7月23日开幕，这一事实早成定论，

---

① 中共中央党史研究室：《中国共产党历史》第一卷（1921—1949）上册，中共党史出版社2011年版，第67页。

② 中共中央党史研究室：《中国共产党历史大事记（1921年7月—2011年6月）》，人民出版社2011年版，第3页；中共中央党史和文献研究院：《中国共产党一百年大事记（1921年7月—2021年6月）》，人民出版社2021年版，第3页。

③《中国共产党简史》编写组：《中国共产党简史》，人民出版社、中共党史出版社2021年版，第13页。

但遗憾的是，在实际生活中，很多领导干部和党员、群众对此并不了解，不经意间就会说成7月1日召开或诞生。我多次发现，有些党史馆、展览馆的表述也不准确。所以，有必要对此加以说明和强调，以免继续出现误解、误读、误说的现象。

三、中国共产党成立纪念日及其由来

既然中共一大开幕的时间是1921年7月23日，那7月1日这个时间是从何而来的呢？它的准确含义是什么呢？

最早对中国共产党成立进行纪念的是共产国际。1936年6月23日，共产国际执委会书记处作出《关于中国共产党成立15周年的决定》。据此，共产国际举行了一系列活动，《共产国际》杂志刊登了纪念中共成立15周年的系列文章。

1937年7月1日，中共中央召开党的活动分子会议，周恩来作《十六周年的中国共产党》的报告，开创了在7月1日进行党员教育的先河，但报告没有提到党诞生的具体时间。

1938年，抗日根据地举行纪念建党17周年的活动，需要确定日期。当时，在延安的中共一大代表有毛泽东、董必武。他们回忆，中共一大是7月召开的，但确切的日期记不清了，于是，就商量将7月1日作为党的诞生纪念日。毛泽东在《论持久战》中指出：“今年七月一日，是中国共产党建立的十七周年纪念日。”①6月24日，中共中央发布《关于中共十七周年纪念宣传纲要》。7月1日，在延安和其他抗日根据地，举行了隆重的庆祝活动，延安还举行了类似元宵节一样的“提灯大会”。

1941年6月，中共中央发出《关于中国共产党诞生廿周年抗战四周年纪念指示》，第一次以中共中央名义把7月1日作为党的诞生纪念日。②所以，7月1日，中共中央机关报《解放日报》出版了《中国共产党20

①《毛泽东选集》第二卷，人民出版社1991年版，第440页。

② 参见张静如主编：《中国共产党全国代表大会史丛书》第一册，万卷出版公司2007年版，第106页。

周年特辑》。延安党政机关和人民团体举行了纪念建党 20 周年活动。此后，在 7 月 1 日纪念党的诞生就一直延续了下来。1948 年 7 月 1 日，刘少奇在纪念建党 27 周年的讲话中说：这是我们党最重要的纪念日，也是中国人民、中国民族最重要的纪念日。

新中国成立后，1951、1961、1981、1991、2001、2011 年，党中央都举行了庆祝建党的活动。改革开放以来，除了逢十周年外，逢五周年还举行过一些庆祝活动。

由于这些活动基本上都在 7 月 1 日举行，天长日久，人们便以为中国共产党是在 7 月 1 日诞生的。实际上，毛泽东等人和中央文件都是把 7 月 1 日称作纪念日，关键是有“纪念”二字。董必武 1971 年曾谈道：“七月一日这个日子，也是后来定的，真正开会的日子，没有哪个说得到的。”① 由于改革开放后中共一大开幕的日期已经查明，所以，就要注意 7 月 1 日与 7 月 23 日两个日期的准确意义。7 月 1 日是纪念日，但不是中共一大真正开幕的时间。无论开展纪念活动，还是撰写有关文稿，都应该注意这个差别，不能说中国共产党是 7 月 1 日诞生的。

2021 年 7 月 1 日，在北京天安门广场隆重举行了庆祝中国共产党成立 100 周年大会。在此前后，党中央还举行了其他一系列庆祝活动。习近平总书记在庆祝中国共产党成立 100 周年大会上发表重要讲话，第一句话就是：“今天，在中国共产党历史上，在中华民族历史上，都是一个十分重大而庄严的日子。”② 这一表述既强调了这个日子的重要性，但又没有说 7 月 1 日是诞生日，既有政治高度，又符合历史事实，准确而又巧妙。

四、中国共产党一大闭幕的时间

中共一大开幕的时间已经清楚了，闭幕的时间呢？

---

① 中共中央党史研究室、中央档案馆编：《中国共产党第一次全国代表大会档案文献选编》，中共党史出版社 2015 年版，第 120 页。

② 习近平：《在庆祝中国共产党成立 100 周年大会上的讲话》，人民出版社 2021 年版，第 1 页。

很长时间以来，中共一大闭幕的时间一直没有定论。代表的回忆及档案资料的记载都不一样。7月31日、8月1日、8月2日、8月3日、8月4日、8月5日，共有六种说法。

主要事实是，7月30日晚上，代表们在上海的会场即李汉俊之兄李书城住宅内召开最后一次，即第六次会议时，突然有人闯进会场，说是找人。长期从事秘密工作的共产国际代表马林高度警觉，立即建议会议停止，大家迅速离开。不到一刻钟，法租界巡捕房便来人搜查了。

暗探为什么会闯入会场？过去都认为是追踪马林而来。但现在经过考证研究，并非如此，而是租界发送通知，规定租界内不许随便集会，暗探本来是要把通知送到隔壁的，听到这边有人声，遂进门查看的。

不管什么原因，显然，在上海开会已经不安全了，但建党的任务还没有完成，于是李达等人研究后决定转移。有人建议到杭州西湖继续开会。但有人认为那里人太多，容易暴露。李达的夫人、参与中共一大筹备工作的王会悟是浙江嘉兴桐乡县（今桐乡市）人，她说嘉兴有个南湖，如果租条游船在湖上开会，比较安全。大家觉得有道理。大家还认为，如到外地开会，必须当天能够回来。经查火车时刻，到杭州无法当天来回，而嘉兴可以。因此，决定到嘉兴南湖继续开会。

问题在于，具体是什么时间转移的？到底是哪一天在南湖开会的？代表的回忆和档案资料都不一致，很难仅仅根据某一个人的回忆或记载作出结论。有的党史书和文学著作说是7月31日，但事实上这是最不可能的日期。从代表们30日晚上活动轨迹看，从撤离、摆脱可能的特务跟踪、找地方休息，到随后代表们相互联系、部分人聚集商量、了解嘉兴情况和列车时刻、预订游船、购票、通知代表，前往车站乘车……所有这些环节，根本不可能在一个晚上搞成。

由于闭幕时间一直没能确定，所以，《中国共产党历史》第一卷便表述为：“代表们分批转移到浙江嘉兴南湖，在一艘游船上召开了最后一天的会议。”[①]《中国共产党历史大事记》也记载为：“最后一天的会议转移到

① 中共中央党史研究室：《中国共产党历史》第一卷（1921—1949）上册，中共党史出版社2011年版，第68页。

浙江嘉兴南湖举行。"[①]这"最后一天"到底是哪一天？没有说，也没法说，只能待考证研究后再予确定。

多年来，上海、浙江有关部门和单位对党的创建史高度重视，组织开展了多方面的研究。特别是浙江嘉兴市有关部门和单位专门立项对南湖会议进行调查考证，搜集了几乎所有能够找到的关于中共一大的历史资料，逐个对所有的回忆进行了考证辨析。根据文件和代表回忆提及的各种细节，核查了当年从上海到杭州途经嘉兴停靠的列车车次和时刻、8月1日前后几天的天气状况和气象档案、从上海到广州的轮船航班时间，等等，并参考台湾的国民党有关档案，逐一排除了其他各种日期的可能性，列举多方面证据，认为8月3日在南湖召开会议最接近于事实。也就是说，他们认为中共一大在南湖召开并闭幕的时间应该是8月3日。

至于转移到嘉兴的具体过程，他们梳理出来的是：8月2日，王会悟等人乘坐从上海到杭州的104次早班快车，提前一天到嘉兴做好开会的准备工作，但没有订到大号的丝网船，只好订了一艘中号的丝网船。其他代表则于8月3日乘坐104次早班快车，于10点13分到达嘉兴站。因此，会议得以在11点钟左右开始。

这是一个令人鼓舞的成果。由于这是到目前为止，有组织地对南湖会议进行的最系统、最全面、最深入、最细致的一项研究，是在广泛查阅档案资料，走访有关人士、仔细考证辨析基础上得出的最新结论，所以，虽然还不能绝对肯定，但可信度比较高。嘉兴方面已经正式发布了关于南湖会议的研究成果，并出版了专著。这项成果在完成时，经过了一批研究中共一大史的权威专家的鉴定和签字认可，因此是比较权威的。但为了留有余地，我一般称8月3日是中共一大闭幕最有可能的时间。

2021年出版的《中国共产党简史》，也许为了慎重，仍然未说具体日期，如同以前，还是表述为"最后一天的会议"。

---

① 中共中央党史研究室：《中国共产党历史大事记（1921年7月—2011年6月）》，人民出版社2011年版，第3页。

五、北京孕育，上海制造，南湖起航

中共一大开幕是在上海，闭幕却是在浙江嘉兴南湖。于是，中国共产党的历史起点到底在哪里？这也成了一个需要准确表述的问题。长期以来，有的同志强调上海是党的诞生地，但也有同志认为应该是嘉兴南湖。

两地都以党的诞生地为荣，这是好事。上海和浙江都分别召开过研讨会，研究党的创建史，上海还开过国际研讨会，这也是好事。

上海，无疑是党的主要诞生地。上海是近代以来最大的工商业城市，新文化运动的发源地。工人阶级最为集中，知识分子云集，水陆交通便利，中外各种思潮和风气碰撞，控制上海的军阀与北京不是一个派系，在租界内从事革命活动相对比较安全，租界分割也易于革命者隐匿和转移。这些客观环境为党在上海诞生奠定了重要基础。创建中国共产党的先进分子以及共产国际和苏俄人士都把上海作为最重要的活动基地。还在 1920 年，上海就成立了称为"中国共产党"的早期组织。上海党组织实际承担了发起和召集中国共产党第一次全国代表大会的任务。李达等人具体负责筹备工作。中共一大在上海召开了 6 次会议，研究了主要问题，起草了有关文件。如果不是侦探出现，会议也许就会在 30 日晚上结束，党也就在上海宣告正式成立了。所以，中共一大在上海召开，中国共产党在上海成立，是历史的必然。

中共一大转移到嘉兴南湖召开，确实是历史的偶然，但偶然中也有必然。浙江近代工商业的发展，辛亥革命后进步思潮的涌现，浙江志士仁人投身革命，嘉兴与上海之间交通便利，还有可以利用的社会关系等，都是客观的有利条件。党的最早一批党员，特别是上海共产党早期组织中，有不少人，如陈望道、沈玄庐、沈雁冰、沈泽民、俞秀松、施存统等，都是浙江人。其中陈望道是《共产党宣言》第一个完整中译本的翻译者。到南湖开会的建议，是浙江籍人士王会悟提出来的，会议代表的接待、安排和转移工作都是王会悟操办的。会议在南湖虽然只开了一天，但在上海会议基础上，通过了所有文件，选举了中央领导机构，正式宣告了中国共产党的成立。这样的功绩和地位不能否认。

中共一大在两个地方接力召开和完成，这个事实是很清楚的。所以，按历史事实，党的诞生地应该包括上海和浙江嘉兴南湖两个地方。很多展览和书籍只说上海一个地方，也有展览和书籍只说南湖一个地方，这都不完整，必须把两个地方说全了才行。

党的十九大结束后，习近平总书记带领全体政治局常委瞻仰一大会址和嘉兴南湖红船。两个地方都到了。习近平总书记指出："上海党的一大会址、嘉兴南湖红船是我们党梦想起航的地方。我们党从这里诞生，从这里出征，从这里走向全国执政。"

习近平总书记当年在浙江工作时，专门发表文章论述"红船精神"，他指出："中国共产党第一次全国代表大会在浙江嘉兴南湖的一条游船上胜利闭幕，庄严宣告中国共产党的诞生。这条游船因而获得了一个永载中国革命史册的名字——红船。"①

《中国共产党简史》对两个地点都给予了肯定，称"上海党的一大会址，嘉兴南湖红船，是中国共产党的'产床'，是党梦想起航的地方"②。

由于"红船"非常形象、鲜明、寓意深刻，所以我们经常把红船作为中国共产党诞生的标志。为了准确反映历史事实和不同地方的贡献，我一直主张形象地说，这条红船"在北京孕育，在上海制造，在南湖启航"。当然，只要说红船，上海的作用就难以直接体现出来，所以，我多次建议上海的同志发挥聪明才智，设计出更完整更鲜明的形象化标志物来。后来我得知，上海的同志提炼概括了两句话："从石库门到天安门，从兴业路到复兴路"。这种表述没有反映南湖的贡献，但也很形象，很有意境，所以现在已在一些文件和领导人的讲话中使用。

六、中国共产党成立时的党员

1921 年 7 月中国共产党正式成立时有多少名党员？多年来，一直有

---

①《红船精神领航中国梦》编写组编:《红船精神领航中国梦》，浙江人民出版社 2015 年版，第 1 页。

②《中国共产党简史》编写组:《中国共产党简史》，人民出版社、中共党史出版社 2021 年版，第 15 页。

53人、57人、56人等多种说法。中共中央党史研究室编写的《中国共产党历史》第一卷和《中国共产党历史大事记》均表述为：中共一大代表当时“代表着50多名党员”。

浙江嘉兴有关部门和单位对《中国共产党历史》第一卷中列举的59名成员加以梳理，逐个考证。除了搜集、查阅、辨析历史资料外，还分赴山东、北京、广州、湖南、湖北、上海等中共早期组织成员的主要活动地和原籍家乡进行实地调研，搜集各地最新研究成果，逐条核实有关人员情况，整理出每一个人的生平，并以表格形式列出每一个人的姓名、年龄、文化程度、职业以及去向。剔除重复的，补充未列的，认定在中国共产党正式成立时，早期组织成员共有58人。

对这些成员，嘉兴同志还进行了社会学角度的归类分析。发现这58名党员，基本上都是知识分子。其中留学日本的18人，北京大学毕业的17人，其他大学的8人，中师、中学毕业的13人。从职业来看，担任教师（教授）的17人，学生24人，报人（记者）、律师、职员等自由职业者10人，弃官不做的3人，工人4人。这些职业和履历证明，这些人投身革命，参与建党，并不是迫于生计，而是为了改造中国与世界。

从籍贯来看，湖南20人，湖北11人，浙江7人，广东5人，山东4人，河北3人，江苏2人，安徽、江西、山西、贵州、天津、重庆各1人。

由中共中央党史研究室编写、经中央批准于2016年出版的《中国共产党的九十年》一书中，将中共一大时的党员数量确定为58名，并以表格方式逐一列出了他们的名单。但2021年出版的《中国共产党简史》重新使用概数，称有“50多名党员”。所以，中共一大时到底有多少党员？今后还需要继续研究。

七、中国共产党一大代表及其命运

中共一大代表多少人？有的认为是12人，有的认为是13人。主要问题是包惠僧是陈独秀所委派，算不算正式代表？中共中央党史研究室编写的《中国共产党历史》第一卷和《中国共产党历史大事记》，一直都认定代表为13名。除此之外，还有两位共产国际代表。2021年出版的《中国共产党简史》，没有说代表的数字，只是一一列出他们的姓名，并将包惠僧列在最后，用一个分号与前面的代表分隔开来，以示差别。

这15人中，陈公博、马林和尼克尔斯基没有参加南湖会议。有的认为李汉俊、何叔衡也没有去南湖，所以参加南湖会议的为10人，比上海少5人。

过去，说到这些代表时，多数语焉不详，有时还尽量回避。但随着实事求是原则的贯彻，对这些代表的研究多了起来。近年来，出版了新民主主义革命时期历届党代会代表名录，张静如、李蓉、姚金果、刘宋斌、李颖等学者的著作，也都对中共一大代表的生平进行了研究。话剧《谁主沉浮》、电视纪录片《日出东方》《开端》等，形象化地展示了13位代表的人生经历。浙江嘉兴编写的丛书，更加详尽地研究了这些代表的生平。

当年的13位代表和两位共产国际代表，年龄最大的45岁，最小的19岁。30岁以下的9人。平均年龄28岁，恰巧是当时毛泽东的年龄。

13位代表，怀揣救国救民的理想抱负走到中国共产党的历史起点，后来又因种种原因各奔东西，书写了跌宕起伏、命运迥异的人生。他们的道路和结局大致可分为五类。

第一类，毛泽东、董必武，在长期革命斗争中经受考验，发挥重要作用。毛泽东成为党和国家领袖，董必武也成为党和国家领导人。

第二类，陈潭秋、何叔衡、邓恩铭、王尽美，英勇奋斗一生，先后牺牲或病故。

第三类，李达、李汉俊，因不满陈独秀家长制等原因退党，但仍坚持马克思主义信念。李达1949年回到党内。李汉俊1927年被国民党军阀杀害，1952年被定为烈士。

第四类，包惠僧、刘仁静，一度误入歧途。包惠僧1927年脱党，后在国民党军队和政府任职。刘仁静1926年后成为托派。1949年后两人均发表声明，承认错误。包惠僧晚年任国务院参事。

第五类，张国焘、陈公博、周佛海，叛变投敌，沦为罪人。张国焘曾任党和军队重要领导职务，但在长征中另立中央，1938年投奔国民党，成为叛徒。陈公博、周佛海20世纪20年代就与党离心离德，随后脱党，党亦作出开除和准其脱党的决定。两人随后加入国民党，到抗战期间沦为臭名昭彰的大汉奸。

同一个起点，不同的归属。真是大浪淘沙！几多激励，几多感慨，几多唏嘘，几多警示！从中共一大代表的人生经历和命运中，我们能得到很多启示。

2017年10月31日，习近平总书记在带领中央政治局全体常委瞻仰一大会址时，对着中共一大代表的浮雕，一一列数他们的姓名，感叹英雄辈出，也感叹大浪淘沙。

八、中国共产党的成立与共产国际

中国共产党的成立与共产国际和俄国共产党（布）有密切关系。不了解这一关系，就不能全面把握中国共产党的历史起点，也无法理解党后来所走的道路。

中共中央党史研究室与俄罗斯科学院远东研究所等合作，编译出版了22卷《共产国际、联共（布）与中国革命文献资料选辑》。李玉贞、黄修荣、杨奎松、沈志华等学者也出版了各自研究的成果。上海市委党史研究室等还专门召开过国际研讨会。这些成果，基本上揭示了中国共产党与共产国际和联共（布）关系的主要脉络。

十月革命胜利后，俄共（布）就加强了与中国革命者的联系。1919年，共产国际（又称第三国际）在莫斯科成立，其宗旨是推进世界革命，同时援助苏维埃俄国。1920年4月，俄共（布）中央和共产国际派遣全权代表维经斯基前往中国，帮助建立中国共产党。

维经斯基先后会见了李大钊和陈独秀，在上海成立了共产国际东亚书记处，在若干城市建立起革命局。1920年7月，该书记处临时局主席、俄外交人民委员部远东事务全权代表威连斯基来华，在北京主持召开在华工作的俄共党员代表会议，研究成立中国共产党事宜。随后，该书记处又在上海召开“远东社会主义者会议”，提出在中国、日本、朝鲜组建共产党的任务。该书记处直接指导成立了上海、北京、广州的共产党早期组织。

1921 年上半年，维经斯基奉调回国后，共产国际执委会委员马林和接替维经斯基的共产国际远东书记处代表尼克尔斯基到达上海，与李达、李汉俊会谈，一致认为应尽快召开全国代表大会，正式成立中国共产党。马林和尼克尔斯基参与了筹备中共一大的工作，直接帮助和指导了中国共产党的成立。

在中共一大上，马林和尼克尔斯基发表致辞。马林在长篇讲话中介绍了共产国际的情况，认为中共创立后自然就成了共产国际的一个支部。会议没有马上接受这一意见，但在大会通过的第一个决议中规定："党中央机关每月应向第三国际提出报告。"①

到 1922 年，中共二大专门通过《中国共产党加入第三国际决议案》，正式成为共产国际的一个支部。这个决议对以后几十年中国共产党的发展产生了深刻的影响。很长时间内，共产国际和联共（布）对中国革命给予了巨大帮助，但也是党内屡次出现"左"倾错误的国际背景。我们常说的把共产国际指示神圣化、把苏联经验教条化的错误，其根源，首先就在于这种组织上的关系。以毛泽东同志为主要代表的中国共产党人，正是在妥善处理这种关系的过程中，走出了一条独特的中国革命道路。了解这种背景，我们才能更加体会到探索中国道路的艰辛和意义。

参加中共一大的两名国际代表，其命运也是错综复杂。马林是荷兰人，曾创建印度尼西亚共产党，1921 年帮助成立了中国共产党，1927 年加入托派，1940 年在荷兰参加抗击德国法西斯的斗争，1942 年被杀害。尼克尔斯基，俄国人，兼有共产国际远东书记处代表、红色工会国际代表和苏俄红军情报人员三重身份，1938 年在苏联肃反中被捕，1943 年被杀，1956 年平反。2007 年，在俄罗斯和蒙古学者的帮助下，上海中共一大会址纪念馆第一次获得了尼克尔斯基的照片和资料，弥补了长达 50 多年照片资料的空白。

① 中共中央党史研究室、中央档案馆编：《中国共产党第一次全国代表大会档案文献选编》，中共党史出版社 2015 年版，第 10 页。

九、中国共产党第一个纲领和章程

中共一大通过了中国共产党的第一个纲领和决议，确定了党的目标、任务、所要开展的工作等。这是党的理论和实践活动全面展开的起点。

党的第一个纲领规定：革命军队必须与无产阶级一起推翻资本家阶级的政权；承认无产阶级专政，直到阶级斗争结束，即直到消灭社会的阶级区分；消灭资本家私有制，没收机器、土地、厂房和半成品等生产资料，归社会公有；[①] 等等。

这是俄文版的中文翻译。仔细琢磨，第一句话就有逻辑上的疑点。当时中国共产党还根本没有革命军队，也没有马上组建革命军队的打算，怎么会把革命军队当作主语或主体来规定其任务呢？纲领是党自己的政治主张，为什么不首先规定自己的任务，而是先去规定革命军队的任务呢？

英文版纲领的表述与俄文版纲领表述有所不同。它的第二条第一款的表述是，“以无产阶级革命军队推翻资产阶级，由劳动阶级重建国家，直至消灭阶级差别”[②]。这种表述，逻辑上应该更合理、顺畅一些。所以，我认为英文版的译文比俄文版的译文要更准确一些。

无论何种版本，纲领的这些内容明显是按照马克思主义基本原理写的，所以，虽然纲领并没有直接使用马克思主义的概念，但人们一直认为，中共一大举起了马克思主义的旗帜。

仔细推敲这些规定，也可以发现，纲领中的某些要求与当时中国的国情是有差距的。我们党后来确认，新民主主义革命时期中国社会的主要矛盾是帝国主义与中华民族的矛盾、封建主义与人民大众的矛盾。新民主主义革命主要是解决这两大矛盾。而一大纲领却是要解决社会主义与资本主

① 参见中共中央党史研究室、中央档案馆编：《中国共产党第一次全国代表大会档案文献选编》，中共党史出版社 2015 年版，第 3 页。

② 中共中央党史研究室、中央档案馆编：《中国共产党第一次全国代表大会档案文献选编》，中共党史出版社 2015 年版，第 5 页。

义的矛盾，这在未来是可以的，但在当时显然不是最主要的任务。另外，毛泽东直到1940年发表的《新民主主义论》，还认为中国的资本主义不是多了，而是少了，我们的任务只是节制资本。由此，如果在20年代初就要消灭资本家私有制，没收机器、土地、厂房和半成品等生产资料，显然是不实际的。所以，到1922年，根据共产国际二大精神和中国国情，在上海举行的中共二大，明确提出以打倒军阀、打倒列强为主要内容的反帝反封建的民主革命纲领，实际上区分了最高纲领和最低纲领。这是党的纲领的重要变化，是把马克思主义与中国实际相结合的产物。所以，确定党的纲领的起点，必须把中共一大与中共二大连贯起来。

中共一大没有单独制定党章，只是在中国共产党的第一个纲领中包含了党章的部分内容，如入党条件、接受党员的手续、党的委员会等。1922年的中共二大正式制定了《中国共产党章程》。体例上明确从党的纲领中分开，初步构建了党的组织体系，设立各级执行委员会，规定了严格的纪律，还把"经费"作为专门一章。这是中国共产党的第一个正式党章，也是后来所有党章的基础。

此后，到党的二十大，一共对党章作过18次修改。中共六大、中共七大、党的八大、党的九大、党的十大、党的十一大、党的十二大的党章实际上都是重新制定。如果精确计算，我们党迄今一共制定过8部党章，作过11次修改。加起来，一共形成过19个版本。中国共产党100多年的历史变迁，包括党的发展进步、成就经验，以及曲折教训，在党章的修改和变化中都能反映出来。

十、中国共产党最早的领导机构

中国共产党的领导机构及其权力结构和运行机制，也是以一大为历史出发点的。

中共一大规定设立中央执行委员会，但因党员数量不够没有实际选举。只是选举陈独秀、张国焘、李达3人组成中央局。陈独秀任书记，张国焘负责组织，李达负责宣传。中共一大后的一些中央文件，是以中央执行委员会名义发布的，所以，有人认为，中共一大似乎成立了临时中央执行委员会。但因缺乏佐证，现在还难以确认。

中共二大制定的第一部党章规定，“全国代表大会为本党最高机关。在全国大会闭会期间，中央执行委员会为最高机关”“全国代表大会每年由中央执行委员会定期召集一次”“中央执行委员会由全国代表大会选举五人组织之，并选举候补委员三人”。执行委员会互推产生委员长一人，“总理党务及会计”。[①] 中共二大选举产生了中央执行委员会，所以从组织上来说，建党过程到中共二大才算完成。中共二大、中共三大时，陈独秀均任委员长。到四大时，改称总书记。

1927 年的中共五大，将中央执行委员会改称为中央委员会，并第一次设立中央政治局和中央政治局常务委员会，这是现在中央领导机构设置及其称谓的起点。中共五大还第一次设立中央和省的监察委员会，这是中央和省级纪委设置的起点。

此后，中央领导机构还不断有一些变化，也有一些曲折。到 1945 年中共七大后才逐步趋于完善，也趋于稳定。

千里之行，始于足下。正是从中共一大这个历史的起点出发，中国共产党才有了后来 100 多年的奋斗、探索、自身建设和发展，才有了中国社会面貌的根本变化。所以，十九届六中全会通过的《中共中央关于党的百年奋斗重大成就和历史经验的决议》说：“在中国人民和中华民族的伟大觉醒中，在马克思列宁主义同中国工人运动的紧密结合中，一九二一年七月中国共产党应运而生。中国产生了共产党，这是开天辟地的大事变，中国革命的面貌从此焕然一新。”[②]

---

① 中共中央党史研究室、中央档案馆编:《中国共产党第二次全国代表大会档案文献选编》，中共党史出版社 2014 年版，第 28、27 页。

②《中共中央关于党的百年奋斗重大成就和历史经验的决议》，人民出版社 2021 年版，第 4 页。

·第二题·

中国共产党的百年历程

2021年是中国共产党成立100周年。100多年来，中国共产党走过了艰难曲折的历程，跨过了一道又一道沟坎，经受了各种各样的考验，取得了令人瞩目的成就。

在庆祝中国共产党成立100周年大会上，习近平总书记全面回顾中国共产党百年奋斗的光辉历程，指出："中国共产党一经诞生，就把为中国人民谋幸福、为中华民族谋复兴确立为自己的初心使命。一百年来，中国共产党团结带领中国人民进行的一切奋斗、一切牺牲、一切创造，归结起来就是一个主题：实现中华民族伟大复兴。"[①]

回首100多年的历程，既要向后看，更要向前看。初心在起点，前进在路上。中国共产党的百年历程，就如同跋涉前进的万里长征。庆祝中国共产党成立100周年，最重要的，就是总结百年长征的宝贵经验，探寻这一长征的内在规律，经受这一长征的不断考试，夺取这一长征的新的胜利。

一、夺取新民主主义革命的伟大胜利

从1921年到1949年，是中国共产党领导的新民主主义革命时期。

① 习近平：《在庆祝中国共产党成立100周年大会上的讲话》，人民出版社2021年版，第3页。

“党面临的主要任务是，反对帝国主义、封建主义、官僚资本主义，争取民族独立、人民解放，为实现中华民族伟大复兴创造根本社会条件。”[①]

在这个时期，党团结带领人民，经历了大革命、土地革命战争、全民族抗日战争和全国解放战争四个阶段，终于在1949年取得了新民主主义革命的胜利。

1840年鸦片战争后，中国逐步成为半殖民地半封建社会。辛亥革命结束了中国几千年的封建君主专制，打开了社会进步的闸门。随着新文化运动兴起，在俄国十月革命的影响下，经过五四运动，马克思主义在中国广泛传播。在共产国际有组织的帮助下，1921年，中国共产党正式成立，中国共产党的百余年征程由此开始。

在逐步把握中国国情本质特征的基础上，“党深刻认识到，近代中国社会主要矛盾是帝国主义和中华民族的矛盾、封建主义和人民大众的矛盾。实现中华民族伟大复兴，必须进行反帝反封建斗争”[②]。

所以，中国共产党成立后，积极发动工农运动；通过与国民党的合作，广泛开展国民革命。随着五卅运动的爆发，大革命进入高潮。北伐战争的胜利进军和工农运动的蓬勃兴起，基本推翻了北洋政府的统治。由于国民党实行“清党”屠杀政策，大革命最后失败，年幼的中国共产党遭受严重挫折。

从1927年到1937年，中国共产党独立领导了10年土地革命战争。以毛泽东同志为主要代表的中国共产党人开辟了一条适合中国国情的农村包围城市、武装夺取政权的新道路。党建立了一系列苏维埃区域，开始局部执政的尝试。但先后三次发生的“左”倾错误，造成重大损失。红军被迫长征。遵义会议实现历史性转折。中国革命的战略重心转移到北方。

九一八事变发生后，中国人民开始艰苦卓绝的局部抗战。党及时提出建立抗日民族统一战线的策略。七七事变后，抗日战争全面爆发，进入全

①《中共中央关于党的百年奋斗重大成就和历史经验的决议》，人民出版社2021年版，第3页。

②《中共中央关于党的百年奋斗重大成就和历史经验的决议》，人民出版社2021年版，第4页。

民族抗战阶段。党推动和实现了与国民党的第二次合作，建立起抗日民族统一战线。党制定和实施全面抗战路线，提出持久战的战略总方针，领导人民军队深入敌后发动群众，开展抗日游击战争，建立抗日民主根据地，开辟了广大的敌后战场。党在全民族抗战中发挥了中流砥柱作用，丰富和发展了毛泽东思想，壮大了自身组织、人民军队和根据地的力量，取得了局部执政的经验。

抗日战争胜利后，党提出和平民主团结的方针，争取建立民主联合政府，与国民党政府进行和平谈判。在国民党发动全面内战后，党领导解放区军民奋起自卫，粉碎国民党军队的战略进攻，推动国民党统治区的人民运动。随着战争形势的发展，党指挥人民解放军转入战略进攻。经过战略决战、渡江作战和向全国进军，推翻了国民党在大陆的统治，夺取了民主革命的全国性胜利，完成了争取民族独立和人民解放的历史任务。

对这一段历史，《中共中央关于党的百年奋斗重大成就和历史经验的决议》所作的总结和评价是：“经

★ 图为遵义会议旧址
张庆民 / 供图

过二十八年浴血奋斗，党领导人民，在各民主党派和无党派民主人士积极合作下，于一九四九年十月一日宣告成立中华人民共和国，实现民族独立、人民解放，彻底结束了旧中国半殖民地半封建社会的历史，彻底结束了极少数剥削者统治广大劳动人民的历史，彻底结束了旧中国一盘散沙的局面，彻底废除了列强强加给中国的不平等条约和帝国主义在中国的一切特权，实现了中国从几千年封建专制政治向人民民主的伟大飞跃，也极大改变了世界政治格局，鼓舞了全世界被压迫民族和被压迫人民争取解放的斗争。”①

该决议宣布：“中国共产党和中国人民以英勇顽强的奋斗向世界庄严宣告，中国人民从此站起来了，中华民族任人宰割、饱受欺凌的时代一去不复返了，中国发展从此开启了新纪元。”②

二、完成社会主义革命和推进社会主义建设

从 1949 年新中国成立到 1978 年十一届三中全会召开，是中国共产党完成社会主义革命和推进社会主义建设的时期。“党面临的主要任务是，实现从新民主主义到社会主义的转变，进行社会主义革命，推进社会主义建设，为实现中华民族伟大复兴奠定根本政治前提和制度基础。”③

按照十一届六中全会《关于建国以来党的若干历史问题的决议》的划分，这一时期先后经历了基本完成社会主义改造的 7 年、开始全面建设社会主义的 10 年、“文化大革命”的 10 年、在徘徊中前进的两年共 4 个阶段。

中华人民共和国成立后，中国共产党成为掌握全国政权的党，担负起

---

①《中共中央关于党的百年奋斗重大成就和历史经验的决议》，人民出版社 2021 年版，第 8 页。

②《中共中央关于党的百年奋斗重大成就和历史经验的决议》，人民出版社 2021 年版，第 9 页。

③《中共中央关于党的百年奋斗重大成就和历史经验的决议》，人民出版社 2021 年版，第 9 页。

领导全国各族人民建设新国家的重任，党的历史揭开了新的篇章。

新中国成立后的前 3 年，根据七届二中全会确定的方针和《中国人民政治协商会议共同纲领》的规定，党和国家采取一系列措施，建立和巩固新生政权，对社会各方面进行民主改造，开展了大规模的土地改革和抗美援朝运动，努力恢复国民经济，建立起新民主主义的社会。

在此基础上，1953 年，党提出过渡时期的总路线，领导全国各族人民有步骤地从新民主主义向社会主义转变。尽管也有一些问题和不足，但通过创造性探索，到 1956 年，在全国绝大部分地区基本完成对生产资料私有制的社会主义改造，建立起社会主义基本制度，实现了历史性的变革。

与此同时，开始实施第一个五年计划，依靠自己的努力，加上苏联和其他友好国家的支援，初步建立起比较完整的国民经济体系和工业体系。

1954 年 9 月，一届全国人大一次会议召开，通过了《中华人民共和国宪法》，确立人民代表大会制度为我国的根本政治制度。中国共产党领导的多党合作和政治协商制度得到加强，民族区域自治制度进一步发展。

从 1956 年开始，党领导全国各族人民转入全面的大规模的社会主义建设，并开始探索中国自己的建设社会主义道路。党的八大提出国内主要矛盾已经不再是工人阶级和资产阶级的矛盾，而是人民对于经济文化迅速发展的需要同当前经济文化不能满足人民需要的状况之间的矛盾，全国人民的主要任务是集中力量发展社会生产力，实现国家工业化，逐步满足人民日益增长的物质和文化需要。在此后的 10 年里，党领导人民打下了社会主义现代化建设的重要物质技术基础，培养了一大批现代化建设的骨干力量和专业人才，积累了丰富的建设经验。

但是，由于“左”倾错误的发展，改变了党的八大对主要矛盾的正确判断，先后发生了反右派斗争扩大化、“大跃进”、人民公社化等重大错误，提出有关阶级斗争的一系列错误判断和错误理论，直接导致了“文化大革命”的发生。

1966 年 5 月至 1976 年 10 月的“文化大革命”，先后经历了三个阶段。从“文化大革命”的发动到 1969 年 4 月党的九大是第一阶段，从党的九大到1973年8月党的十大是第二阶段，从党的十大到1976年10月粉碎“四人帮”是第三阶段。“文化大革命”使党、国家和人民遭到新中国成立以来最严重的挫折和损失，是一场由领导者错误发动，被反革命集团利用，给党、国家和各族人民带来严重灾难的内乱。

《中共中央关于党的百年奋斗重大成就和历史经验的决议》指出：“毛泽东同志对当时我国阶级形势以及党和国家政治状况作出完全错误的估计，发动和领导了‘文化大革命’，林彪、江青两个反革命集团利用毛泽东同志的错误，进行了大量祸国殃民的罪恶活动，酿成十年内乱，使党、国家、人民遭到新中国成立以来最严重的挫折和损失，教训极其惨痛。”①

1976年10月6日，中央政治局执行党和人民的意志，一举粉碎“四人帮”，结束“文化大革命”，从危难中挽救了党和社会主义事业。

此后两年，党开始调整各方面的政策，逐步平反冤假错案，消除“文化大革命”的严重后果，加强社会主义现代化建设，为冲破“两个凡是”的限制，开始了真理标准问题的大讨论，一场历史大转折即将到来。

对这一段历史，《中共中央关于党的百年奋斗重大成就和历史经验的决议》所作的总结和评价是：“从新中国成立到改革开放前夕，党领导人民完成社会主义革命，消灭一切剥削制度，实现了中华民族有史以来最为广泛而深刻的社会变革，实现了一穷二白、人口众多的东方大国大步迈进社会主义社会的伟大飞跃。在探索过程中，虽然经历了严重曲折，但党在社会主义革命和建设中取得的独创性理论成果和巨大成就，为在新的历史时期开创中国特色社会主义提供了宝贵经验、理论准备、物质基础。”②

该决议宣布：“中国共产党和中国人民以英勇顽强的奋斗向世界庄严宣告，中国人民不但善于破坏一个旧世界、也善于建设一个新世界，只有

---

①《中共中央关于党的百年奋斗重大成就和历史经验的决议》，人民出版社2021年版，第13—14页。

②《中共中央关于党的百年奋斗重大成就和历史经验的决议》，人民出版社2021年版，第14页。

社会主义才能救中国，只有社会主义才能发展中国。”①

三、进行改革开放和社会主义现代化建设

1978 年十一届三中全会，实现伟大的历史转折，党和国家进入改革开放和社会主义现代化建设的新时期。“党面临的主要任务是，继续探索中国建设社会主义的正确道路，解放和发展社会生产力，使人民摆脱贫困、尽快富裕起来，为实现中华民族伟大复兴提供充满新的活力的体制保证和快速发展的物质条件。”②

新时期最鲜明的特点是改革开放，最显著的成就是快速发展，最突出的标志是与时俱进。

新时期党的历史的第一个阶段，从十一届三中全会到十三届四中全会，是实现伟大历史转折和开创中国特色社会主义的阶段。

粉碎“四人帮”后，党和国家开始拨乱反正的进程，进而把改革开放的任务提上了日程。1978 年的十一届三中全会，作出把党和国家工作中心转移到经济建设上来、实行改革开放的历史性决策，标志着新的历史时期的开始。

以邓小平同志为主要代表的中国共产党人，深刻总结新中国成立以来正反两方面经验，借鉴世界社会主义历史经验，深刻揭示社会主义本质，确立社会主义初级阶段基本路线，明确提出走自己的路、建设中国特色社会主义，科学回答了建设中国特色社会主义的一系列基本问题，确立社会主义初级阶段基本路线，制定了“三步走”的发展战略，推动改革开放全面展开，成功开创了中国特色社会主义，党和国家发生历史性巨变。

第二个阶段，从十三届四中全会到党的十六大，是改革开放深入发展

---

①《中共中央关于党的百年奋斗重大成就和历史经验的决议》，人民出版社 2021 年版，第 14 页。

②《中共中央关于党的百年奋斗重大成就和历史经验的决议》，人民出版社 2021 年版，第 14—15 页。

和把中国特色社会主义推向21世纪的阶段。

1989年十三届四中全会形成新的中央领导集体。其中的1989年至1992年，与邓小平主导的第一个阶段有一定的交叉。

以江泽民同志为主要代表的中国共产党人，坚持党的基本理论、基本路线，在国内外形势十分复杂、世界社会主义出现严重曲折的严峻考验面前，捍卫了中国特色社会主义。

1992年的邓小平南方谈话，指明了历史进一步发展的方向。以邓小平南方谈话和党的十四大为标志，改革开放和现代化建设进入新的发展阶段。以建立社会主义市场经济体制为目标和主线，开创全面改革开放新局面，确立社会主义初级阶段的基本经济制度和分配制度，推进党的建设新的伟大工程，成功把中国特色社会主义推向了21世纪。

第三个阶段，从党的十六大到十八大，是全面建设小康社会和把中国特色社会主义不断推向前进的阶段。

党的十六大以后，以胡锦涛同志为主要代表的中国共产党人，坚持以邓小平理论和“三个代表”重要思想为指导，抓住重要战略机遇期，聚精会神搞建设，一心一意谋发展，围绕完善社会主义市场经济不断深化改革开放。在全面建设小康社会进程中推进实践创新、理论创新、制度创新，强调坚持以人为本、全面协调可持续发展，形成中国特色社会主义事业总体布局，着力保障和改善民生，促进社会公平正义，推动建设和谐世界，推进党的执政能力建设和先进性建设，成功在新的历史起点上坚持和发展了中国特色社会主义。

在改革开放和社会主义现代化建设新时期，党重新确立马克思主义的思想路线、政治路线、组织路线，明确我国社会的主要矛盾是人民日益增长的物质文化需要同落后的社会生产之间的矛盾，提出小康社会目标。坚决推进经济体制改革，同时进行政治、文化、社会等各领域体制改革，推进党的建设制度改革，把对外开放确立为基本国策，充分利用国际国内两个市场、两种资源。坚持以经济建设为中心，实施科教兴国、可持续发展、人才强国等重大战略，领导人民进行经济建设、政治建设、文化建设、社会建设，推进中国特色军事变革，从容应对关系我国改革发展稳定全局的一系列风险考验。创造性提出“一个国家，两种制度”科学构想，相继对香港、澳门恢复行使主权，推进两岸关系和平发展，坚决遏制“台独”图谋。科学判断时代特征和国际形势，提出和平与发展是当今时代的主题，坚持维护世界和平、促进共同发展的外交政策宗旨，推动经济全球化朝着有利于共同繁荣的方向发展，推动建立公正合理的国际政治经济新秩序。坚持治国必先治党，治党务必从严，开创和推进党的建设新的伟大工程。以执政能力建设和先进性建设为主线，提高党的领导水平和执政水平，提高拒腐防变和抵御风险能力，推进惩治和预防腐败体系建设。

对这一段历史，《中共中央关于党的百年奋斗重大成就和历史经验的决议》所作的总结和评价是，“改革开放是党的一次伟大觉醒，是中国人民和中华民族发展史上一次伟大革命”。“改革开放和社会主义现代化建设的伟大成就举世瞩目，我国实现了从生产力相对落后的状况到经济总量跃居世界第二的历史性突破，实现了人民生活从温饱不足到总体小康、奔向全面小康的历史性跨越，推进了中华民族从站起来到富起来的伟大飞跃。”①

该决议宣布：“中国共产党和中国人民以英勇顽强的奋斗向世界庄严宣告，改革开放是决定当代中国前途命运的关键一招，中国特色社会主义道路是指引中国发展繁荣的正确道路，中国大踏步赶上了时代。”②

四、开创中国特色社会主义新时代

党的十八大以来，中国特色社会主义进入新时代。“党面临的主要任务是，实现第一个百年奋斗目标，开启实现第二个百年奋斗目标新征程，朝着实现中华民族伟大复兴的宏伟目标继续前进。”③

①《中共中央关于党的百年奋斗重大成就和历史经验的决议》，人民出版社 2021 年版，第 22 页。

②《中共中央关于党的百年奋斗重大成就和历史经验的决议》，人民出版社 2021 年版，第 23 页。

③《中共中央关于党的百年奋斗重大成就和历史经验的决议》，人民出版社 2021 年版，第 23 页。

以习近平同志为主要代表的中国共产党人统筹把握中华民族伟大复兴战略全局和世界百年未有之大变局，坚持把马克思主义基本原理同中国具体实际相结合、同中华优秀传统文化相结合，深刻总结并充分运用党成立以来的历史经验，从新的实际出发，深刻回答了一系列重大时代课题，创立了习近平新时代中国特色社会主义思想，全面贯彻党的基本路线、基本方略，采取一系列战略性举措，推进一系列变革性实践，实现一系列突破性进展，取得一系列标志性成果，经受住了来自政治、经济、意识形态、自然界等方面的风险挑战考验，党和国家事业取得历史性成就、发生历史性变革，推动我国迈上全面建设社会主义现代化国家新征程。

党的十八大至十九大期间，党中央召开七次全会，分别就政府机构改革和职能转变、全面深化改革、全面推进依法治国、制定“十三五”规划、全面从严治党等重大问题作出决定和部署。提出全面深化改革总目标，着力增强改革系统性、整体性、协同性，推出1600多项（截至2019年）改革方案。坚持稳中求进工作总基调，解决了许多长期想解决而没有解决的难题，办成了许多过去想办而没有办成的大事，推动党和国家事业发生历史性变革、取得历史性成就。

党的十九大明确中国共产党人的初心和使命就是为中国人民谋幸福，为中华民族谋复兴。以习近平同志为主要代表的中国共产党人统筹中华民族伟大复兴战略全局和世界百年未有之大变局，继续推进新时代中国特色社会主义事业，先后召开七次中央全会，分别就宪法修改，深化党和国家机构改革，坚持和完善中国特色社会主义制度、推进国家治理体系和治理能力现代化，制定“十四五”规划和2035年远景目标，全面总结党的百年奋斗重大成就和历史经验等重大问题作出决定和决议，就党和国家事业发展作出重大战略部署，团结带领全党全军全国各族人民有效应对严峻复杂的国际形势和接踵而至的巨大风险挑战，以奋发有为的精神把新时代中国特色社会主义不断推向前进。

5年来，我们坚持加强党的全面领导和党中央集中统一领导，全力推进全面建成小康社会进程，完整、准确、全面贯彻新发展理念，着力推动高质量发展，主动构建新发展格局，蹄疾步稳推进改革，扎实推进全过程人民民主，全面推进依法治国，积极发展社会主义先进文化，突出保障和改善民生，集中力量实施脱贫攻坚战，大力推进生态文明建设，坚决维护国家安全，防范化解重大风险，保持社会大局稳定，大力度推进国防和军队现代化建设，全方位开展中国特色大国外交，全面推进党的建设新的伟大工程。我们隆重庆祝中华人民共和国成立70周年、中国共产党成立100周年，制定第三个历史决议，在全党开展党史学习教育，建成中国共产党历史展览馆，号召全党学习和践行伟大建党精神，在新的征程上更加坚定、更加自觉地牢记初心使命、开创美好未来。特别是面对突如其来的新冠疫情，我们坚持人民至上、生命至上，坚持外防输入、内防反弹，坚持动态清零不动摇，开展抗击疫情人民战争、总体战、阻击战，最大限度保护了人民生命安全和身体健康，统筹疫情防控和经济社会发展取得重大积极成果。面对香港局势动荡变化，我们依照宪法和基本法有效实施对特别行政区的全面管治权，制定实施香港特别行政区维护国家安全法，落实“爱国者治港”原则，香港局势实现由乱到治的重大转折，深入推进粤港澳大湾区建设，支持香港、澳门发展经济、改善民生、保持稳定。面对“台独”势力分裂活动和外部势力干涉台湾事务的严重挑衅，我们坚决开展反分裂、反干涉重大斗争，展示了我们维护国家主权和领土完整、反对“台独”的坚强决心和强大能力，进一步掌握了实现祖国完全统一的战略主动，进一步巩固了国际社会坚持一个中国的格局。面对国际局势急剧变化，特别是面对外部讹诈、遏制、封锁、极限施压，我们坚持国家利益为重、国内政治优先，保持战略定力，发扬斗争精神，展示不畏强权的坚定意志，在斗争中维护国家尊严和核心利益，牢牢掌握了我国发展和安全主动权。5年来，我们党团结带领人民，攻克了许多长期没有解决的难题，办成了许多事关长远的大事要事，推动党和国家事业取得举世瞩目的重大成就。

“中国特色社会主义新时代是我国发展新的历史方位。”按照党的十九大和第三个历史决议的界定：“中国特色社会主义新时代是承前启后、继往开来、在新的历史条件下继续夺取中国特色社会主义伟大胜利的时代，是决胜全面建成小康社会、进而全面建设社会主义现代化强国的时代，是全国各族人民团结奋斗、不断创造美好生活、逐步实现全体人民共同富裕的时代，是全体中华儿女勠力同心、奋力实现中华民族伟大复兴中国梦的时代，是我国不断为人类作出更大贡献的时代。”①

2022年10月，中国共产党召开第二十次全国代表大会。这是在全党全国各族人民迈上全面建设社会主义现代化国家新征程、向第二个百年奋斗目标进军的关键时刻召开的一次十分重要的大会，是一次高举旗帜、凝聚力量、团结奋进的大会。

大会回顾总结了过去5年的工作和新时代10年的伟大变革，高度评价十九届中央委员会的工作，确认党的十九大以来的5年，是极不寻常、极不平凡的5年。大会强调，党的十八大召开10年来，我们经历了对党和人民事业具有重大现实意义和深远历史意义的三件大事：一是迎来中国共产党成立一百周年；二是中国特色社会主义进入新时代；三是完成脱贫攻坚、全面建成小康社会的历史任务，实现第一个百年奋斗目标。这是中国共产党和中国人民团结奋斗赢得的历史性胜利，是彪炳中华民族发展史册的历史性胜利，也是对世界具有深远影响的历史性胜利。

大会通过的报告，分析了国际国内形势，提出了大会主题，阐述了开辟马克思主义中国化时代化新境界、中国式现代化的中国特色和本质要求等重大问题，擘画了全面建成社会主义现代化强国的宏伟蓝图和实践路径，就未来5年党和国家事业发展制定了大政方针、作出了全面部署。

大会提出，从现在起，中国共产党的中心任务就是团结带领全国各族人民全面建成社会主义现代化强国、实现第二个百年奋斗目标，以中国式现代化全面推进中华民族伟大复兴。大会号召，全党全军全国各族人民紧密团结在以习近平同志为核心的党中央周围，牢记空谈误国、实干兴邦，坚定信心、同心同德，埋头苦干、奋勇前进，为全面建设社会主义现代化国家、全面推进中华民族伟大复兴而团结奋斗！

党的二十大后，中国共产党又在新时代新征程上迈开了新的步伐。到2023年底，中共中央已经召开了两次全会。习近平总书记又提出了一系列

---

①《中共中央关于党的百年奋斗重大成就和历史经验的决议》，人民出版社2021年版，第23页。

重要思想。新一届全国人大和全国政协已经开始工作，推动中国式现代化向前发展。党的历史正在继续向前发展和延伸。

五、党的历史如同长途跋涉的万里长征

中国共产党在100多年的奋斗历程中，发生过、经历过很多重大的历史事件，其中之一，就是万里长征。

长征，是指1934年10月至1936年10月，中国共产党领导的中国工农红军第一、第二、第四方面军和第二十五军陆续从长江南北各革命根据地向陕甘地区进行的战略大转移。

长征，在世界历史上，并非绝无仅有。20世纪20年代，拉美以普列斯特斯为首的起义者，就曾经在巴西的土地上转战2.6万公里。但是，这支著名的“普列斯特斯纵队”，只有1500人，规模不算很大，并且最后失败了。

而中国共产党领导的长征，是由4路红军、总共20.6万人的部队共同进行的战略大转移。各路红军长征的总里程达到约6.5万里，最长的里程则是2.5万里。

长征，是人类历史上无与伦比的革命壮举，是中国共产党及其领导的工农红军创造的人间奇迹，是中华民族一部惊天动地的英雄史诗，是中国革命史上一座不朽的丰碑！

当我们回顾、认识和展示中国共产党的历史时，往往会把长征作为一种独特的标志和象征。

中国共产党100多年的长征，如同一幅壮丽的画卷，五彩斑斓，丰富多彩。既书写着英勇，又记录着艰辛；既不失悲壮，更放射着光芒。

100多年来，中国共产党遵循社会发展的规律，制定符合中国国情的路线、纲领、方针、政策，并努力付诸实践，为中华民族的历史性进步指明了方向；中国共产党发挥强大的组织和领导功能，改变了中国一盘散沙的局面，把全国人民紧密地团结起来，为推动中华民族的历史性进步而努力奋斗；中国共产党倡导和建立了一整套先进的价值体系，继承、吸收和

弘扬了中外先进文化，改变了中国人民的精神面貌，推动了中华文明的发展和进步；中国共产党以自己的无私奉献精神，为着中华民族的复兴，不屈不挠，艰苦奋斗，发挥了先锋和模范作用。经过100多年的艰苦奋斗，中国共产党以一支拥有9800多万名党员的队伍，成为一支不仅在中国，而且在世界上都是绝无仅有的强大政治力量。

100多年来，特别是改革开放以来，中国共产党带领中国人民，紧紧依靠人民，把马克思主义基本原理同中国具体实际和时代特征结合起来，并同中华优秀传统文化相结合，独立自主走自己的路，历经千辛万苦，付出各种代价，取得革命、建设、改革伟大胜利，开创和发展了中国特色社会主义，从根本上改变了中国人民和中华民族的前途命运。中国人民的面貌、社会主义中国的面貌、中国共产党的面貌发生了历史性的变化。中国的成就得到了世界的公认。

在庆祝中国共产党成立95周年大会上，习近平总书记高度概括：中国共产党领导中国人民取得的伟大胜利，使具有5000多年文明历史的中华民族全面迈向现代化，让中华文明在现代化进程中焕发出新的蓬勃生机；使具有500年历史的社会主义主张在世界上人口最多的国家成功开辟出具有高度现实性和可行性的正确道路，让科学社会主义在21世纪焕发出新的蓬勃生机；使具有60多年历史的新中国建设取得举世瞩目的成就，中国这个世界上最大的发展中国家在短短30多年里摆脱贫困并跃升为世界第二大经济体，彻底摆脱“被开除球籍”的危险，创造了人类社会发展史上惊天动地的发展奇迹，使中华民族焕发出新的蓬勃生机。

在庆祝中国共产党成立100周年大会上，习近平总书记进一步指出：“一百年来，中国共产党团结带领中国人民，以‘为有牺牲多壮志，敢教日月换新天’的大无畏气概，书写了中华民族几千年历史上最恢宏的史诗。这一百年来开辟的伟大道路、创造的伟大事业、取得的伟大成就，必将载入中华民族发展史册、人类文明发展史册！”①

① 习近平：《在庆祝中国共产党成立100周年大会上的讲话》，人民出版社2021年版，第7—8页。

当然，万里长征，走的不是高速公路，而是艰难复杂的探索之路。习近平总书记指出，“中国走过的历程，中国人民和中华民族走过的历程，是中国共产党和中国人民用鲜血、汗水、泪水写就的，充满着苦难和辉煌、曲折和胜利、付出和收获”①。在中国这样一个经济文化比较落后，社会矛盾极其复杂的大国闹革命、干建设、搞改革，没有现成的道路好走，照抄照搬任何外国模式也不能成功。因此，必须靠自己坚韧不拔、一往无前的探索。这种探索，既包括实践的探索，也包括理论的探索。正是因为不断在奋斗中探索，在探索中奋斗，中国社会的发展进步才有了方向，中国共产党领导全国各族人民进行的艰辛努力才取得了成功。

既然是探索，就不免有磕磕碰碰，这样那样的曲折、失误，甚至失败也就难以避免。所以，党也摔过跟头，有过失误。1927 年大革命的失败，30 年代革命根据地的丢失、红军被迫进行长征，三年困难时期的严重局面，特别是“文化大革命”的十年内乱，都是重大的挫折甚至失败。用辩证唯物主义和历史唯物主义的观点来看，发生这些失误和挫折，并不是不可理解的。

无论对成功，还是对挫折，都要坚持实事求是的原则和态度。既要充分肯定党所取得的伟大成就，也要敢于承认有时遇到的挫折。最重要的是要认真思考和研究成功或挫折的原因，善于从这些经验或教训中汲取营养和智慧，以确保我们的头脑更加清醒，在未来的长征路上走得更加坚实和稳健。

六、百余年征程积累了宝贵的历史经验

善于总结历史经验，已经成为中国共产党在 100 多年长征之路上形成的优良传统和政治优势。

在新民主主义革命时期，中国共产党人总结革命斗争经验，走出了一

---

① 中共中央党史和文献研究院编:《十八大以来重要文献选编》(下)，中央文献出版社 2018 年版，第 343 页。

条农村包围城市、武装夺取政权的革命道路。毛泽东通过总结经验，把武装斗争、统一战线、党的建设概括为中国革命的三大法宝。

在开始大规模社会主义建设之时，毛泽东总结中国和苏联的经验，提出了处理好十大关系的思想。

1981年，十一届六中全会作出《关于建国以来党的若干历史问题的决议》，用"十个必须"总结了新中国成立32年来的历史经验。

1982年，邓小平提出走自己的道路、建设有中国特色的社会主义的重要思想，强调这就是我们总结长期历史经验得出的基本结论。

1992年，党的十四大总结了从十一届三中全会到党的十四大14年的基本经验。

1998年，江泽民用"十一个必须"总结了改革开放20年的主要经验。

2001年，江泽民用"三个必须"概括了党的80年实践给我们的启示，并强调：总结八十年的奋斗历程和基本经验，归结起来，就是必须始终坚持"三个代表"。

2002年，党的十六大用"十个坚持"总结了13年的基本经验。

2004年，十六届四中全会用"六个必须坚持"总结了党执政55年的基本经验。

2007年，党的十七大用"十个结合"总结了改革开放30年的宝贵经验。

2009年，十七届四中全会用"六个坚持"总结了党执政60年来加强党的自身建设的基本经验。

党的十八大，进一步从中国特色社会主义的高度概括成就和经验，指出党和人民90多年奋斗、创造、积累的根本成就，是形成了中国特色社会主义道路、理论体系和制度。中国特色社会主义以全新的视野深化了对共产党执政规律、社会主义建设规律、人类社会发展规律的认识。新的历史条件下夺取中国特色社会主义新胜利，必须坚持"八个基本要求"。

党的十八大以来，习近平总书记发表系列重要讲话，深化总结党和国家的历史经验，提出了治国理政的新理念新思想新战略，创立了习近平新时代中国特色社会主义思想。

在庆祝中国共产党成立95周年大会上，习近平总书记把对经验的总结与对未来的要求结合起来，在总结历史经验的基础上，对未来事业的发展提出了八个“不忘初心、继续前进”，要求全党不断把马克思主义中国化推向前进，不断把为崇高理想奋斗的伟大实践推向前进，不断把中国特色社会主义伟大事业推向前进，不断把实现“两个一百年”奋斗目标推向前进，不断把改革开放推向前进，不断把为人民造福事业推向前进，不断把人类和平与发展的崇高事业推向前进，不断把党的建设新的伟大工程推向前进。

在庆祝中国共产党成立100周年大会上，习近平总书记精辟概括了中国共产党100年来所取得的伟大成就和宝贵经验，提出了“以史为鉴、开创未来”的九个“必须”：一是必须坚持中国共产党坚强领导；二是必须团结带领中国人民不断为美好生活而奋斗；三是必须继续推进马克思主义中国化；四是必须坚持和发展中国特色社会主义；五是必须加快国防和军队现代化；六是必须不断推动构建人类命运共同体；七是必须进行具有许多新的历史特点的伟大斗争；八是必须加强中华儿女大团结；九是必须不断推进党的建设新的伟大工程。

十九届六中全会通过的党的第三个历史决议，在回顾百年历史的基础上，总结概括了10条宝贵的历史经验：（一）坚持党的领导；（二）坚持人民至上；（三）坚持理论创新；（四）坚持独立自主；（五）坚持中国道路；（六）坚持胸怀天下；（七）坚持开拓创新；（八）坚持敢于斗争；（九）坚持统一战线；（十）坚持自我革命。

历史经验既是昨天的记录，也是今天的认识，更是明天的向导。我们党不断总结的历史经验，都是经过长期艰难探索，甚至付出了巨大代价而获得的，是我们终于找到的正确的革命、建设和改革道路，是终于形成的正确的路线方针政策，是党和人民共同创造的精神财富，具有重要的指导意义，必须倍加重视、倍加珍惜，长期坚持，并在新时代实践中不断丰富发展。

七、中国共产党的万里长征仍然“在路上”

当年，毛泽东曾经把中国革命的历程比作万里长征。特别是1949年，在中国革命即将取得胜利、中国共产党即将掌握全国政权之时，毛泽东在七届二中全会上郑重地告诫全党：“夺取全国胜利，这只是万里长征走完了第一步。如果这一步也值得骄傲，那是比较渺小的，更值得骄傲的还在后头。在过了几十年之后来看中国人民民主革命的胜利，就会使人们感觉那好像只是一出长剧的一个短小的序幕。剧是必须从序幕开始的，但序幕还不是高潮。中国的革命是伟大的，但革命以后的路程更长、工作更伟大，更艰苦。”① 正是在作了这种比喻性的分析之后，毛泽东向全党提出了“两个务必”的要求。随后，又把进京、掌权、执政比作“赶考”。

现在，70多年过去了。按毛泽东的说法，是到“几十年之后来看中国人民民主革命的胜利”的时候了。

借用毛泽东的比喻，我们依然可以把中国共产党的历史比作万里长征。整个100多年，就是中国共产党以实现中华民族伟大复兴为己任，团结带领全国各族人民进行革命、建设、改革事业，并不断取得伟大成就的万里长征。

100多年的长征又可划分为不同的阶段。毛泽东把从1921年到1949年的28年称作万里长征走完了第一步。按此计算，随后从1949年到1978年的29年，就应该是第二步。而从1978年到党的十八大的34年，比28年多了6年，但大体上也只能算一步。

党的十八大以来，我们的历程又发生了新的变化，迈出了新的步伐。从党的十八大开始，中国共产党进入了新时代。由此，中国共产党100多年的历史，用万里长征的眼光，大略可以说走了四步，第四步还在走。

习近平总书记指出：“今天，我们回顾历史，不是为了从成功中寻求慰藉，更不是为了躺在功劳簿上、为回避今天面临的困难和问题寻找借

---

①《毛泽东选集》第四卷，人民出版社1991年版，第1438页。

口，而是为了总结历史经验、把握历史规律，增强开拓前进的勇气和力量。”[①]我们庆祝建党100周年，必须充分肯定和大力宣传党所取得的伟大成就。同时，又要看到，在万里长征的道路上，我们还不过仅仅走了前四步。这四步，可以自豪，但用尺子量一量，四步距离是万里长征的多少分之一？再算一算，万里长征一共有多少步？用天文学的视角来看我们走过的道路，就更是微不足道了。所以，我们没有任何理由陶醉在以往的成就中，更不能由此而故步自封，停滞不前。

在万里长征之路上，能不能继续前进，其实是对党有没有生命力的一个检验。按照马克思主义的观点，“世界不是既成事物的集合体，而是过程的集合体”[②]。任何事物都是作为一个过程而存在的。大国兴衰，文明交替。其兴也勃，其亡也忽。多少事，如过眼烟云。为什么？就因为新陈代谢是自然界和人类社会的根本规律。新事物不断出现，充满勃勃生机，于是就不断成长。但如果失去活力，陷于停滞、僵化，不能继续前进，那就迟早要被历史淘汰。古今中外，这类事实不胜枚举。

习近平总书记指出：“历史从不等待一切犹豫者、观望者、懈怠者、软弱者。只有与历史同步伐、与时代共命运的人，才能赢得光明的未来。”[③]中国共产党的性质、宗旨和任务，与中华民族的历史命运和发展方向相一致。这就从根本上决定了我们党必然具有蓬勃的生命力。但这并不能保证我们不会遇到生命力衰退的问题。活力与衰退，始终是处在博弈之中的。稍有不慎，就容易出现衰退现象，如果不加遏制，任其发展，就会发生危险。

所以，每庆祝一次党的生日，就意味着党的年龄长了一岁。岁岁叠加，既意味着我们的成就在增加，我们的经验在积累，我们的事业更辉煌，但同时，也会隐含着，我们的活力与朝气可能在减弱。

---

① 中共中央党史和文献研究院编：《十八大以来重要文献选编》（下），中央文献出版社2018年版，第345页。

②《马克思恩格斯选集》第四卷，人民出版社2012年版，第250页。

③ 中共中央党史和文献研究院编：《十八大以来重要文献选编》（下），中央文献出版社2018年版，第345页。

从马克思主义的过程论来看，中国共产党的历史，既是一个万里长征的历史，更是一个万里长征的过程。过去是长征，现在是长征，未来更是持续不断的长征。

在这个长征之路上，我们处在什么方位？最贴切的一个词，就是"在路上"。习近平总书记说，作风建设永远在路上。同样，中国的发展和进步在"在路上"，中国共产党的建设和发展也是在路上——在实现"两个一百年"奋斗目标的路上，在建设和发展中国特色社会主义的路上，也是在实现中华民族伟大复兴的路上。成绩，是在路上；不足，也是在路上。无论其中每一个节点处于什么样的状态，归根结底，都是"在路上"。过去"在路上"，现在"在路上"，将来仍然"在路上"。

"在路上"，就要时刻经受各种形式的考验。在庆祝中国共产党成立100周年大会上，习近平总书记再次强调毛泽东关于"进京赶考"的思想，指出这场考试还没有结束。"过去一百年，中国共产党向人民、向历史交出了一份优异的答卷。现在，中国共产党团结带领中国人民又踏上了实现第二个百年奋斗目标新的赶考之路。"①

今天，我们党团结带领人民所做的一切工作，就是这场考试的继续。

面对考试，我们要时刻准备应对重大挑战、抵御重大风险、克服重大阻力、解决重大矛盾。要长期坚持中国共产党的领导，永不动摇；长期坚持中国特色社会主义道路，永不动摇；长期坚持独立自主实现国家发展的战略，永不动摇。

因此，在庆祝建党100周年及之后的日子里，对党最好的祝愿，就是：始终走在时代前列，不断增强生机活力，在万里长征的道路上，迈出更加坚实的步伐，创造更加灿烂的辉煌！

① 习近平：《在庆祝中国共产党成立100周年大会上的讲话》，人民出版社2021年版，第22页。

·第三题·

中国共产党历史的基本内涵

中国共产党100多年的历史，内容丰富，道路曲折。习近平总书记在党史学习教育动员大会上指出："要坚持以我们党关于历史问题的两个决议和党中央有关精神为依据，准确把握党的历史发展的主题主线、主流本质，正确认识和科学评价党史上的重大事件、重要会议、重要人物。要实事求是看待党史上的一些重大问题，既不能因为成就而回避失误和曲折，也不能因为探索中的失误和曲折而否定成就。"[①] 在庆祝建党100周年之际及之后，重温党的历史，必须抓住历史发展的主题和主线、主流和本质，深刻认识和把握党的历史的基本内涵。

一、贯穿百年的主题主线

中国共产党成立以来100多年的历史，是一部什么样的历史？近代以来，中国人民面临着争取民族独立、人民解放和实现国家繁荣富强、人民共同富裕这两大历史任务。团结带领全国各族人民为实现这两大历史任务而不懈奋斗，这就是党的历史发展的主题和主线。

2010年6月19日印发的《中共中央关于加强和改进新形势下党史工作的意见》明确指出："党的历史，是党领导全党同志和全国各族人民为实现民族独立、人民解放和国家富强、人民幸福而不懈奋斗的历史；是党

---

① 习近平:《在党史学习教育动员大会上的讲话》,《求是》2021年第7期。

坚持把马克思主义基本原理同中国具体实际相结合、不断探索适合中国国情的革命和建设道路，推进改革开放和社会主义现代化建设，推进马克思主义中国化、推进理论创新的历史；是党加强和改进自身建设、保持和发展党的先进性，不断经受住各种风险和挑战考验、发展壮大的历史。"[①] 这一界定，将党的历史分解成了三条基本的线索，即奋斗史、探索史、自身建设史。这"三个史"，始终贯串于100多年的发展过程中。

2021年2月20日，在党史学习教育动员大会上，习近平总书记指出：我们党的100年，"是矢志践行初心使命的一百年，是筚路蓝缕奠基立业的一百年，是创造辉煌开辟未来的一百年"。他还强调，我们党的历史，就是一部不断推进马克思主义中国化的历史，就是一部不断推进理论创新、进行理论创造的历史。我们党的百年历史，就是一部践行党的初心使命的历史，就是一部党与人民心连心、同呼吸、共命运的历史。

根据这些重要论述，我们可以首先将党的历史按"三个史"的基本线索展开加以说明。

首先，党的历史是一部奋斗史，即党领导全党同志和全国各族人民不断为实现民族独立、人民解放和国家富强、人民幸福而不懈奋斗的历史。

这样一部奋斗史，是由中华民族近代以来的基本国情和历史任务决定的。

中华民族有5000多年的文明史，其中延续2000多年的封建社会，曾经发展到高度成熟的程度。但从明朝末年开始，西方先后兴起工业革命和资产阶级革命。而中国的封建统治者夜郎自大，闭关自守，固守封建君主专制主义的腐朽制度，使中华民族痛失了发展机遇。从鸦片战争开始，中国一步步变为半殖民地半封建社会。中华民族蒙受巨大屈辱，国家濒临灭亡的边缘。

历史，向进入20世纪的中国提出了两个重大的任务：一个，是求得民族独立和人民解放；一个，是实现国家富强和人民幸福。两大任务各有

① 中共中央文献研究室编：《十七大以来重要文献选编》（中），中央文献出版社2011年版，第785页。

不同，但又互相联结。前一任务是为后一任务扫清障碍，创造必要的前提；后一任务是前一任务的继续，是逻辑发展之必然。

中国共产党顺应这样的任务而诞生和成长。100 多年来，中国共产党正确认识和分析中国的基本国情，科学把握中国社会在不同时期的复杂矛盾，令人信服地承担起历史赋予的重任，解决了中国面临的一系列重大而紧迫的任务。中国共产党以自己的无私奉献精神，为着中华民族的伟大复兴，不屈不挠，艰苦奋斗，前仆后继，流血牺牲，创造了辉煌的业绩，作出了巨大的贡献。这样一部奋斗史，构成了中国共产党 100 多年历史的主题和主线。

党的历史，同时也是一部探索史，即党坚持把马克思主义基本原理同中国具体实际相结合、同中华优秀传统文化相结合，不断探索适合中国国情的革命和建设道路，推进改革开放和社会主义现代化建设，推进马克思主义中国化时代化、推进理论创新的历史。

在中国这样一个经济文化比较落后，社会矛盾极其复杂的大国干革命、搞建设，没有现成的道路好走，书本上不可能给出直接和完整的答案，照抄照搬任何外国的模式也不能成功。因此，必须靠自己坚忍不拔、一往无前的探索。

100 多年来，中国共产党坚持科学的思想路线，深入研究中国国情，不断把马克思主义基本原理同中国具体实际相结合、同中华优秀传统文化相结合，在实践中探索自己革命和建设的道路。新民主主义革命时期，党制定了无产阶级领导的，工农联盟为基础的，人民大众的，反对帝国主义、封建主义和官僚资本主义的新民主主义革命的路线和纲领，走出了一条独特的农村包围城市、武装夺取政权的道路，创立了毛泽东思想。新中国成立后，在建立社会主义基本制度的基础上，又不断探索经济、政治、文化等各方面建设的规律，试图走出一条自己建设社会主义的道路来。成就令人鼓舞，但也历经曲折。十一届三中全会之后，实行改革开放，确立社会主义初级阶段的基本路线和基本纲领，制定分“三步走”基本实现社会主义现代化的战略，逐步走出了一条中国特色社会主义道路，形成了中国特色社会主义理论体系。党的十八大以后，党进一步砥砺奋进，推动中国特色社会主义进入了新时代，创立了习近平新时代中国特色社会主义思想。正是因为不断在奋斗中探索，在探索中奋斗，中国社会的发展进步才有了方向，中国共产党领导全国各族人民进行的艰辛努力才取得了成功。

既然是探索，就不免有磕磕碰碰。所以，党也摔过跟头，有过失误。但最后都是党自己认识和纠正了错误，从而也变得更加聪明起来。把这样一些复杂的经历放到探索的历史中来把握，我们就很容易对它作出客观评价并正确总结它的经验教训了。

党的历史，还是一部自身建设史，即党加强和改进自身建设、保持和发展党的先进性、不断经受住各种风险和挑战考验、发展壮大的历史。

中国共产党是中国工人阶级的先锋队，同时是中国人民和中华民族的先锋队，是中国特色社会主义事业的领导核心。中国的历史变迁证明，只有中国共产党才能领导中国人民取得民族独立、人民解放和社会主义的发展，才能开创中国特色社会主义道路，实现民族振兴、国家富强和人民幸福。

坚持共产党的领导必须同时改善党的领导。所以，党历来重视加强自身建设。无论战争年代还是和平时期，党的建设都是党的事业取得胜利的一个法宝。新民主主义革命时期，以毛泽东同志为主要代表的中国共产党人，将党的建设豪迈地称为“伟大工程”。改革开放以来，党进一步形成了政治、思想、组织、作风、纪律、反腐倡廉、制度各方面建设相辅相成，全面推进，在新形势下加强党的建设的整体部署。这也是一个工程，而且是极其豪迈壮阔的“新的伟大工程”。

党的十八大以来，习近平总书记进一步提出了自我革命的要求，明确全面从严治党的战略方针，提出新时代党的建设总要求，全面推进党的政治建设、思想建设、组织建设、作风建设、纪律建设，把制度建设贯穿其中，深入推进反腐败斗争，落实管党治党政治责任，以伟大自我革命引领伟大社会革命，使党的自我净化、自我完善、自我革新、自我提高能力显著增强。

在党史学习教育动员大会上，习近平总书记指出，在百年接续奋斗中，党团结带领人民开辟了伟大道路，建立了伟大功业，铸就了伟大精神，积累了宝贵经验，创造了中华民族发展史、人类社会进步史上令人刮目相看的奇迹。

在庆祝中国共产党成立100周年大会上，习近平总书记第一次把党的100年历史的主题集中归结到“实现中华民族伟大复兴”上，指出：“中国共产党一经诞生，就把为中国人民谋幸福、为中华民族谋复兴确立为自己的初心使命。一百年来，中国共产党团结带领中国人民进行的一切奋斗、一切牺牲、一切创造，归结起来就是一个主题：实现中华民族伟大复兴。”①

按照《中共中央关于党的百年奋斗重大成就和历史经验的决议》的概括，为了实现中华民族伟大复兴，中国共产党团结带领中国人民，“浴血奋战、百折不挠，创造了新民主主义革命的伟大成就；自力更生、发愤图强，创造了社会主义革命和建设的伟大成就；解放思想、锐意进取，创造了改革开放和社会主义现代化建设的伟大成就；自信自强、守正创新，创造了新时代中国特色社会主义的伟大成就”②。

二、波澜壮阔的伟大革命

中国共产党100多年历史最显著、最亮丽之处，镌刻着“革命”两个大字。

一个多世纪以来，中国先后发生了三次革命。

第一次革命是孙中山领导的辛亥革命。它推翻了统治中国2000多年的封建君主专制制度，传播了民主共和思想，为中国的进步打开了闸门。其时，中国共产党还没有诞生，所以，这场革命不在中国共产党的历史之列。但它在某种意义上却是中国共产党的前史。因为这场革命带来了中国

① 习近平：《在庆祝中国共产党成立100周年大会上的讲话》，人民出版社2021年版，第3页。

②《中共中央关于党的百年奋斗重大成就和历史经验的决议》，人民出版社2021年版，第1—2页。

社会的巨大变革，但同时留下或提出了事关中国命运的一系列难题。这些难题交给了中国共产党。所以，在此之后，就有了中国共产党领导的两次伟大革命。

中国共产党领导的第一次革命，亦即中国近代以来的第二次革命，就是新民主主义革命和随后的社会主义革命。这次革命推翻了帝国主义、封建主义以及官僚资本主义在中国的统治，成立了中华人民共和国，建立了社会主义的基本制度，从而为当代中国一切发展进步奠定了根本政治前提和制度基础。

这次革命，实际上包含两个革命：一个是新民主主义革命，一个是社会主义革命。近代中国社会的性质决定了中国共产党领导的革命必须分为两个步骤：第一步，先进行新民主主义革命，改变中国半殖民地半封建社会形态，使之变成一个独立的新民主主义社会。然后第二步，再进行社会主义革命，建立社会主义社会。新民主主义革命是社会主义革命的必要准备，社会主义革命是新民主主义革命的必然趋势。两

★ 图为油画《武昌起义》
中新图片 / 姚俊

个革命，既有联系，又有区别。相同之处，都是由中国共产党领导的。不同之处，解决的主要矛盾及其内容和任务不同。联系之处，两者是中国历史发展链条中两个阶段、两个过程，它们不是相互割裂的，而是前后相继的。

两次革命就其本意来说，是可以分开来单列，称为两次革命的，但改革开放以来，我们党将改革开放称为一次伟大的革命，于是将过去的新民主主义革命和社会主义革命合称为中国共产党领导的第一次革命，改革开放则在相对应的意义上称为第二次革命。

中国共产党领导的第二次革命，亦即中国近代以来的第三次革命，是中国共产党领导的一次新的伟大革命。我们党一直强调，改革开放是决定当代中国命运的关键抉择，是发展中国特色社会主义、实现中华民族伟大复兴的必由之路。邓小平明确指出:“改革是中国的第二次革命。”[①] 多次党代会一直使用这样的判断。中国共产党领导的第一次革命把半殖民地半封建的旧中国变成社会主义新中国，第二次革命是要把一个经济文化落后的国家变成富强民主文明和谐美丽的社会主义现代化国家。第二次革命在第一次革命的基础上，引领中国人民走上了中国特色社会主义广阔道路，迎来了中华民族伟大复兴的光明前景。

两次革命，对象不同，形式不同，就其性质和任务来说，也有很大不同。但它们的基础和原因，都是生产力与生产关系在不同历史条件下具有不同特点的矛盾运动，都是为了打破在不同程度上以不同方式阻碍生产力发展的桎梏，进一步解放和发展中国社会生产力，包括实现人的不同程度的解放，推动社会以更快速度、更大程度实现历史性的变革和进步。

两次革命，都工程浩大，气势如虹，同时也异常艰难，错综复杂。第一次革命，动荡之激烈，牺牲之巨大，变革之广泛，在中华民族的历史上绝无仅有。第二次革命，在第一次革命的基础上进行，它不是要实现政权的更迭，也不是要否定过去革命和建设的成就，而且始终是在党的领导下有秩序有步骤地进行。但就其深刻性和广泛性来说，它并不亚于一场爆发

① 《邓小平文选》第三卷，人民出版社 1993 年版，第 113 页。

式的革命。两次革命，都引起了整个社会经济、政治、社会、文化、观念等广泛而深刻的变革。因此，它们是中国共产党100多年历史中两个极其重要的里程碑，也是中国社会近代以来历史发展进程中继辛亥革命之后的第二、第三个里程碑。

第二次革命还在进行之中。中国共产党的历史画卷必将在继续推进这场伟大革命的进程中向前不断地挥毫泼墨、舒卷推展。进入新时代后，仍在进行的改革开放有许多新的重大特点和成就，但它到底仍然属于改革开放这样一次革命，还是开启了不同于改革开放的第三次革命？如果说新时代进行的是与改革开放不同的第三次革命，那它应该叫什么革命？到目前为止，党中央还没有就此作出新的判断，没有说新时代已经开始了第三次革命。所以，有待我们继续学习、研究和领会。

党的十八大以来，习近平总书记强调党的自我革命，强调打铁必须自身硬，办好中国的事情，关键在党，关键在党要管党、全面从严治党。必须以加强党的长期执政能力建设、先进性和纯洁性建设为主线，以党的政治建设为统领，以坚定理想信念宗旨为根基，以调动全党积极性、主动性、创造性为着力点，不断提高党的建设质量，把党建设成为始终走在时代前列、人民衷心拥护、勇于自我革命、经得起各种风浪考验、朝气蓬勃的马克思主义执政党。习近平总书记所说的自我革命，主要指党的自我净化、自我完善、自我革新、自我提高，与中国共产党领导的两次或三次社会革命，既有联系，又有差别。它与社会革命不是同一个意义上的革命，所以，党中央迄今还没有称它是第三次革命。

三、载入史册的伟大贡献

100多年中，中国共产党干了哪些大事？1991年，在庆祝中国共产党成立70周年时，时任中共中央总书记江泽民概括了三件大事。在庆祝中国共产党成立85周年时，时任中共中央总书记胡锦涛再次概括和强调了这三件大事。

三件大事，横亘三个时期。中国共产党的100年，因这三件大事而分成三个历史时期。每个时期主要干了一件大事。但这三件大事相互之间也有一定的交叉和重合。

第一件大事，是在新民主主义革命时期，经过 28 年艰苦卓绝的斗争，推翻了帝国主义、封建主义、官僚资本主义的反动统治，实现了民族独立和人民解放，建立了人民当家作主的新中国。

第二件大事，是在社会主义革命和建设时期，确立了社会主义基本制度，建立起独立的比较完整的工业体系和国民经济体系，使古老的中国以崭新的姿态屹立在世界的东方。

第三件大事，是在改革开放和社会主义现代化建设新时期，开创了中国特色社会主义道路，坚持以经济建设为中心，坚持四项基本原则，坚持改革开放，建立起社会主义市场经济体制，大幅度提高了我国的综合国力和人民生活水平，为全面建设小康社会、基本实现社会主义现代化开辟了广阔的前景。

2011 年 9 月 1 日，时任中央政治局常委的习近平同志在中央党校 2011 年秋季学期开学典礼上作题为《领导干部要读点历史》的重要讲话。他在讲话中列举了中国共产党所干的三件大事，然后指出："这三件大事，从根本上改变了中国人民和中华民族的前途命运，不可逆转地结束了近代以后中国内忧外患、积贫积弱的悲惨境遇，不可逆转地开启了当代中国沿着社会主义道路走向现代化、走向伟大复兴的历史进军。"①

这三件大事，为了便于记忆，可以用极简约的三个词概括，称之为革命、建设、改革。当然，第二个时期的第二件大事，也包括社会主义革命。而第三个时期的改革，也是在进行建设。这就是说，建设这件事，实际上从第二个时期一直延伸到第三个时期，并且还将继续延伸下去。但由于我们党一直非常明确地强调，新时期最鲜明的特点是改革开放，为了突出亮点和特色，并与第二个时期有所区别，所以，第三个时期所干的大事可以用改革加以标别。

三件大事，与两次革命有重叠，有时候几乎就是一回事。而两次革命

---

① 习近平:《领导干部要读点历史》,《中共党史研究》2011 年第 10 期。

和三件大事都始终贯串着奋斗、探索和自身建设。所以，它们是奋斗史、探索史、自身建设史在三个历史时期的横向展开和有机结合。

这三件大事，是渐次推进的。革命是建设的清道夫和前奏曲。没有革命的胜利，就难以在新的制度平台上和新的理念指导下进行建设。但光干革命，不搞建设，或忽略建设，这也不是革命的初衷。革命的目的，是更好更快更顺利地进行建设。这个道理，我们不是不懂，所以，曾经以巨大的气魄和规模展开建设；但中间也曾有过迷茫，结果没有始终一贯地抓好建设，走了一段不小的弯路。汲取历史的经验教训之后，以十一届三中全会为标志，中国共产党实现了工作中心的转移，始终坚持聚精会神搞建设、一心一意谋发展，并且通过改革开放为更好更快地建设创造条件，开辟通道。这40多年的改革开放是在以往建设成就的基础上进行的，但又带有某种质的意义上的突破和飞跃，所以，这40多年建设和发展的成就令世界为之惊叹。

因此，这载入史册的三件大事，既不能简单等同起来，也不能相互割裂甚至对立起来。犹如攀登一座巍峨的高山，一个台阶连着一个台阶。每个台阶都有自己的标高、特点。每个台阶都要谨慎地行走。每个台阶都取得了辉煌的成就，但也可能留下过趔趄和遗憾。所以，每个台阶都要总结前一个台阶的经验或教训，以便使下一个台阶走得更好。台阶是依次的，不能急躁冒进。企图跨越中间台阶而直接跃上更高的台阶，很可能欲速不达。但上了一个台阶之后也不能徘徊或停留在原来的台阶上，更不能倒退回去，而必须继续不断地攀登。一个台阶接着一个台阶，永不止步，永不僵化，永不骄傲，永不懈怠，就能够越来越接近期望的高程。

党的十八大以来，以习近平同志为核心的党中央领导全党全国人民办成了许多过去想办而没有办成的大事。这些大事到底仍然属于改革开放这件大事，还是不同于改革开放，成为我们党所办的第四件大事？如果说这件大事不同于改革开放，那它应该称为什么大事？迄今为止，党中央还没有从这种角度对新时代的大事和成就进行概括。以后如何概括和称谓，只能由以习近平同志为核心的党中央来决定，归根到底，由未来的历史和人民作决定。

党的十八大以来，习近平总书记没有停留在对三件大事的总结上，而是从新的角度和高度概括了党在100多年中取得的伟大成就。

在庆祝中国共产党成立95周年大会上，习近平总书记将三件大事进一步界定为三个“伟大历史贡献”，并以三个“伟大飞跃”肯定了这三个贡献的意义：

第一个伟大历史贡献，就是中国共产党团结带领中国人民进行28年浴血奋战，打败日本帝国主义，推翻国民党反动统治，完成新民主主义革命，建立了中华人民共和国。

这一伟大历史贡献的意义在于，彻底结束了旧中国半殖民地半封建社会的历史，彻底结束了旧中国一盘散沙的局面，彻底废除了列强强加给中国的不平等条约和帝国主义在中国的一切特权，实现了中国从几千年封建专制政治向人民民主的伟大飞跃。

第二个伟大历史贡献，就是中国共产党团结带领中国人民完成社会主义革命，确立社会主义基本制度，消灭一切剥削制度，推进了社会主义建设。

这一伟大历史贡献的意义在于，完成了中华民族有史以来最为广泛而深刻的社会变革，为当代中国一切发展进步奠定了根本政治前提和制度基础，为中国发展富强、中国人民生活富裕奠定了坚实基础，实现了中华民族由不断衰落到根本扭转命运、持续走向繁荣富强的伟大飞跃。

第三个伟大历史贡献，就是中国共产党团结带领中国人民进行改革开放新的伟大革命，极大激发广大人民群众的创造性，极大解放和发展社会生产力，极大增强社会发展活力，人民生活显著改善，综合国力显著增强，国际地位显著提高。

这一伟大历史贡献的意义在于，开辟了中国特色社会主义道路，形成了中国特色社会主义理论体系，确立了中国特色社会主义制度，使中国赶上了时代，实现了中国人民从站起来到富起来、强起来的伟大飞跃。

《中共中央关于党的百年奋斗重大成就和历史经验的决议》进一步揭示了中国共产党百年奋斗的历史意义，主要体现在五个方面：一是从根本上改变了中国人民的前途命运；二是开辟了实现中华民族伟大复兴的正确道路；三是展示了马克思主义的强大生命力；四是深刻影响了世界历史进程；五是锻造了走在时代前列的中国共产党。该决议强调，100 年来，党始终践行初心使命，团结带领全国各族人民绘就了人类发展史上的壮美画卷，中华民族伟大复兴展现出前所未有的光明前景。

四、思想理论的历史飞跃

中国共产党是在接受了马克思主义（包括列宁主义，下同）基本主张的基础上出世的，成立之后又逐步将马克思主义的基本主张付诸实践。但这些基本主张与中国国情、中国实践之间到底应该是一种什么样的关系？进而，从根子上来说，到底什么是马克思主义、怎样正确对待和运用马克思主义？这始终成为中国共产党必须面对和作出回答的问题。党的 100 多年奋斗，始终与对这一问题的回答紧密相关；党的 100 多年探索，也首先围绕着这一基本问题而展开。

在这种探索中，中国共产党确立了把马克思主义基本原理同中国具体实际相结合的原则，提出了马克思主义中国化的任务并不断推进这一进程，党的十八大以来又明确提出同中华优秀传统文化相结合。在这种探索中，党开辟了马克思主义在中国发展的新境界，并指导党的事业取得了一个接一个的胜利。聚集在这种探索史上最重要的成果，是推动马克思主义中国化实现了一次次历史性飞跃，形成了一系列重大理论成果，形成了中国化时代化的马克思主义。

以毛泽东同志为主要代表的中国共产党人，把马克思列宁主义的基本原理同中国革命的实践结合起来，确立了实事求是的思想路线。

在中共七大上的口头报告中，毛泽东在说到对于马克思主义的态度时，特别说到，马克思主义有香的马克思主义，有臭的马克思主义，有活的马克思主义，有死的马克思主义。我们到底要什么样的马克思主义呢？毛泽东要求我们选择的，毫无疑问，当然是香的、活的马克思主义，而不是臭的、死的马克思主义。正因为如此，中国共产党没有被书本上的条条吓倒，也没有一直对外国经验和共产国际的指令盲从，而是在不断探索中不断推进马克思主义中国化的进程。

《中共中央关于党的百年奋斗重大成就和历史经验的决议》指出，在新民主主义革命斗争中，以毛泽东同志为主要代表的中国共产党人，把马克思列宁主义基本原理同中国具体实际相结合，对经过艰苦探索、付出巨大牺牲积累的一系列独创性经验作了理论概括，开辟了农村包围城市、武装夺取政权的正确革命道路，创立了毛泽东思想，为夺取新民主主义革命胜利指明了正确方向。

在社会主义革命和建设时期，毛泽东同志提出把马克思列宁主义基本原理同中国具体实际进行“第二次结合”，以毛泽东同志为主要代表的中国共产党人，结合新的实际丰富和发展毛泽东思想，提出关于社会主义建设的一系列重要思想，取得了一系列独创性理论成果。

《中共中央关于党的百年奋斗重大成就和历史经验的决议》指出，毛泽东思想是马克思列宁主义在中国的创造性运用和发展，是被实践证明了的关于中国革命和建设的正确的理论原则和经验总结，是马克思主义中国化的第一次历史性飞跃。毛泽东思想的活的灵魂是贯穿于各个组成部分的立场、观点、方法，体现为实事求是、群众路线、独立自主三个基本方面，为党和人民事业发展提供了科学指引。

改革开放以来，中国共产党深刻认识到，开创改革开放和社会主义现代化建设新局面，必须以理论创新引领事业发展。邓小平指出，一个党，一个国家，一个民族，如果一切从本本出发，思想僵化，迷信盛行，那它就不能前进，它的生机就停止了，就要亡党亡国。因此，党领导和支持开展真理标准问题大讨论，重新确立马克思主义的思想路线，从新的实践和时代特征出发坚持和发展马克思主义，推进马克思主义的中国化和时代化，科学回答了建设中国特色社会主义的发展道路、发展阶段、根本任务、发展动力、发展战略、政治保证、祖国统一、外交和国际战略、领导力量和依靠力量等一系列基本问题，形成中国特色社会主义理论体系，实现了马克思主义中国化新的飞跃。

以邓小平同志为主要代表的中国共产党人，总结新中国成立以来正反两方面的经验，解放思想，实事求是，围绕什么是社会主义、怎样建设社会主义这一根本问题，深刻揭示社会主义本质，明确提出走自己的路、建设中国特色社会主义，实行改革开放，开辟了社会主义事业发展的新时期，逐步形成了建设中国特色社会主义的路线、方针、政策，阐明了在中国建设社会主义、巩固和发展社会主义的基本问题，创立了邓小平理论。邓小平理论是马克思列宁主义的基本原理同当代中国实践和时代特征相结合的产物，是毛泽东思想在新的历史条件下的继承和发展，是马克思主义在中国发展的新阶段，是当代中国的马克思主义，是中国共产党集体智慧的结晶，引导着我国社会主义现代化事业不断前进。

十三届四中全会以后，以江泽民同志为主要代表的中国共产党人，在建设中国特色社会主义的实践中，加深了对什么是社会主义、怎样建设社会主义和建设什么样的党、怎样建设党的认识，积累了治党治国新的宝贵经验，形成了“三个代表”重要思想。“三个代表”重要思想是对马克思列宁主义、毛泽东思想、邓小平理论的继承和发展，反映了当代世界和中国的发展变化对党和国家工作的新要求，是加强和改进党的建设、推进我国社会主义自我完善和发展的强大理论武器，是中国共产党集体智慧的结晶，是党必须长期坚持的指导思想。始终做到“三个代表”，是我们党的立党之本、执政之基、力量之源。

党的十六大以后，以胡锦涛同志为主要代表的中国共产党人，坚持以邓小平理论和“三个代表”重要思想为指导，根据新的发展要求，深刻认识和回答了新形势下实现什么样的发展、怎样发展等重大问题，形成了以人为本、全面协调可持续发展的科学发展观。科学发展观是同马克思列宁主义、毛泽东思想、邓小平理论、“三个代表”重要思想既一脉相承又与时俱进的科学理论，是马克思主义关于发展的世界观和方法论的集中体现，是马克思主义中国化重大成果，是中国共产党集体智慧的结晶，是发展中国特色社会主义必须长期坚持的指导思想。

中国特色社会主义理论体系，坚持和发展了马克思列宁主义、毛泽东思想，凝结了几代中国共产党人带领人民不懈探索实践的智慧和心血，是马克思主义中国化的最新成果，是党最可宝贵的政治和精神财富，是全国各族人民团结奋斗的共同思想基础。它的形成和发展，表明我们党对共产党执政规律、社会主义建设规律、人类社会发展规律的认识达到了新高度，开辟了马克思主义中国化的新境界。

党的十八大以来，以习近平同志为主要代表的中国共产党人，坚持把马克思主义基本原理同中国具体实际相结合、同中华优秀传统文化相结合，坚持毛泽东思想、邓小平理论、“三个代表”重要思想、科学发展观，深刻总结并充分运用党成立以来的历史经验，从新的实际出发，创立了习近平新时代中国特色社会主义思想。

在习近平新时代中国特色社会主义思想指导下，中国共产党领导全国各族人民，统揽伟大斗争、伟大工程、伟大事业、伟大梦想，推动中国特色社会主义进入了新时代。

《中共中央关于党的百年奋斗重大成就和历史经验的决议》在党的十九大的基础上，进一步指出：“习近平同志对关系新时代党和国家事业发展的一系列重大理论和实践问题进行了深邃思考和科学判断，就新时代坚持和发展什么样的中国特色社会主义、怎样坚持和发展中国特色社会主义，建设什么样的社会主义现代化强国、怎样建设社会主义现代化强国，建设什么样的长期执政的马克思主义政党、怎样建设长期执政的马克思主义政党等重大时代课题，提出一系列原创性的治国理政新理念新思想新战略，是习近平新时代中国特色社会主义思想的主要创立者。习近平新时代中国特色社会主义思想是当代中国马克思主义、二十一世纪马克思主义，是中华文化和中国精神的时代精华，实现了马克思主义中国化新的飞跃。党确立习近平同志党中央的核心、全党的核心地位，确立习近平新时代中国特色社会主义思想的指导地位，反映了全党全军全国各族人民共同心愿，对新时代党和国家事业发展、对推进中华民族伟大复兴历史进程具有决定性意义。”①

与党的十九大的评价相比较，党的第三个历史决议的评价增加了很多极为重要的内容。

---

①《中共中央关于党的百年奋斗重大成就和历史经验的决议》，人民出版社 2021 年版，第 25—26 页。

第一，继习近平总书记在中国共产党成立100周年大会上的讲话中提出马克思主义中国化的两个结合之后，突出强调“以习近平同志为主要代表的中国共产党人，坚持把马克思主义基本原理同中国具体实际相结合、同中华优秀传统文化相结合”，创立了习近平新时代中国特色社会主义思想。

第二，在原来所说“回答新时代坚持和发展什么样的中国特色社会主义、怎样坚持和发展中国特色社会主义”的基础上，又增加了两个回答的问题，一个是“建设什么样的社会主义现代化强国、怎样建设社会主义现代化强国”，一个是“建设什么样的长期执政的马克思主义政党、怎样建设长期执政的马克思主义政党”，将原来所回答的问题从一个增加到三个。

第三，强调了习近平新时代中国特色社会主义思想的“原创性”，明确指出习近平同志是“习近平新时代中国特色社会主义思想的主要创立者”。

第四，在已经肯定“习近平新时代中国特色社会主义思想是当代中国马克思主义、二十一世纪马克思主义”的基础上，又进一步提出新的重大论断，称习近平新时代中国特色社会主义思想“是中华文化和中国精神的时代精华，实现了马克思主义中国化新的飞跃”。

“中华文化和中国精神的时代精华”，意味着把习近平新时代中国特色社会主义思想放到5000多年的中华文明中，将其放在了中国文化和中国精神最新成果和最高代表的地位。

第五，此前，对马克思主义中国化，我们党一直归纳为实现了两个飞跃。毛泽东思想“是马克思主义中国化的第一次历史性飞跃”。“形成中国特色社会主义理论体系”是第二次飞跃。现在，明确肯定习近平新时代中国特色社会主义思想实现了“新的飞跃”。但是不是第三次飞跃，决议没有明确界定。

第六，在作这样一些总结和评价的基础上，决议进一步指出：“党确立习近平同志党中央的核心、全党的核心地位，确立习近平新时代中国特色社会主义思想的指导地位，反映了全党全军全国各族人民共同心愿，对新时代党和国家事业发展、对推进中华民族伟大复兴历史进程具有决定性意义。”

党的历史既是中国共产党的宝贵财富，也是中华民族的历史瑰宝，是中国文化软实力的重要组成部分，是可以转化运用于现实的强大物质和精神力量，是推进中国特色社会主义伟大事业和党的建设新的伟大工程的重要资源。回望100多年，我们有责任倍加珍惜它，更有责任继续正确、流畅和潇洒地书写它。

五、新时代的成就和变革

《中共中央关于党的百年奋斗重大成就和历史经验的决议》指出：党的十八大以来，“以习近平同志为核心的党中央，以伟大的历史主动精神、巨大的政治勇气、强烈的责任担当，统筹国内国际两个大局，贯彻党的基本理论、基本路线、基本方略，统揽伟大斗争、伟大工程、伟大事业、伟大梦想，坚持稳中求进工作总基调，出台一系列重大方针政策，推出一系列重大举措，推进一系列重大工作，战胜一系列重大风险挑战，解决了许多长期想解决而没有解决的难题，办成了许多过去想办而没有办成的大事，推动党和国家事业取得历史性成就、发生历史性变革”[①]。

该决议系统记载了这些成就和变革。习近平总书记在关于十九届六中全会历史决议的说明中，强调这次全会决议的重点是总结新时代党和国家事业取得的历史性成就、发生的历史性变革和积累的新鲜经验。历史决议全文一共36000多字，第四部分“开创中国特色社会主义新时代”有19000多字，占决议全文的53%，即一半以上。我们在这里将其内容简要梳理概括如下。为了突出新时代并保持完整性，所以也用了较多篇幅。

（一）在坚持党的全面领导上，旗帜鲜明提出，党的领导是党和国家的根本所在、命脉所在，是全国各族人民的利益所系、命运所系，全党必

①《中共中央关于党的百年奋斗重大成就和历史经验的决议》，人民出版社2021年版，第27页。

须自觉在思想上政治上行动上同党中央保持高度一致，提高科学执政、民主执政、依法执政水平，提高把方向、谋大局、定政策、促改革的能力，确保充分发挥党总揽全局、协调各方的领导核心作用。十八届六中全会通过《关于新形势下党内政治生活的若干准则》，党中央出台《中共中央政治局关于加强和维护党中央集中统一领导的若干规定》，要求严明党的政治纪律和政治规矩，发展积极健康的党内政治文化，推动营造风清气正的良好政治生态。要求党的领导干部提高政治判断力、政治领悟力、政治执行力，胸怀“国之大者”，对党忠诚、听党指挥、为党尽责。健全党的领导制度体系，强化政治监督，深化政治巡视，查处违背党的路线方针政策、破坏党的集中统一领导问题，保证全党在政治立场、政治方向、政治原则、政治道路上同党中央保持高度一致。

（二）在全面从严治党上，以加强党的长期执政能力建设、先进性和纯洁性建设为主线，以党的政治建设为统领，以坚定理想信念宗旨为根基，以调动全党积极性、主动性、创造性为着力点，不断提高党的建设质量。坚持严的主基调，突出抓住“关键少数”，落实主体责任和监督责任，强化监督执纪问责，把全面从严治党贯穿于党的建设各方面。从制定和落实中央八项规定破题，以上率下改进工作作风。坚持思想建党和制度治党同向发力，先后开展党的群众路线教育实践活动、“严以修身、严以用权、严以律己，谋事要实、创业要实、做人要实”专题教育、“学党章党规、学系列讲话，做合格党员”学习教育、“不忘初心、牢记使命”主题教育、党史学习教育等。提出和贯彻新时代党的组织路线，强化政治纪律和组织纪律，坚持依规治党，严格遵守党章，形成比较完善的党内法规体系。坚持不敢腐、不能腐、不想腐一体推进，惩治震慑、制度约束、提高觉悟一体发力，坚持无禁区、全覆盖、零容忍，坚持重遏制、强高压、长震慑，坚持受贿行贿一起查，坚持有案必查、有腐必惩，以猛药去疴、重典治乱的决心，以刮骨疗毒、壮士断腕的勇气，坚定不移“打虎”“拍蝇”“猎狐”。坚决整治群众身边腐败问题，深入开展国际追逃追赃，查处周永康、薄熙来、孙政才、令计划等严重违纪违法案件。领导完善党和国家监督体系，推动设立国家监察委员会和地方各级监察委员会，构建巡视巡察上下联动格局，构建以党内监督为主导、各类监督贯通协调的机制，加强对权力运行的制约和监督。

（三）在经济建设上，提出我国经济发展进入新常态，强调贯彻新发展理念是关系我国发展全局的一场深刻变革。加强对经济工作的战略谋划和统一领导，完善党领导经济工作体制机制。作出坚持以高质量发展为主题、以供给侧结构性改革为主线、建设现代化经济体系、把握扩大内需战略基点，打好防范化解重大风险、精准脱贫、污染防治三大攻坚战等重大决策。毫不动摇巩固和发展公有制经济，毫不动摇鼓励、支持、引导非公有制经济发展，支持国有资本和国有企业做强做优做大，建立中国特色现代企业制度，构建亲清政商关系。坚持实施创新驱动发展战略，健全新型举国体制，加快建设创新型国家和世界科技强国。全面实施供给侧结构性改革，推进去产能、去库存、去杠杆、降成本、补短板，推进制造强国建设，加快发展现代产业体系，壮大实体经济，发展数字经济。完善宏观经济治理，创新宏观调控思路和方式，增强宏观政策自主性，实施积极的财政政策和稳健的货币政策，坚持推进简政放权、放管结合、优化服务，坚持金融为实体经济服务，全面加强金融监管，防范化解经济金融领域风险。实施区域协调发展战略，促进京津冀协同发展、长江经济带发展、粤港澳大湾区建设、长三角一体化发展、黄河流域生态保护和高质量发展，高标准高质量建设雄安新区，推动西部大开发形成新格局，推动东北振兴取得新突破，推动中部地区高质量发展，鼓励东部地区加快推进现代化，支持革命老区、民族地区、边疆地区、贫困地区改善生产生活条件。推进以人为核心的新型城镇化，加强城市规划、建设、管理。把解决好“三农”问题作为全党工作重中之重，实施乡村振兴战略，加快推进农业农村现代化。

（四）在全面深化改革开放上，对经济体制、政治体制、文化体制、社会体制、生态文明体制、国防和军队改革和党的建设制度改革作出部署，确定全面深化改革的总目标、战略重点、优先顺序、主攻方向、工作机制、推进方式和时间表、路线图。坚持改革正确方向，以促进社会公平正义、增进人民福祉为出发点和落脚点，突出问题导向，聚焦进一步解

★图为“伟大的变革——庆祝改革开放40周年大型展览”在国家博物馆展出　中新图片 / 胡庆明

放思想、解放和发展社会生产力、解放和增强社会活力，加强顶层设计和整体谋划，增强改革的系统性、整体性、协同性，激发人民首创精神，推动重要领域和关键环节改革走实走深。推动改革全面发力、多点突破、蹄疾步稳、纵深推进，从夯基垒台、立柱架梁到全面推进、积厚成势，再到系统集成、协同高效，各领域基础性制度框架基本确立，许多领域实现历史性变革、系统性重塑、整体性重构。坚持共商共建共享，推动共建“一带一路”高质量发展，建设和平之路、繁荣之路、开放之路、绿色之路、创新之路、文明之路。坚持对内对外开放相互促进、“引进来”和“走出去”更好结合，推动贸易和投资自由化便利化，构建面向全球的高标准自由贸易区网络，形成更大范围、更宽领域、更深层次对外开放格局，构建互利共赢、多元平衡、安全高效的开放型经济体系，不断增强我国国际经济合作和竞争新优势。

（五）在政治建设上，着眼于党长期执政和国家长治久安，对坚持和完善中国特色社会主义制度、推进国家治理体系和治理能力现代化作出总体擘画，重点部署坚持和完善支撑中国特色社会主义制度的根本制度、基本制度、重要制度。坚持人民主体地位，坚持和完善人民代表大会制度，查处拉票贿选案，发挥人民代表大会制度的根本政治制度作用。坚持和完善中国共产党领导的多党合作和政治协商制度，推进社会主义协商民主广泛多层制度化发展。坚持巩固基层政权，完善基层民主制度，完善办事公开制度。按照坚持党的全面领导、坚持以人民为中心、坚持优化协同高效、坚持全面依法治国的原则，全面深化党和国家机构改革。坚持和完善民族区域自治制度，坚定不移走中国特色解决民族问题的正确道路，把铸牢中华民族共同体意识作为党的民族工作主线，确立新时代治藏方略、治疆方略。党坚持党的宗教工作基本方针，坚持我国宗教的中国化方向，积极引导宗教与社会主义社会相适应。完善大统战工作格局，努力寻求最大公约数、画出最大同心圆，汇聚实现中华民族伟大复兴的磅礴力量。推动群团工作改革创新，更好发挥工会、共青团、妇联等人民团体和群众组织作用。以保障人民生存权、发展权为首要推进人权事业全面发展。

（六）在全面依法治国上，坚持中国特色社会主义法治道路，贯彻中国特色社会主义法治理论，坚持依法治国、依法执政、依法行政共同推进，坚持法治国家、法治政府、法治社会一体建设，全面增强全社会尊法学法守法用法意识和能力。就科学立法、严格执法、公正司法、全民守法作出顶层设计和重大部署，统筹推进法律规范体系、法治实施体系、法治监督体系、法治保障体系和党内法规体系建设。健全保证宪法全面实施的体制机制，确立宪法宣誓制度，弘扬社会主义法治精神，提高国家机构依法履职能力，增强全社会法治意识。通过宪法修正案，制定民法典、外商投资法、国家安全法、监察法等法律，修改立法法、国防法、环境保护法等法律，加强重点领域、新兴领域、涉外领域立法，加快完善以宪法为核心的中国特色社会主义法律体系。深化以司法责任制为重点的司法体制改革，推进政法领域全面深化改革，加强对执法司法活动的监督制约，开展政法队伍教育整顿，依法纠正冤错案件，严厉惩治执法司法腐败，确保执法司法公正廉洁高效权威。

（七）在文化建设上，坚持以人民为中心的工作导向，举旗帜、聚民心、育新人、兴文化、展形象，牢牢掌握意识形态工作领导权，健全意识形态工作责任制，旗帜鲜明反对和抵制各种错误观点。召开全国宣传思想工作会议，分别召开文艺工作、党的新闻舆论工作、网络安全和信息化工作、哲学社会科学工作座谈会和全国高校思想政治工作会议，阐明原则立场，廓清理论是非，校正工作导向。用党的创新理论武装全党、教育人民、指导实践，深化马克思主义理论研究和建设，推进中国特色哲学社会科学学科体系、学术体系、话语体系建设。推动媒体融合发展，健全互联网领导和管理体制，依法管网治网。以社会主义核心价值观引领文化建设，用社会主义先进文化、革命文化、中华优秀传统文化培根铸魂，广泛开展中国特色社会主义和中国梦宣传教育，完善思想政治工作体系，建立健全党和国家功勋荣誉表彰制度，设立烈士纪念日，深化群众性精神文明创建，建设新时代文明实践中心。推动学习党史、新中国史、改革开放史、社会主义发展史，建成中国共产党历史展览馆，开展庆祝中国共产党成立100周年等活动。推进文化事业和文化产业全面发展，繁荣文艺创作，完善公共文化服务体系，为人民提供更多更好的精神食粮。实施中华优秀传统文化传承发展工程，加大文化遗产保护力度。加快国际传播能力建设，促进人类文明交流互鉴。

（八）在社会建设上，以更大决心、更精准思路、更有力措施，采取超常举措，实行“军令状”式责任制，动员全党全国全社会力量，上下同心、尽锐出战，攻克坚中之坚、解决难中之难，组织实施人类历史上规模最大、力度最强的脱贫攻坚战，形成伟大脱贫攻坚精神，历史性地解决了绝对贫困问题，创造了人类减贫史上的奇迹。面对突如其来的新冠疫情，坚持人民至上、生命至上，开展抗击疫情人民战争、总体战、阻击战，举全国之力实施规模空前的生命大救援，慎终如始抓好“外防输入、内防反弹”，坚持统筹疫情防控和经济社会发展，抗疫斗争取得重大战略成果，铸就了伟大抗疫精神。在收入分配、就业、教育、社会保障、医疗卫生、住房保障等方面推出一系列重大举措，注重加强普惠性、基础性、兜底性民生建设，推进基本公共服务均等化。建成世界上规模最大的社会保障体系，全面推进健康中国建设，深化医药卫生体制改革，健全国家公共卫生应急管理体系，促进中医药传承创新发展，健全遍及城乡的公共卫生服务体系。加快体育强国建设，积极应对人口老龄化，加快建设养老服务体系，调整优化生育政策，促进人口长期均衡发展。注重家庭家教家风建设，保障妇女儿童权益。加快发展残疾人事业。坚持房子是用来住的、不是用来炒的定位，加快建立多主体供给、多渠道保障、租购并举的住房制度，加大保障房建设投入力度。建设更高水平的平安中国，完善社会治理体系，健全党组织领导的自治、法治、德治相结合的城乡基层治理体系。加强防灾减灾救灾和安全生产工作，加强国家应急管理体系和能力建设。加强社会治安综合治理，开展扫黑除恶专项斗争，防范和打击暴力恐怖、新型网络犯罪、跨国犯罪。

（九）在生态文明建设上，坚持绿水青山就是金山银山的理念，坚持山水林田湖草沙一体化保护和系统治理，全方位、全地域、全过程加强生态环境保护，推动划定生态保护红线、环境质量底线、资源利用上线。组织实施主体功能区战略，建立健全自然资源资产产权制度、国土空间开发保护制度、生态文明建设目标评价考核制度和责任追究制度、生态补偿制度、河湖长制、林长制、环境保护“党政同责”和“一岗双责”等制度，制定修订相关法律法规。优化国土空间开发保护格局，建立以国家公园为主体的自然保护地体系，持续开展大规模国土绿化行动，加强大江大河和重要湖泊湿地及海岸带生态保护和系统治理，加大生态系统保护和修复力度，加强生物多样性保护，推动形成节约资源和保护环境的空间格局、产业结构、生产方式、生活方式。着力打赢污染防治攻坚战，深入实施大气、水、土壤污染防治三大行动计划，打好蓝天、碧水、净土保卫战，开展农村人居环境整治，全面禁止进口“洋垃圾”。开展中央生态环境保护督察。积极参与全球环境与气候治理，作出力争2030年前实现碳达峰、2060年前实现碳中和的庄严承诺。

（十）在国防和军队建设上，提出新时代的强军目标，确立新时代军事战略方针，制定到2027年实现建军100年奋斗目标、到2035年基本实现国防和军队现代化、到本世纪中叶全面建成世界一流军队的国防和军队现代化新“三步走”战略，推进政治建军、改革强军、科技强军、人才强军、依法治军，加快军事理论现代化、军队组织形态现代化、军事人员现代化、武器装备现代化，加快机械化信息化智能化融合发展，全面加强练兵备战，坚持走中国特色强军之路。毫不动摇坚持党对人民军队绝对领导的根本原则和制度，坚持人民军队最高领导权和指挥权属于党中央和中央军委，全面深入贯彻军委主席负责制。全面加强军队党的领导和党的建设，深入推进军队党风廉政建设和反腐败斗争，坚决查处郭伯雄、徐才厚、房峰辉、张阳等严重违纪违法案件并彻底肃清其流毒影响，推动人民军队政治生态根本好转。提出改革强军战略，领导开展新中国成立以来最为广泛、最为深刻的国防和军队改革，重构人民军队领导指挥体制、现代军事力量体系、军事政策制度，裁减现役员额30万，形成了军委管总、战区主战、军种主建新格局。实施科技强军战略、人才强军战略、依法治军战略。创新军事战略指导，调整优化军事战略布局，强化人民军队塑造态势、管控危机、遏制战争、打赢战争的战略功能。壮大战略力量和新域新质作战力量，建设强大稳固的现代边海空防，有效应对外部军事挑衅，震慑“台独”分裂行径，遂行边防斗争、海上维权、反恐维稳、抢险救灾、抗击疫情、维和护航、人道主义救援和国际军事合作等重大任务。

（十一）在维护国家安全上，提出涵盖政治、军事、国土、经济、文化、社会、科技、网络、生态、资源、核、海外利益、太空、深海、极地、生物等诸多领域的总体国家安全观，以政治安全为根本，以经济安全为基础，以军事、科技、文化、社会安全为保障，以促进国际安全为依托，统筹发展和安全，统筹开放和安全，统筹传统安全和非传统安全，统筹自身安全和共同安全，统筹维护国家安全和塑造国家安全。设立中央国家安全委员会，完善集中统一、高效权威的国家安全领导体制，完善国家安全法治体系、战略体系和政策体系，建立国家安全工作协调机制和应急管理机制。坚定维护国家政权安全、制度安全、意识形态安全，加强国家安全宣传教育和全民国防教育，严密防范和严厉打击敌对势力渗透、破坏、颠覆、分裂活动，开展涉港、涉台、涉疆、涉藏、涉海等斗争，加快建设海洋强国。

（十二）在坚持“一国两制”和推进祖国统一上，全面准确、坚定不移贯彻“一国两制”方针，坚持和完善“一国两制”制度体系，坚持依法治港治澳，维护宪法和基本法确定的特别行政区宪制秩序，落实中央对特别行政区全面管治权，坚定落实“爱国者治港”“爱国者治澳”。健全中央依照宪法和基本法对特别行政区行使全面管治权、完善特别行政区同宪法和基本法实施相关制度机制，推动建立健全特别行政区维护国家安全的法律制度和执行机制、制定《中华人民共和国香港特别行政区维护国家安全法》、完善香港特别行政区选举制度，落实“爱国者治港”原则，支持特别行政区完善公职人员宣誓制度。设立驻香港特别行政区维护国家安全公署。坚定支持香港特别行政区依法止暴制乱、恢复秩序。全面支持香港、澳门更好融入国家发展大局，高质量建设粤港澳大湾区，支持港澳发展经济、改善民生，推动香港局势实现由乱到治的重大转折。形成新时代解决台湾问题的总体方略，推动两岸关系和平发展，坚持一个中国原则和“九二共识”，坚决反对“台独”分裂行径，坚决反对外部势力干涉，牢牢把握两岸关系主导权和主动权。

（十三）在外交工作上，统筹国内国际两个大局，健全党对外事工作领导体制机制，加强对外工作顶层设计，对中国特色大国外交作出战略谋划，推动建设新型国际关系，推动构建人类命运共同体，弘扬和平、发展、公平、正义、民主、自由的全人类共同价值。紧扣服务民族复兴、促进人类进步这条主线，高举和平、发展、合作、共赢的旗帜，推进和完善全方位、多层次、立体化的外交布局，积极发展全球伙伴关系。运筹大国关系，推进大国协调和合作。稳定周边战略依托，打造周边命运共同体。加强同广大发展中国家团结合作，整体合作机制实现全覆盖。同世界上 500 多个政党和政治组织保持经常性联系，深化政党交流合作。不断完善海外利益保护体系。积极参与全球治理体系改革和建设，维护以联合国为核心的国际体系、以国际法为基础的国际秩序、以联合国宪章宗旨和原则为基础的国际关系基本准则，维护和践行真正的多边主义，坚决反对单边主义、保护主义、霸权主义、强权政治，积极推动经济全球化朝着更加开放、包容、普惠、平衡、共赢的方向发展。建设性参与国际和地区热点问题政治解决，在气候变化、减贫、反恐、网络安全和维护地区安全等领域发挥积极作用。开展抗击新冠疫情国际合作，发起新中国成立以来最大规模的全球紧急人道主义行动，向众多国家特别是发展中国家提供物资援助、医疗支持、疫苗援助和合作，展现负责任大国形象。①

"总之，党的十八大以来，以习近平同志为核心的党中央领导全党全军全国各族人民砥砺前行，全面建成小康社会目标如期实现，党和国家事业取得历史性成就、发生历史性变革，彰显了中国特色社会主义的强大生机活力，党心军心民心空前凝聚振奋，为实现中华民族伟大复兴提供了更为完善的制度保证、更为坚实的物质基础、更为主动的精神力量。中国共产党和中国人民以英勇顽强的奋斗向世界庄严宣告，中华民族迎来了从站起来、富起来到强起来的伟大飞跃。"②

党的二十大在总结新时代 10 年伟大变革时，进一步列举了 16 个方面的成就。在中共中央举行新闻发布会解读党的二十大报告时，时任中央政策研究室主任江金权认为，这些成就最具标志性意义的有 6 个方面：一是取得了"两个确立"的重大政治成果；二是中国共产党在革命性锻造中更加坚强有力；三是胜利实现全面建成小康社会目标；四是维护国家安全能力显著提高；五是我国国际地位显著提升；六是我国制度优势更加彰显。

---

① 参见《中共中央关于党的百年奋斗重大成就和历史经验的决议》，人民出版社 2021 年版，第 27—61 页。根据决议的有关内容简要概括。

②《中共中央关于党的百年奋斗重大成就和历史经验的决议》，人民出版社 2021 年版，第 61—62 页。

·第四题·

中国共产党的党代会之路

中国共产党全国代表大会是中国共产党的最高权力机关和领导机关。1922 年的二大党章规定：党的最高领导机关是全国代表大会，大会闭会期间，是大会选出的中央委员会（开始曾称作中央执行委员会）。从 1969 年党的九大通过的党章开始，改为：党的最高领导机关，是全国代表大会和它产生的中央委员会。这一规定一直延续到现在。

中国共产党的历次党代会，构成中国共产党历史发展的一条主轴，决定了中国共产党的一系列重大决策，规定了中国共产党的发展方向，领航中国不断发展进步。学习党史，必须学习和了解党代会发展变迁的历史。

100 多年来，中国共产党已经召开了 20 次党代会。党的全国代表大会制度也经历了从创建到发展并历经曲折而逐步走向完善的过程。回顾 100 多年党代会的发展历程，总结历史的经验教训，对于进一步加强新形势下党代会的制度建设，更好地发挥党代会的作用，具有重要意义。

一、新民主主义革命时期的 7 次党代会

（一）中国共产党第一次全国代表大会

1921 年 7 月 23 日在上海开幕，最后一天（按最新考证，最有可能是 8 月 3 日）的会议转移到浙江嘉兴南湖举行。参加大会的代表有：上海的

李达、李汉俊，北京的张国焘、刘仁静，长沙的毛泽东、何叔衡，武汉的董必武、陈潭秋，济南的王尽美、邓恩铭，广州的陈公博，旅日的周佛海；包惠僧受陈独秀派遣，出席了会议。他们代表着全国 50 多名党员。共产国际代表马林和尼克尔斯基出席了会议。

大会通过了中国共产党的第一个纲领和决议，宣告了中国共产党的成立。这是中共一大最重要的贡献。

大会选举陈独秀、张国焘、李达 3 人组成中央局，陈独秀任书记。

（二）中国共产党第二次全国代表大会

1922 年 7 月 16 日至 23 日在上海举行。出席大会的代表 12 人（但也有研究者认为不止此数），代表全国 195 名党员。陈独秀作工作报告。

大会将党的纲领区分为最高纲领和最低纲领，明确提出了反帝反封建的民主革命纲领，指出中国革命要分“两步走”。大会制定了第一部《中国共产党章程》，通过了《中国共产党第二次全国大会宣言》等 9 个决议案。大会通过的《中国共产党加入第三国际决议案》，正式决定加入共产国际。从此，中国共产党成为共产国际的一个支部，受共产国际领导。

大会选出由 5 名委员和 3 名候补委员组成的中央执行委员会。中央执行委员会选举陈独秀为委员长。

（三）中国共产党第三次全国代表大会

1923 年 6 月 12 日至 20 日在广州举行。出席大会的代表 30 多人，代表全国 420 名党员。共产国际代表马林参加了会议。

大会最主要的内容，是决定共产党员以个人身份加入孙中山领导的中国国民党，采取党内合作的形式，同国民党建立联合战线，以完成反帝反封建的国民革命任务。

大会通过了《中国共产党党纲草案》《中国共产党第三次全国大会宣言》《中国共产党第一次修正章程》《中国共产党中央执行委员会组织法》《关于国民运动及国民党问题的议决案》《农民问题决议案》等 11 个文件。

大会选举了由9名委员和5名候补委员组成的中央执行委员会。中央执行委员会选举了中央局，选举陈独秀为委员长。

（四）中国共产党第四次全国代表大会

1925年1月11日至22日在上海举行。出席大会的代表20人，代表全国994名党员。共产国际代表维经斯基参加了会议。

大会明确提出了无产阶级在民主革命中的领导权问题和工农联盟问题，对民主革命的内容作了比较完整的规定。大会通过了《中国共产党第四次全国大会宣言》《中国共产党第二次修正章程》和11个议决案。

按照修改后的党章，党的最高领导人的职务由委员长改为总书记。大会选举了由9名委员和5名候补委员组成的中央执行委员会，中央执行委员会选举了中央局，选举陈独秀为总书记。

（五）中国共产党第五次全国代表大会

1927年4月27日至5月9日在武汉举行。出席大会的代表82人，代表全国57967名党员。共产国际代表罗易、鲍罗廷、维经斯基等参加了会议。国民党派代表团参加了开幕式并致辞，这在中国共产党党代会历史上是唯一的一次。

陈独秀作《政治与组织的报告》。罗易先后发表了5次讲话，对会议进程起了重要作用。大会对陈独秀的错误进行了批评，通过了《政治形势与党的任务议决案》《中国共产党第五次全国代表大会宣言》等6个决议案。

大会授权中央政治局在大会结束后制定了《中国共产党第三次修正章程决案》，主要内容是明确规定实行民主集中制、将中央执行委员会改为中央委员会、设立中央政治局和中央监察委员会等。

大会选举了由31名委员和14名候补委员组成的中央委员会，选举了由7名委员和3名候补委员组成的中央监察委员会。中央委员会选举了中央政治局及其常务委员会，选举陈独秀为总书记。

中共五大是在大革命失败前夕召开的一次党代会。大会没有能挽救这场革命的失败，但大会在党的建设上的很多建树产生了深远的历史影响。

（六）中国共产党第六次全国代表大会

1928年6月18日至7月11日在苏联莫斯科举行。会址在莫斯科郊外五一村的一座贵族庄园。这是中国共产党唯一一次在国外举行的党代会。出席大会的代表142人，其中有选举权的正式代表84人。共产国际直接指导了会议的召开。斯大林、布哈林参加大会主席团，接见了中国共产党的领导人。

瞿秋白作《中国革命与共产党》政治报告，周恩来作组织报告和军事报告，李立三作农民问题报告，向忠发作职工运动报告，共产国际代表布哈林作《中国革命与中国共产党的任务》报告。大会明确中国仍是一个半殖民地半封建的国家，现阶段的中国革命仍是资产阶级性质的民主主义革命，党的总路线是争取群众。大会通过了《中国共产党党章》和《政治议决案》、《土地问题议决案》、《农民运动决议案》、《苏维埃政权的组织问题决议案》等18个文件。

大会选举了由23名委员和13名候补委员组成的中央委员会，选举了由3名委员和2名候补委员组成的中央审查委员会。随后召开的六届一中全会选举了中央政治局及其常务委员会。随后的中央政治局会议推举向忠发为中央政治局主席和中央政治局常务委员会主席。

（七）中国共产党第七次全国代表大会

1945年4月23日至6月11日在延安举行。这是中国共产党第一次完全独立自主举行的党代会。出席大会的正式代表547人，候补代表208人，代表全国121万名党员。

毛泽东致开幕词，向大会提交《论联合政府》的书面政治报告并作口头报告，朱德作《论解放区战场》的军事报告，刘少奇作《关于修改党章的报告》，周恩来作《论统一战线》的发言。大会制定了党的政治路线，确立了毛泽东思想在全党的指导地位，总结了武装斗争、统一战线和党的建设的经验，概括了党的三大优良作风。大会通过了《对于政治报告的决议案》《关于军事报告的决议案》等决议。大会通过的《中国共产党党章》增加“总纲”部分，阐明了党的性质、宗旨、指导思想、组织原则等以及中国革命的性质、任务、动力和特点。

大会选举了由44名委员和33名候补委员组成的中央委员会。随后召开的七届一中全会选举了中央政治局和中央书记处，选举毛泽东、朱德、刘少奇、周恩来、任弼时为中央书记处书记，选举毛泽东为中央委员会主席、中央政治局主席和中央书记处主席。

二、党执政后至改革开放前的4次党代会

（一）中国共产党第八次全国代表大会

1956年9月15日至27日在北京举行。这是中国共产党取得全国执政地位后的第一次全国代表大会。因为党的八大确定实行党代会常任制，所以这次大会又称为八大一次会议。出席大会的代表1026人，候补代表107人，代表全国1073万名党员。苏联等59个国家的共产党、工人党、劳动党和人民革命党的代表团前来祝贺，这是中国共产党党代会历史上唯一的一次。

毛泽东致开幕词，刘少奇作政治报告，邓小平作《关于修改党的章程的报告》，周恩来作《关于发展国民经济第二个五年计划的建议的报告》。

大会对社会主义改造基本完成以后国内的主要矛盾作出了科学的判断；确定了政治、经济、文化和外交工作的一系列方针；提出了执政党建设的问题，强调要坚持民主集中制和集体领导制度，反对个人崇拜，发展党内民主，加强党和群众的联系。大会通过的《中国共产党章程》体现了执政党的特点，强调贯彻执行党的民主集中制原则和群众路线，规定全国、省、县级代表大会实行常任制。

大会通过了《关于政治报告的决议》和《关于发展国民经济第二个五年计划的建议》。大会选举了由97名委员和73名候补委员组成的中央委

员会。

随后召开的八届一中全会选举了中央政治局及其常务委员会，选举毛泽东为中央委员会主席，刘少奇、周恩来、朱德、陈云为副主席，邓小平为总书记；选举了由17名委员和4名候补委员组成的中央监察委员会。

（二）中国共产党第九次全国代表大会

1969年4月1日至24日在北京举行。这是在“文化大革命”爆发3年后召开的党代会，很多手续不完备。出席大会的代表1512人。当时全国有2200万名党员。

毛泽东致开幕词，林彪作政治报告。政治报告的核心内容是所谓“无产阶级专政下继续革命的理论”。大会通过的《中国共产党章程》对八大党章作了错误修改。大会选举了由170名委员和109名候补委员组成的中央委员会。

随后召开的九届一中全会选举了中央政治局及其常务委员会，选举毛泽东为中央委员会主席，林彪为副主席。

党的九大使“文化大革命”的错误理论和实践合法化，在思想上、政治上、组织上的指导方针都是错误的。

（三）中国共产党第十次全国代表大会

1973年8月24日至28日在北京举行。出席大会的代表1249人。当时全国有2800万名党员。这也是在“文化大革命”中举行的党代会，继续了党的九大的“左”倾错误。

周恩来作政治报告，王洪文作《关于修改党章的报告》。大会通过了政治报告和经修改的党章，选举了由195名委员和124名候补委员组成的中央委员会。

随后召开的十届一中全会选举了中央政治局及其常务委员会，选举毛泽东为中央委员会主席，周恩来、王洪文、康生、叶剑英、李德生为副主席。

（四）中国共产党第十一次全国代表大会

1977年8月12日至18日在北京举行。出席大会的代表1510人，代表全国3500多万名党员。这是在“文化大革命”刚刚结束后举行的党代会，反映了“在徘徊中前进”的局面。

华国锋作政治报告，叶剑英作《关于修改党的章程的报告》，邓小平致闭幕词。大会宣告历时10年的“文化大革命”已经结束，重申建设社会主义的现代化强国的任务，但没有能从根本上纠正“文化大革命”的“左”倾错误理论、政策和口号。

大会通过了经过修改的《中国共产党章程》和《关于政治报告的决议》、《关于修改党的章程报告的决议》。

大会选举了由201名委员和132名候补委员组成的中央委员会。随后召开的十一届一中全会选举了中央政治局及其常务委员会，选举华国锋为中央委员会主席，叶剑英、邓小平、李先念、汪东兴为副主席。

三、改革开放后的历次党代会

十一届三中全会之后迄今，中国共产党已经召开了9次党代会，其中进入新时代的有3次。《中共中央关于党的百年奋斗重大成就和历史经验的决议》指出：“党的十二大、十三大、十四大、十五大、十六大、十七大，根据国际国内形势发展变化，从我国发展新要求出发，一以贯之对推进改革开放和社会主义现代化建设作出全面部署，并召开多次中央全会专题研究部署改革发展稳定重大工作。”①这些党代会，对改革开放和社会主义现代化建设发挥了极其重要的领航作用。

---

①《中共中央关于党的百年奋斗重大成就和历史经验的决议》，人民出版社2021年版，第18页。

（一）中国共产党第十二次全国代表大会

1982年9月1日至11日在北京举行。出席大会的正式代表1545人，候补代表145人，代表全国3900多万名党员。这是十一届三中全会后的第一次党代会。

邓小平致开幕词，提出了“走自己的道路，建设有中国特色的社会主义”的重要思想。胡耀邦作《全面开创社会主义现代化建设的新局面》的报告。叶剑英、陈云作重要讲话。大会通过了《关于十一届中央委员会报告的决议》、《关于〈中国共产党章程〉的决议》和《关于中央纪律检查委员会工作报告的决议》。大会决定设立中央顾问委员会。

大会通过的《中国共产党章程》，系统总结党的建设的经验，适应改革开放和社会主义现代化建设的需要，对党的性质、目标、任务、领导作用、组织原则、各项制度，对党员和党组织的基本要求等作出了系统规定，对党的民主集中制和各项组织制度、党的纪律作了更充分、更具体的规定。

大会选举了由210名委员和138名候补委员组成的中央委员会，选举了由172名委员组成的中央顾问委员会和由132名委员组成的中央纪律检查委员会。

随后召开的十二届一中全会选举了中央政治局及其常务委员会；选举胡耀邦为中央委员会总书记；决定邓小平为中央军事委员会主席。批准邓小平为中央顾问委员会主任，陈云为中央纪律检查委员会第一书记。

（二）中国共产党第十三次全国代表大会

1987年10月25日至11月1日在北京举行。出席大会的代表1936人，特邀代表61人，代表全国4600多万名党员。

赵紫阳作《沿着有中国特色的社会主义道路前进》的报告。大会提出并系统阐述了社会主义初级阶段理论，制定了党在社会主义初级阶段的基本路线，制定了“三步走”发展战略和各项改革任务。

大会通过了《关于十二届中央委员会报告的决议》、《关于〈中国共产党章程部分条文修正案〉的决议》、《关于中央顾问委员会工作报告的决议》和《关于中央纪律检查委员会工作报告的决议》。

大会选举了由 175 名委员和 110 名候补委员组成的中央委员会，选举了由 200 名委员组成的中央顾问委员会和由 69 名委员组成的中央纪律检查委员会。

随后召开的十三届一中全会选举了中央政治局及其常务委员会；选举赵紫阳为中央委员会总书记；决定邓小平为中央军事委员会主席；批准陈云为中央顾问委员会主任，乔石为中央纪律检查委员会书记。

（三）中国共产党第十四次全国代表大会

1992 年 10 月 12 日至 18 日在北京举行。出席大会的代表 1989 人，特邀代表 46 人，代表全国 5100 多万名党员。

此前的 1989 年，十三届四中全会撤销了赵紫阳的职务，选举江泽民担任中共中央总书记。1992 年初，邓小平发表南方谈话。党的十四大是在南方谈话精神指导下举行的一次重要的党代会。

江泽民作《加快改革开放和现代化建设步伐，夺取有中国特色社会主义事业的更大胜利》的报告。大会确立邓小平建设有中国特色社会主义理论在全党的指导地位，概括了建设有中国特色社会主义理论的主要内容，明确建立社会主义市场经济体制的改革目标，要求全党抓住机遇，加快发展，集中精力把经济建设搞上去。

大会通过了《关于十三届中央委员会报告的决议》、《关于中央顾问委员会工作报告的决议》、《关于中央纪律检查委员会工作报告的决议》和《关于〈中国共产党章程修正案〉的决议》。

大会选举了由 189 名委员和 130 名候补委员组成的中央委员会，选举了由 108 名委员组成的中央纪律检查委员会。

随后召开的十四届一中全会选举了中央政治局及其常务委员会；选举江泽民为中央委员会总书记；决定江泽民为中央军事委员会主席；批准尉健行为中央纪律检查委员会书记。

（四）中国共产党第十五次全国代表大会

1997年9月12日至18日在北京举行。出席大会的代表2048人，特邀代表60人，代表全国5800多万名党员。

江泽民作《高举邓小平理论伟大旗帜，把建设有中国特色社会主义事业全面推向二十一世纪》的报告。大会首次使用“邓小平理论”概念，提出了社会主义初级阶段的基本纲领，规划了跨世纪发展的战略部署。大会通过的《中国共产党章程修正案》明确规定把邓小平理论确立为党的指导思想。

大会通过了《关于十四届中央委员会报告的决议》、《关于〈中国共产党章程修正案〉的决议》和《关于中央纪律检查委员会工作报告的决议》。

大会选举了由193名委员和151名候补委员组成的中央委员会，选举了由115名委员组成的中央纪律检查委员会。

随后召开的十五届一中全会选举了中央政治局及其常务委员会；选举江泽民为中央委员会总书记；决定江泽民为中央军事委员会主席；批准尉健行为中央纪律检查委员会书记。

（五）中国共产党第十六次全国代表大会

2002年11月8日至14日在北京举行。出席大会的正式代表2114名，特邀代表40名，代表全国6600多万名党员。

江泽民作《全面建设小康社会，开创中国特色社会主义事业新局面》的报告。大会阐述了全面贯彻“三个代表”重要思想的根本要求，提出全面建设小康社会的战略目标，把“三个代表”重要思想写入党章，与马克思列宁主义、毛泽东思想、邓小平理论一起作为党必须长期坚持的指导思想。

大会通过了《关于十五届中央委员会报告的决议》、《关于〈中国共产党章程（修正案）〉的决议》和《关于中央纪律检查委员会工作报告的决议》。

大会选举了由198名委员和158名候补委员组成的中央委员会，选举了由121名委员组成的中央纪律检查委员会。

随后召开的十六届一中全会选举了中央政治局及其常务委员会；选举胡锦涛为中央委员会总书记；决定江泽民为中央军事委员会主席；批准吴官正为中央纪律检查委员会书记。

（六）中国共产党第十七次全国代表大会

2007年10月15日至21日在北京举行。大会正式代表2213人，特邀代表57人，代表全国7300多万名党员。

胡锦涛作题为《高举中国特色社会主义伟大旗帜，为夺取全面建设小康社会新胜利而奋斗》的报告。大会强调要坚定不移地高举中国特色社会主义伟大旗帜，坚持中国特色社会主义道路和中国特色社会主义理论体系；全面阐述科学发展观的科学内涵、精神实质和根本要求；提出实现全面建设小康社会奋斗目标的新要求。大会通过关于《中国共产党章程（修正案）》的决议，将科学发展观写入党章。

大会选举出由204名委员、167名候补委员组成的十七届中央委员会，选举出中央纪律检查委员会委员127名。

随后召开的十七届一中全会选举了中央政治局及其常务委员会；选举胡锦涛为中央委员会总书记，决定胡锦涛为中央军事委员会主席，批准贺国强为中央纪律检查委员会书记。

四、新时代已经召开的3次党代会

党的十八大以来，中国特色社会主义进入新时代。党的十八大、十九大和二十大成为新时代砥砺奋进的历史性大会和历史性标志。

（一）中国共产党第十八次全国代表大会

2012年11月8日至14日在北京举行。确认资格有效的应出席代表

2268人，特邀代表57人，共2325人，代表全国8200多万名党员。党的十八大是在我国进入全面建成小康社会决定性阶段召开的继往开来的大会。

胡锦涛作题为《坚定不移沿着中国特色社会主义道路前进，为全面建成小康社会而奋斗》的报告。大会通过了胡锦涛所作的工作报告、审查批准了中央纪律检查委员会的工作报告，审议并一致通过了《中国共产党章程（修正案）》，将科学发展观确立为党的指导思想。

大会选举出由205名委员、171名候补委员组成的十八届中央委员会，选举出由130名委员组成的中央纪律检查委员会。

随后的十八届一中全会选举习近平为中央委员会总书记，决定习近平为中央军事委员会主席，批准王岐山为中央纪律检查委员会书记。

（二）中国共产党第十九次全国代表大会

2017年10月18日至24日在北京举行。确认资格有效的应出席代表2280人，特邀代表74人，共2354人，代表全国8900多万名党员。

习近平作题为《决胜全面建成小康社会，夺取新时代中国特色社会主义伟大胜利》的报告。报告指出，中国特色社会主义进入了新时代，我国社会主要矛盾已经转化为人民日益增长的美好生活需要和不平衡不充分的发展之间的矛盾。新时代共产党人的历史使命是实现中华民族伟大复兴。为了实现这一伟大梦想，必须进行伟大斗争，建设伟大工程，推进伟大事业。大会确立了习近平新时代中国特色社会主义思想的历史地位，并写入了党章。提出了新时代坚持和发展中国特色社会主义的基本方略，确定决胜全面建成小康社会的任务，提出分两步在本世纪中叶建成富强民主文明和谐美丽的社会主义现代化强国的战略安排。

大会选举出由204名委员、172名候补委员组成的十九届中央委员会，选举出由133名委员组成的中央纪律检查委员会。

随后的十九届一中全会选举习近平为中央委员会总书记，决定习近平为中央军事委员会主席，批准赵乐际为中央纪律检查委员会书记。

（三）中国共产党第二十次全国代表大会

2022年10月16日至22日在北京举行。确认资格的应出席代表2296人，特邀代表83人，共2379人，代表全国9600多万名党员。

习近平总书记作题为《高举中国特色社会主义伟大旗帜，为全面建设社会主义现代化国家而团结奋斗》的报告。报告指出，新时代10年的伟大变革具有里程碑意义；不断谱写马克思主义中国化时代化新篇章，是当代中国共产党人的庄严历史责任；从现在起，中国共产党的中心任务就是团结带领全国各族人民全面建成社会主义现代化强国、实现第二个百年奋斗目标，以中国式现代化全面推进中华民族伟大复兴；要坚定不移全面从严治党，深入推进新时代党的建设新的伟大工程，以党的自我革命引领社会革命。

★ 图为党的二十大会场
中新图片／盛佳鹏

大会通过关于十九届中央委员会报告的决议、关于十九届中央纪律检查委员会工作报告的决议、关于《中国共产党章程（修正案）》的决议。

大会选举出由205名委员、171名候补委员组成的二十届中央委员会，选举出由133名委员组成的二十届中央纪律检查委员会。

随后的二十届一中全会选举了中央政治局委员、中央政治局常务委员，选举习近平为中央委员会总书记，决定习近平为中央军事委员会主席，批准李希为中央纪律检查委员会书记。

五、党代会制度建设的历史经验

100多年来，中国共产党党代会制度发展变化的历程，为党的建设提供了丰富而宝贵的经验。在全面建设社会主义现代化国家的新征程上继续推进党的建设新的伟大工程，坚持党的自我革命，应该注意从这些经验中吸取政治营养和政治智慧，使党的代表大会制度进一步走向完善，在党的建设和事业中发挥更大的作用。

第一，党代会是党的发展进程和成熟与否的基本标志，必须以党代会为枢纽谋划和推进治党治国的宏图大计。

党代会是现代政党的基本制度和决策形式。有党，就有党代会。甚至从最初的起点说，有了党代会，才有了党。对于党的建设和发展来说，党代会具有标志杆和推进器的双重作用。说它是标志杆，就是说，每次党代会，都是在一定的社会历史背景下召开的，它的每一个重大决策，都集中反映着这个时期党的思想认识、价值取向、实践经验和政治意志，标志着党在这个时期发展进步达到的水平。说它是推进器，就是说，每次党代会，都要面向未来，研究和解决党所面临的重大问题，制定或调整党的纲领、路线、方针和政策，就党的一些重大问题作出决策，选举产生新的领导集体和重要干部，以便开创党的事业新局面。

我们党已经召开过的20次党代会，绝大多数都真正履行了职权，研究了紧迫的重大问题，作出了正确或基本正确的决策，因而对当时党的事业的发展作出了重大贡献。少数，如党的九大、十大，是不成功的会议。这种不成功，其实也正是当时党内状况的真实反映。十一届三中全会以后，我们党实现了伟大的历史转折，党代会也开得越来越成功。从党的十二大到二十大，每次党代会都解决了改革开放发展进程中逐步深化的一些重大问题，推动了党的建设和中国特色社会主义事业的发展进步。这20次党代会连接起来，基本上勾画出了我们党在曲折中不断探索和发展的轨迹。

由此也可以看到，全国代表大会作为党的最高领导机关，在党的建设事业中占有重要的地位。开好党代会，对于总结过去，开创未来，具有十分重要的意义。所以，我们应该把党代会的筹备和召开作为推进党的建设和事业发展的一个重要枢纽，抓住这个契机，系统认真地总结过去的工作和经验，科学分析党所处的新形势、新环境，认真研究需要应对的新机遇、新挑战，抓住关键，制定战略，确定未来一个时期的发展蓝图和大政方针，组织配置党的领导力量，动员全党和全国人民，同心协力，开创党的建设和中国特色社会主义事业发展的新局面。开好党代会，将能把党的思想理论认识、纲领政策水平、治国理政能力，把我们各方面的事业都大大向前推进一步。

第二，党代会是党的最高领导机关，必须高度尊重和充分行使党代会的最高职权。

我们党从第一个党章开始，就规定党代会是党的最高领导机关。党的全国代表大会的职权，在不同时期略有变化。按照现行党章的规定，党的全国代表大会共有6个方面的职权。这些职权，归结起来，就是议党之大事、定党之大策。用一句话概括，就是研究和决定党的最重大问题。由于中国共产党是中华人民共和国的执政党，党所研究的最重大问题，当然也是国家和人民最重大的问题。所以，党代会在党和国家的发展历程中占有十分重要的地位，对于党和国家各项事业的发展进步具有十分重大的意义。

正因为如此，党代会就必须真正和充分地履行作为党的最高权力机关的职权。原则上，凡是党所面临的重大问题，都应当由党代会来研究决定；而召开党代会的目的，不是为了形式，不是完成一种仪式，而是实实在在地解决党所面临的重大问题。这是党代会的权力所在、职能所在，也是作用所在、意义所在。

从经验的一面来说，历史上，每一次成功的党的全国代表大会，都真正发挥了作为党的最高领导机关的作用，认真研究和解决了党所面临的重大课题，从而在理论上、政治上、组织上作出了一些重大的建树。如中共一大第一次树起了中国共产党的大旗。中共二大划分了党的最高纲领和最低纲领。中共三大推动实现了国共两党的第一次合作。中共七大制定了新民主主义革命的纲领。党的八大研究确定了社会主义改造完成以后党的任务、纲领、路线和方针。十一届三中全会以后的党代会，更是推进了改革开放，促进了理论创新，开辟了中国特色社会主义道路，在党的历史上写下了新的辉煌的篇章。党的十八大、十九大和二十大进一步推进了新时代中国特色社会主义的历史进程。

从教训的一面来说，历史上也有党代会的地位和职权没有得到充分尊重和发挥的情况。像抗日战争（1945 年才由中共七大研究）、成立中华人民共和国、建立社会主义制度、开展“文化大革命”这些极其重大的问题，都没有或基本上没有经过党代会的研究，基本上不是党代会的决策。这不能不说是重大的缺憾。虽然其中很多问题的决策是正确的，但如果发挥了党代会的作用，对这些问题的解决会不会更好一些呢？特别是像“大跃进”“文化大革命”这些重大的错误能不能少犯一点呢？

总结历史的经验教训，应该在全党牢固地树立党代会是党的最高领导机关的观念，严格遵守党章的规定，坚决尊重党代会的权威，认真行使党代会的职权，充分发挥党代会的作用。按照党章的规定，凡是党内重大问题，都应该通过党代会来研究解决。党的中央委员会和其他机构，都必须对党代会负责，按照有关规定向党代会报告工作。党代会决定的事项，必须严格执行。如有变动，应向党代会报告，得到许可或追认。要使党代会名副其实地履行最高领导机关的职权。

第三，规范化是党代会制度建设的基本要求，必须通过完善和坚持各项制度提高党代会的规范化水平。

治国理政要规范，党的建设要规范，党代会制度也要规范。规范化的程度，是党是否成熟的一个重要标志。党在创建初期和战争年代，有某些不规范现象是可以理解的，但在可能的情况下，还是应该尽可能地规范。当掌握全国政权、成为执政党之后，党的建设包括党代会制度就更应该走向规范了。十一届三中全会以来，我们在党代会制度建设方面的一个重大成绩，是党代会召开的时间规范了，党代会的议题和内容规范了，党代会的程序和方式规范了，党代会代表和会议期间的选举也越来越规范了。

总结历史经验，我们应该继续重视党代会制度的规范化问题，加强规范化建设。比如，对于党代会所需研究和决策的内容、议题，在党章规定的基础上，是否还可考虑制定更加具体的办法加以细化，使之更加规范？党代会与中央委员会的关系，也可以考虑是否在党章中作出更加具体、严密的规定。党的十七大之后，党的各级代表大会代表已经实行任期制。为使党代会代表进一步发挥作用，可以进一步规定明确的权利和义务。诸如此类，许多问题都有待于我们进一步加以研究，通过制定有关的制度、通过党章的不断修改和完善，使党代会制度继续朝着规范化的方向发展，不断提高规范化的水平。

第四，党代会是党内民主的基础平台，必须以创新精神不断推进党代会的民主化科学化进程。

党内民主是党的生命。党内民主有许多形式和制度，而党代会制度是其中一个带有基础性的制度，是党内民主的一个基础性的平台。坚持和实行这一制度，是党内民主的最基本标志。为什么要开党代会？目的就是通过这样一种形式，充分发扬民主，使全党同志参与对党内重大问题的研究，并按照既定的程序和规则，作出决定，形成全党赖以遵循的纲领、路线、战略、方针和政策。所以，发扬和发展民主，是党代会制度的灵魂。改进和完善这一制度，是逐步提高党内民主水平的最重要途径。

改革开放以来历次党代会在发展党内民主上已经作出了巨大的努力。如党代会代表的选举，通过不断完善和规范化，已经越来越民主，越来越体现基层党员的意志。党代会报告，通过在一定范围内征求意见，越来越能够集中全党的智慧和意志。党代会的召开，也不像以前某些时候，等到会议闭幕，人们才知道开了这么一个重要的会议，而是在会前的适当时机，就向全国全世界公开宣布开会的时间，在一定程度上减少了会议的神秘程度，提高了透明度。所有这些，都是党内民主的进步，是党代会制度的进步，应该得到充分的肯定。今后加强党代会制度建设，应该继续在这个方向上努力，在发扬和发展党代会的民主上作出更大的努力。

当然，党代会所要提高的，不仅仅是民主化水平，而且还有一个科学化水平问题。发扬民主，归根到底，是要通过集中大家的智慧，作出更加科学的决定。所以，在党代会制度的设计和建立上，应该着眼于保证作出科学的决策，使研究问题、作出决定的程序、规则、方式、方法更加周全、缜密，提高党代会科学决策的水平，为更好地做到科学执政、民主执政、依法执政，奠定更加坚实的基础。

第二单元

新中国史

· 第一题 ·

中华人民共和国的成立

夺取政权，建设一个新的国家政权，一直是中国共产党的战略目标。经过28年的不懈探索和顽强奋斗，中国共产党终于在1949年取得了新民主主义革命的胜利，领导创建了中华人民共和国，开创了中国历史发展的新纪元。从此，中国共产党的历史，同时也就是领导建设中华人民共和国的历史。

一、新政权的筹建工作

随着解放战争的胜利进军，中国共产党开始抓紧谋划新中国的蓝图。

1948年4月30日，中共中央发布纪念“五一”劳动节口号，号召召开新的政治协商会议，讨论成立民主联合政府问题，明确表达了同各民主党派和无党派民主人士加强合作、共同成立新中国的政治意愿，得到了各民主党派和各界人士的热烈响应。

1948年9月成立的华北人民政府，为新中国的政权建设和经济建设积累了初步经验，并以较为完整的行政系统，为中央人民政府的成立做了组织上的准备。

1949年1月底，联共（布）代表、联共（布）中央政治局委员米高扬抵达西柏坡。毛泽东、刘少奇、朱德、周恩来、任弼时等与之举行多次会谈，详细介绍了中国革命发展形势、新中国的政权性质、准备实行的内政外交政策等，争取苏联对中国新政权的理解和支持，要求苏方提供3亿美元的援助。

在3月5日至13日的七届二中全会上，毛泽东明确指出：“召集政治协商会议和成立民主联合政府的一切条件，均已成熟。一切民主党派、人民团体和无党派民主人士都站在我们方面。”①

3月23日，中共中央及所属机构陆续离开西柏坡及其附近村庄。25日全部迁至北平。毛泽东等领导人和中央机关进驻香山双清别墅办公。

中国共产党加紧筹建新中国的准备工作。许多民主党派和民主人士响应中国共产党的号召，陆续摆脱国民党当局的阻挠，通过各种渠道进入东北解放区，随后又进入北平，参与筹备建立新中国的工作。

1949年上半年，各民主党派负责人、各界民主人士李济深、沈钧儒、谭平山、马叙伦、郭沫若、沙千里、彭泽民、章乃器、蔡廷锴、陈其尤、沈雁冰、柳亚子、陈叔通、黄炎培、何香凝、陈嘉庚、张澜、史良等，先后抵达北平，受到中国共产党和各界人士的热烈欢迎。

从1948年9月到1949年9月，中共香港分局共组织接送20多批次、350多位民主人士和文化精英秘密北上解放区，其中110多人成为政协第一届全体会议的代表。

经过精心准备之后，1949年6月15日晚7时40分，新政协筹备会成立暨第一次全体会议在北平中南海勤政殿开幕。23个单位的民主党派、无党派民主人士及人民团体，共134人出席了这次会议。因“政治协商会议”已改称为“新政协”，所以本次会议也就称为新政协筹备会。周恩来担任临时主席并致开幕词。毛泽东、朱德、李济深、沈钧儒、郭沫若、陈叔通、陈嘉庚等先后发表讲话。

6月16日，新政协筹备会第一次全体会议在中南海勤政殿继续举行，通过《新政治协商会议筹备会组织条例》和新政协筹备会常务委员会名单。当晚，周恩来主持新政协筹备会常务委员会第一次会议，推选毛泽东为常务委员会主任，周恩来、李济深、沈钧儒、郭沫若、陈叔通为副主任，负责起草共同纲领，拟定政府方案，全面展开筹建新政权的工作。

---

①《毛泽东选集》第四卷，人民出版社1991年版，第1435页。

新政协筹备会第一次全体会议历时5天。此后的数月间，筹委会和各小组加紧工作，研究设计新中国一系列重大问题，起草和反复研究讨论将要提交政协会议审议的各项文件。

6月至8月，刘少奇率中共代表团秘密访问苏联，会见联共（布）领导人斯大林等，通报将要召开新的政治协商会议并成立新政府的构想，介绍新政权的架构及其大政方针，征询苏方意见。双方还就将来的外交关系、苏联对中国经济和国防建设的援助等问题交换意见，初步达成共识和协议。

在此期间的6月30日，也是在刘少奇访苏取得重大进展之际，毛泽东发表《论人民民主专政》一文，系统阐述了人民民主专政理论，提出了新中国内政外交的基本政策，勾画了新的国家政权的蓝图。

在政协筹备过程中，拟将召开的政协会议在名称和任务上发生了两个变化：

一是为了与国民党召开的政协相区别，很多民主党派代表人物建议，将中共提议召开的“政治协商会议”改称为“新政协”。所以，筹备会也就称为新政协筹备会。到9月新政协开会时，又将名称正式定为“中国人民政治协商会议”。

二是按照原先计划，新的政治协商会议主要是与民主党派共同商量如何召开人民代表大会，然后再由人民代表大会正式建立新中国。但是一些民主党派提出，这时全国很多地方还没有解放，人民代表实际上无法选举，但新中国的成立不能拖延，所以，建议直接由新政协代行人民代表大会的职权，完成建立新中国的任务。中国共产党对此也有所考虑，因此决定由新政协“执行全国人民代表大会职权”。政治协商会议的任务、性质也就发生重大转变，即由筹备建立新中国变成了直接建立新中国。

参加新政协会议代表的人数，按最初的设想，只有100多人。但确定由政协会议直接建立新中国之后，为了保证代表和民意的广泛性，参会代表数量不能不大幅度增加。经过周恩来与各民主党派代表反复协商，最终确定，参加新政协会议的为45个单位，代表总额510名。

8月28日下午，中国共产党的伟大朋友宋庆龄，在邓颖超、廖梦醒等人的陪同下到达北平。毛泽东、周恩来等人以最隆重的礼遇亲自到前门车站站台上迎接。

9月17日，新政协筹备会召开第二次全体会议，由常务委员会副主任周恩来报告3个月来的筹备工作。会议一致通过将“新政治协商会议”改称为“中国人民政治协商会议”，基本通过由各小组分头起草的政协组织法草案、共同纲领草案、政府组织法草案等。

经过3个多月紧张有序的工作，有关建立中华人民共和国的各项准备全部就绪。

二、中华人民共和国的成立

1949年9月21日至30日，中国人民政治协商会议第一届全体会议在北平举行。它的任务是集中全国各族人民的意志，宣告中华人民共和国的成立，制定中国人民自己的宪章，组织中国人民自己的中央政府。

9月21日，中南海怀仁堂布置得焕然一新。主席台上，悬挂着孙中山、毛泽东的巨幅画像。画像中间，挂着中国人民政治协商会议的会徽。

出席大会的有党派代表、区域代表、人民解放军代表、团体代表共45个单位以及特别邀请人士，共有正式代表、候补代表及特邀代表662名。

毛泽东宣布中国人民政治协商会议第一届全体会议正式开幕。在礼炮声和乐曲停止后，毛泽东致开幕词。

大会议程很多，先后共举行8次全体会议，还有各种各样的小组会、其他会。与会代表怀着参与开国盛事的使命感，对大会的各项议案进行了充分讨论和民主协商。

9月27日，会议一致通过《中国人民政治协商会议组织法》和《中华人民共和国中央人民政府组织法》。在普选的全国人民代表大会召开前，政协全体会议代行全国人民代表大会的职权。

当天，会议还通过四项决议案，决定国都定于北平，北平改名为北京；纪年采用公元；在中华人民共和国国歌未正式制定前，以《义勇军进行曲》为国歌；国旗为红地五星旗。

9月29日，全体会议一致通过《中国人民政治协商会议共同纲领》（简称《共同纲领》）。作为新中国的人民大宪章，《共同纲领》在一个时期内起着临时宪法的作用。

30日全体会议的一项重要内容，是选举毛泽东、周恩来、李济深、沈钧儒、陈叔通等180位委员组成中国人民政治协商会议第一届全国委员会；选举毛泽东为中央人民政府主席，朱德、刘少奇、宋庆龄、李济深、张澜、高岗为副主席，陈毅等56人为委员，组成中央人民政府委员会。

30日的全体会议一致通过《中国人民政治协商会议第一届全体会议宣言》，向全世界庄严宣布："中华人民共和国现已宣告成立，中国人民业已有了自己的中央政府。""中国的历史，从此开辟了一个新的时代。"[①] 大会圆满完成创建中华人民共和国的光荣使命，宣布闭幕。

10月1日下午2时，中央人民政府委员会在勤政殿举行第一次会议，一致决议接受《共同纲领》为政府施政方针，选举林伯渠为中央人民政府委员会秘书长，任命周恩来为中央人民政府政务院总理兼外交部长，毛泽东为人民革命军事委员会主席，朱德为人民解放军总司令，沈钧儒为最高人民法院院长，罗荣桓为最高人民检察署检察长。会后，各位委员分别乘车前往天安门城楼参加典礼。

1949年10月1日下午，中华人民共和国开国大典在北京天安门广场隆重举行。

开国大典前，中央人民政府及政务院尚未成立，所以筹备工作主要由刚成立的北平市人民政府承担。整修天安门广场、竖立旗杆、组织群众、准备鸣放礼炮焰火，特别是训练受阅部队，以及保卫会场安全等，都要在一个多月时间内完成。

举行开国大典时，天安门已修葺一新，城楼上横标为“中华人民共和国中央人民政府成立典礼”。当时还没有国徽。正中悬挂的是毛泽东的巨

① 中共中央文献研究室编:《中华人民共和国开国文选》，中央文献出版社1999年版，第386页。

★ 图为 1949 年 10 月 1 日下午 3 时，中华人民共和国开国大典在北京天安门广场隆重举行 海峰/供图

幅画像（20 世纪 40 年代着冠照）。两旁的标语，东为“中央人民政府万岁”，西为“中华人民共和国万岁”。

下午 3 时，中央人民政府委员会秘书长林伯渠宣布典礼开始。中央人民政府主席、副主席、各委员就位后，毛泽东主席向全世界庄严宣告：“中华人民共和国中央人民政府今天成立了！”顿时，广场上欢声雷动，群情激昂。

接着，毛泽东按动电钮，在《义勇军进行曲》的雄壮旋律中，第一面鲜艳的五星红旗冉冉升起。全场肃立，所有人向国旗行注目礼。广场上，54 门礼炮齐鸣 28 响，象征着中国共产党领导全国人民艰苦奋斗的 28 年历程。

升旗结束后，毛泽东宣读了中央人民政府公告。

接着举行阅兵式。朱德总司令在阅兵总指挥聂荣臻的陪同下，乘敞篷车检阅部队。检阅毕，朱德总司令宣读了《中国人民解放军总部命令》。

随后，陆海空三军受阅部队以连为单位列成方阵，迈着威武雄壮的步伐由东向西行进，分列通过天安门前，接受毛泽东等党和国家领导人的检阅。

中华人民共和国的成立，是20世纪震撼世界的巨大事件之一，它标志着中国新民主主义革命基本结束，中华民族开启了新的历史纪元。领导和组织这场革命的中国共产党，成为执掌全国政权的执政党，担负起领导全国各族人民建设新国家新社会的重任，党的历史也揭开了新的篇章。

三、起临时宪法作用的《共同纲领》

中国人民政治协商会议第一届全体会议，代行全国人民代表大会的职权，通过了《中国人民政治协商会议共同纲领》以及《中国人民政治协商会议组织法》《中华人民共和国中央人民政府组织法》等文件。《中共中央关于党的百年奋斗重大成就和历史经验的决议》把通过《中国人民政治协商会议共同纲领》作为一件大事记载在史册上，指出："一九四九年，中国人民政治协商会议第一届全体会议制定《中国人民政治协商会议共同纲领》。"①

《中国人民政治协商会议共同纲领》是中华人民共和国宪法制定以前的新中国建国纲领，起临时宪法的作用。它作为中央人民政府的施政方针，对刚刚诞生的人民共和国的各项工作发挥了重要的规范和指导作用。

筹建中华人民共和国的最主要任务之一，是制定并通过一部全国各阶层人民、各民主党派、各人民团体一致接受和遵守的共同纲领。这是关系新中国成立和发展的一项极其重要的基础性工作。

早在中共中央发起召开新政协会议之际，就明确提出了制定共同纲领的问题。从1947年12月中共中央会议提出新民主主义革命的三大经济纲领，到1948年9月中共中央政治局会议确定新国家的国体和政体，有关建立新中国的各项大政方针一直在加紧酝酿。

1949年3月，七届二中全会规定了革命在全国胜利以后，党在政治、

①《中共中央关于党的百年奋斗重大成就和历史经验的决议》，人民出版社2021年版，第10页。

经济、外交方面应当采取的基本政策，指出了中国由农业国转变为工业国、由新民主主义社会转变为社会主义社会的发展方向。6月30日，毛泽东为纪念中国共产党成立28周年发表重要文章《论人民民主专政》。七届二中全会决议和毛泽东的文章，实际上规划了建设新中国的蓝图，构成了制定共同纲领的理论基础和政策基础。

1949年6月中旬，新政协筹备会成立后，决定由常委会下设的第三小组负责起草和修改共同纲领的工作，并由周恩来、许德珩分别担任组长、副组长。草案由中共起草，小组成员按照自愿参加的原则分为政治法律、财政经济、国防外交、文化教育、其他（包括华侨、少数民族、群众团体、宗教等问题）五个小组进行讨论和拟定具体条文，供起草人参考。毛泽东直接参加各次过程稿的修改工作。

经各方反复讨论和毛泽东多次修改的《中国人民政治协商会议共同纲领草案》(以下简称《纲领草案》)，于1949年9月17日为新政协筹备会第二次全体会议所接受。21日，中国人民政治协商会议第一届全体会议开幕。22日，周恩来就《纲领草案》起草的经过向大会作报告。大会组成包括共同纲领草案整理委员会在内的六个分组委员会，以最后完成各项文件的起草工作。28日，政协各单位及纲领草案整理委员会分别举行会议，对《纲领草案》作最后一次讨论。

9月29日，政协全体会议代行全国人民代表大会职权，一致通过了《中国人民政治协商会议共同纲领》(以下简称《共同纲领》)。

《共同纲领》分序言和总纲、政权机关、军事制度、经济政策、文化教育政策、民族政策、外交政策7章，总计60条，7000余字。[1]

《共同纲领》宣布，“中国人民政治协商会议一致同意以新民主主义即人民民主主义为中华人民共和国建国的政治基础”。

关于国体政体，《共同纲领》规定，“中华人民共和国为新民主主义即人民民主主义的国家，实行工人阶级领导的，以工农联盟为基础的、团结

① 此处《共同纲领》引文均见中共中央文献研究室编:《建国以来重要文献选编》第一册，中央文献出版社1992年版，第1—13页。

各民主阶级和国内各民族的人民民主专政”。“人民行使国家政权的机关为各级人民代表大会和各级人民政府。各级人民代表大会由人民用普选方法产生之”。“各级政权机关一律实行民主集中制”。

关于军事制度，《共同纲领》规定：“建立统一的军队，即人民解放军和人民公安部队，受中央人民政府人民革命军事委员会统率，实行统一的指挥，统一的制度，统一的编制，统一的纪律。”

关于经济建设的根本方针，《共同纲领》规定，“以公私兼顾、劳资两利、城乡互助、内外交流的政策，达到发展生产、繁荣经济之目的”，国家应调剂国营经济、合作社经济、个体经济、私人资本主义经济和国家资本主义经济，“使各种社会经济成分在国营经济领导之下，分工合作，各得其所，以促进整个社会经济的发展”。

关于文化教育政策，《共同纲领》规定：“为新民主主义的，即民族的、科学的、大众的文化教育。”“提倡爱祖国、爱人民、爱劳动、爱科学、爱护公共财物作为中华人民共和国全体国民的公德”。

关于民族政策，《共同纲领》规定，“各民族一律平等，实行团结互助”“各少数民族聚居的地区，应实行民族的区域自治”。

在国家结构形式上，中华人民共和国实行单一制的国家结构形式。《共同纲领》规定：“各下级人民政府均由上级人民政府加委并服从上级人民政府。全国各地方人民政府均服从中央人民政府”“中央人民政府与地方人民政府间职权的划分，应按照各项事务的性质，由中央人民政府委员会以法令加以规定，使之既利于国家统一，又利于因地制宜”。

《共同纲领》宣布：“联合世界上一切爱好和平、自由的国家和人民，首先是联合苏联、各人民民主国家和各被压迫民族，站在国际和平民主阵营方面，共同反对帝国主义侵略，以保障世界的持久和平。”

《共同纲领》包含了中国共产党的全部最低纲领，即在当前阶段实现新民主主义革命和建设的任务，同时，又在基本大政方针上同党将来制定社会主义的纲领相衔接。

《共同纲领》既经代表全中国人民意志的政治协商会议全体会议一致通过，便名副其实地成为新中国的建国纲领和建设蓝图。在整个新民主主义建设时期，《共同纲领》成为规范和衡量全国一切党派、团体、个人的行为活动的共同准则。基于这一点，刘少奇代表中共在中国人民政治协商会议第一届全体会议上郑重宣布：中国共产党完全遵守《共同纲领》的一切规定，并号召全国人民为彻底实现这一纲领而奋斗。

四、崭新的国家标识

2017 年，党的十九大修改党章时，将原来常常使用的“建国以后”“建国以来”，全部改为了“新中国成立以后”“新中国成立以来”。① 原因是什么？没有解释。但稍有常识的都不难理解：中华人民共和国，作为一种新的国家政权体系，是 1949 年建立的；但我们祖祖辈辈生长和生活的祖国，已有几千年历史，不能说 1949 年才建立。否则，1949 年前没有中国这个国家，这岂能说得过去？

这涉及国家的概念和定义问题。什么是国家？过去在政治学里，通常称国家是“一个阶级镇压另一个阶级的工具”。这里的国家，实际上只是指国家的政权体系，揭示的是这种国家的本质。但它远不是国家的所有定义。

所谓国家，其实应该有三种定义。另外两种定义为：

一种是人类学意义上的国家，指的是一定人们的祖居地和生活共同体，或作为祖居地的人类社会共同体，即通常所说的祖国。

另一种是国际法意义上的国家，它有四个最基本的要素：一是固定的领土；二是定居的居民；三是健全的政府组织；四是完整的主权。所谓国家，就是指一定地域范围内包含这四大要素的人类社会共同体。

正确界定了国家的定义，我们就能明白关于国家的很多事情了。

近代以来的世界通例，凡国家，都有国名。国名，即国家的名称。在正式场合，国名一般指国家的官方外交名称。如条约、声明等外交文件，都使用全称。一般场合，则常用简称。也有的国家没有简称。

---

①《中国共产党第十九次全国代表大会文件汇编》，人民出版社 2017 年版，第 67 页。

中国自古以来就有“国号”的概念。国号指的是朝代的名称名号，用以与前朝相区别，如唐朝、宋朝。

在筹备中华人民共和国成立事宜时，以董必武为首的起草委员会专门研究了国家名称问题。在最初的组织条例中，考虑到当时东欧国家都是人民民主国家，所以拟将国名定为中华人民民主共和国。毛泽东 1949 年 6 月 15 日致辞时还高呼：“中华人民民主共和国万岁！”[①]

但很多代表觉得，这个名称太长。黄炎培等人建议用“中华人民民主国简称中华民国或中华民主国，将来进入社会主义阶段即可改称中华社会主义民主国”。但有人认为，民主与共和都有民主的意思，不必重复。所以最后确定为“中华人民共和国”。

在筹备建立中华人民共和国过程中，需要制定新的国家标志。为此新政协筹备会成立了国旗、国徽图案初选委员会，并于当年 7 月 14 日—8 月 15 日在《人民日报》等报纸上发表向全国征集国旗、国徽、国歌的启事。

初选委员会从收到的 3012 幅图案中选了 38 幅印发全体代表讨论。经过反复讨论，选定了上海曾联松设计的“复字三十二号”图案，并作了适当修改。9 月 27 日，中国人民政治协商会议第一届全体会议的第四项表决通过：“中华人民共和国的国旗为红地五星旗，象征中国人民大团结。”[②]

国旗的红色象征革命，5 颗五角星及其相互关系象征中国共产党领导下的革命人民大团结。五角星用黄色是为了在红地上显出光明，黄色较白色明亮美丽，四颗小五角星各有一尖正对着大五角星的中心点，表示围绕着一个中心而团结，在形式上也显得紧凑美观。

在 1949 年 10 月 1 日的开国大典上，随着《义勇军进行曲》的雄壮旋律，第一面五星红旗在天安门广场冉冉升起。全场肃立，向国旗行注目礼。

1949 年 9 月 30 日，《中国人民政治协商会议第一届全体会议宣言》

① 该讲话收入《毛泽东选集》时，将这句口号改成了“中华人民共和国万岁！”。这一改动可以理解，但失去原貌，对历史研究来说，还是颇为遗憾的。

② 中共中央文献研究室、中央档案馆编：《建党以来重要文献选编（1921—1949）》第二十六册，中央文献出版社 2011 年版，第 757 页。

中，称“制定了中华人民共和国的国旗为五星红旗”。这一对国旗的表述，已经从“红地五星旗”转为“五星红旗”[①]。1954 年，《中华人民共和国宪法》第一百零四条规定：“中华人民共和国国旗是五星红旗。”[②]

国歌，是用来表现一个国家民族精神、歌颂和鼓励民族自信和凝聚力的代表性歌曲。

在征集活动中，至 8 月 24 日，收到有关国歌的稿件 350 多件。此后又征集一次，至 9 月 21 日，共收到应征国歌 632 件，歌词 694 首。讨论过程中，对这些歌曲都不尽满意，于是画家徐悲鸿建议，暂用《义勇军进行曲》代国歌。在讨论中，多数人赞同以《义勇军进行曲》为国歌。但也有人觉得，“到了最危险的时候”已经不符合现在的情况，需要对歌词进行修改。于是，郭沫若奉命对歌词作了改动。

9 月 25 日，毛泽东、周恩来在中南海丰泽园主持召开国旗、国徽、国歌、纪年、国都协商座谈会。张奚若、梁思成认为这首歌曲是历史性的产物，为保持其完整性，词曲最好不作修改，并举法国的《马赛曲》为例。黄炎培也赞成不修改歌词。

毛泽东和周恩来赞成这种“安不忘危”的思想，认为新中国要达到真正安定、安全，还需要与内外敌人及各种艰难困苦斗争。

9 月 27 日，中国人民政治协商会议第一届全体会议一致通过了 4 个决议案，其中之一是：中华人民共和国的国歌未正式制定前，以《义勇军进行曲》为国歌。

1949 年 10 月 1 日下午 3 时，在开国大典上，伴随着五星红旗的冉冉上升，《义勇军进行曲》作为国歌第一次在天安门广场响起。

1949 年 11 月 15 日，《人民日报》对国歌作了如下解释：“义勇军进行曲是十余年来在中国广大人民的革命斗争中最流行的歌曲，已经具有历史意义。采用义勇军进行曲为中华人民共和国现时的国歌而不加修改，是

① 中共中央文献研究室编：《中华人民共和国开国文选》，中央文献出版社 1999 年版，第 386 页。

② 中共中央文献研究室编：《建国以来重要文献选编》第五册，中央文献出版社 1993 年版，第 542 页。

为了唤起人民回想祖国创造过程中的艰难忧患，鼓舞人民发扬反抗帝国主义侵略的爱国热情，把革命进行到底。这与苏联人民曾长期以国际歌为国歌，法国人民今天仍以马赛曲为国歌的作用是一样的。”

国徽是代表国家的徽章，为国家象征之一。国家的重要文件必须盖上有国徽的大印，才能正式生效。

1949 年 7 月,《人民日报》在登出向全国征求国旗、国徽及国歌词谱的启事时，明确提出对国徽设计的要求是:（1）要有中国特征;（2）要有政权特征;（3）形式要庄严富丽。

全国各界人士纷纷投身于这一具有历史意义的工作之中。同时，受中央之命，负责征集国徽图稿的清华大学营建系和国立北平艺专（1950 年改为中央美术学院）都成立了国徽设计小组。截至 1949 年 8 月 20 日，共收到国内及海外华侨寄来的国徽稿件 112 件，图案 900 幅。这些稿件和图案虽各具特色，但都有不足之处，故都未被采纳。因此，在 1949 年 9 月 27 日的中国人民政治协商会议第一届全体会议上，只通过了国旗方案和国歌词谱，没有公布国徽方案。

后来，全国政协第一届委员会决定邀请清华大学营建系和中央美术学院分别组织人力对国徽方案进行设计竞赛。经过将近半年的辛勤努力，对数十个设计图案反复比较、精心研究，两个组各完成了一幅自己认为最满意的图案。后经讨论、修改、完善，确定了最终的图案。此后，又将平面图案转换成立体雕塑，并使之更加完善。

1950 年 6 月 18 日，全国政协一届二次会议通过国徽图案及对该图案的说明。9 月 20 日，中央人民政府主席毛泽东向全国颁发公布国徽的命令。中华人民共和国的国徽正式诞生。

国徽图案由国旗、天安门、齿轮和麦稻穗组成。国徽中间是五星照耀下的天安门，周围是麦稻穗和齿轮。麦稻穗、五星、天安门、齿轮为金色，圆环内的底子及垂绶为红色，金、红两种颜色在中国是象征吉祥喜庆的传统色彩。天安门象征中国人民反帝反封建的不屈的民族精神；齿轮和麦稻穗象征工人阶级与农民阶级；五颗星代表中国共产党领导下的人民站起来了。

五、确立党的执政地位

中华人民共和国的成立，标志着中国共产党第一次掌握了全国政权、登上了执政舞台，标志着中国共产党的历史从革命战争时期进入了和平建设时期，标志着中国共产党从领导人民为夺取全国政权而奋斗的党，转变成为领导人民掌握全国政权并长期执政的党。

1949年1月至2月，在向米高扬介绍这个夺取全国胜利和建立新中国的打算时，毛泽东非常明确地强调：国家政权的领导权是掌握在中国共产党的手里，这是确定不移的，丝毫不能动摇的。

中华人民共和国成立后，行政区划逐步规范，边区这一特殊单元取消。因此，党的组织系统基本上按行政区划设立和调整，形成了愈益严密的巨型网络。

在中央，由七届一中全会选举产生的中央政治局、中央书记处、中央委员会主席，按照党章规定，发挥中枢神经系统的作用。中央政治局在中央委员会前后两届全体会议期间，指导党的一切工作。中央书记处在中央政治局决议之下处理中央日常工作。中央委员会主席同时为中央政治局主席和中央书记处主席。中央委员会依工作需要，设组织、宣传等部与军事、党报等委员会及其他工作机关，分别办理中央各项工作，受中央政治局、中央书记处及中央主席之指导监督。

中共中央书记处的5名书记中，有4名分别担任中央人民政府委员会主席、副主席和政务院总理。中共许多高级领导人被选入中央人民政府委员会，分别担任政务院副总理、政务委员以及政府中其他重要职务。在大行政区一级，中共各中央局书记一般也同时担任军政委员会主席或人民政府委员会主席。

设立党组，是加强党对国家政权领导和其他各方面领导的一个重要措施。

1949年11月，中共中央作出《关于在中央人民政府内建立中国共产党党组的决定》，规定：为了实现和加强中共中央对中央人民政府的领导，以便统一并贯彻党中央的政治路线和政策的执行，特依据党章规定在政务院成立党组。最高人民法院及最高人民检察署成立联合党组。设党组干事会，统一领导全党组的经常工作。政务院之政治法律委员会、财政经济委员会、文化教育委员会及人民监察委员会四个系统，设四个分党组。在分党组内可设分干事会，并依所属各部、会、院、署、行及直属的重要的局划分小组。政务院直属的部、会、署、厅、局得分设小组。政务院党组，与最高人民法院及最高人民检察署联合党组之间，无领导关系，均分别直属于中共中央政治局领导。凡党中央一切有关政府工作的决定，必须保证执行，不得违反。决定还规定，在中央人民政府委员会、人民革命军事委员会及政协全国委员会担任负责工作的党员中间不设党组，而由中共中央政治局直接领导。

根据中央这一决定，1949 年 11 月 9 日，政务院成立党组，同时，设立党组干事会，担负政务院党组的经常工作。党组和干事会书记均为周恩来，副书记均为董必武、陈云。政务院党组和干事会都直属中共中央政治局领导。1952 年 8 月 25 日，政务院党组干事会改组，扩大原有政务院党组干事会的范围，并更名为中共中央人民政府党组干事会。干事会书记周恩来，副书记陈云、邓小平。

为了确立中国共产党的执政地位，加强中共中央对地方的领导，适时调整与新建了地方各级党组织。到 1949 年底，组建华北、东北、西北、华东、中南、西南 6 个中共中央局，山东、新疆、内蒙古、华南 4 个中共中央分局，24 个省委和 17 个区党委，134 个市委（内有 6 个中共中央直属市委），218 个地（盟）委，2142 个县（旗）委，15494 个区委，约 20 万个支部。各级党委在本级行政区中是最高负责机关，统一领导地方的各项工作。党的中央局及地方党委为各地区的最高领导机关，统一各地方党政军民工作的领导；中央局及各级党委的决定、指示，同级政府的党团（后为党组）、军队的军政委员会以及民众团体的党团及党员，均须无条件地执行。

根据全国解放的新形势和建设执政党的新要求，党的各级组织重新部署自己的力量，派遣大批干部去接管城市，建立各级新生政权，开展新区的土地改革运动，恢复和发展国民经济；加强国防建设，动员和调配干部支援抗美援朝。

在干部人事制度方面，实行党管干部的原则，即国家的一切干部都要按照党的有关方针政策和原则实行统一的管理。除军队干部实行单独管理外，其余所有干部都统一由中央和各级党委的组织部门管理。政府人事部门是党管理干部的一种组织形式，受同级党委组织部的指导。

从 1921 年起，中国共产党基本处于秘密状态，并明确规定:“在党处于秘密状态时，党的重要主张和党员身分应保守秘密。”如“泄漏本党秘密”，将给予处分。随着走上执政舞台，中国共产党也必然地实行了从基本秘密到基本公开的转变。特别是城市的地下党，基本从地下转变为地上。

1948 年底，提出“公开建党”的口号，以便公开开展党的活动、扩大党的影响、大量发展党员、加强党与群众的联系。按照“公开建党”的原则，各级党的组织在劳动人民中间公开地进行关于党纲和党章的宣传教育；在已经解放的城市里，均要立即公开党的组织和党员身份。“凡藉口内外条件不成熟，而不愿公开党的组织与工作的，要纠正之。而公开中的一切形式主义，脱离群众的作法，更应随时防止。”①

随着地方各级人民政权的建立，地方各级党的领导机构也建立起来。发展党员、建立基层党组织、考察选拔干部的工作也随之在各地广泛展开。为了解决党组织分布不平衡的问题，在新解放区城市和农村，厂矿企业和机关、学校，迅速建立起党的基层组织，并积极发展党员。1949 年内，全国新增加党员 140 万人。这在党的组织史上是大发展的一年。1949 年底，全国中共党员为 450 万名；1950 年 7 月 1 日前，已超过 500 万名。

---

① 中共中央组织部、中共中央党史研究室、中央档案馆编:《中国共产党组织史资料》第九卷（下），中共党史出版社 2000 年版，第 6 页。

·第二题·

社会主义基本制度的确立和发展

中华人民共和国成立后，经过一个短暂的新民主主义社会阶段，我们党带领中国人民经过大规模的社会主义改造，建立了社会主义的基本制度，为当代中国的发展进步奠定了根本政治前提和制度基础。随后在不断探索的基础上，总结经验、纠正错误，开始了改革开放的新的伟大革命，不仅使中国社会的面貌发生翻天覆地的变化，而且进一步完善了各项基本制度，在改革开放的进程中创立了中国特色社会主义制度。这是一个新的历史性的成就。

一、社会主义基本制度的确立

从 1949 年到 1956 年社会主义改造完成，一系列社会主义基本制度在我国建立起来，这是由新民主主义向社会主义过渡的重要成果，也是社会主义革命的重要成果。社会主义基本制度的确立，为此后中国长期的发展奠定了重要基础和制度保障。

人民代表大会制度是中国的政体，是中华人民共和国的根本政治制度。

1931 年，中国共产党曾经在江西瑞金成立中华苏维埃共和国临时中央政府，以全国工农兵苏维埃代表大会作为中华苏维埃共和国的最高权力机关。

1949 年中华人民共和国成立时，不再使用苏维埃的名称，决定建立人民代表大会制度。在选举产生全国人民代表大会之前，由中国人民政治协商会议全体会议代行全国人大职权。

1954 年 9 月，一届全国人大一次会议召开，标志着人民代表大会制度正式建立并成为国家的根本政治制度。

按照宪法的规定，中华人民共和国的一切权力属于人民。人民行使国家权力的机关是全国人民代表大会和地方各级人民代表大会。人民通过普遍的民主选举，产生自己的代表，组成各级人民代表大会。人民代表大会制度体现民族平等、团结的精神。在全国人大中，每个少数民族至少有一名代表。

人民代表大会构成了我国民主政治的基本框架，是人民行使当家作主权利的政治组织形式。人民代表大会制度对其他许多制度起着决定性的作用。在我国，建设民主政治可以有许多方面、许多渠道，但是最根本的渠道还是人民代表大会制度。从 1954 年人大制度建立以来，虽然曾受破坏，但总的来说，特别是改革开放以来，它已经不断发展、进步和完善，显示了强大的生命力和优越性。

中国共产党领导的多党合作和政治协商制度是中国的一项基本政治制度。

中国的民主党派，主要产生于抗日战争后期和解放战争时期。它们都与中国共产党有不同程度的联系和合作共事关系，形成了人民民主统一战线。1949 年，各民主党派积极响应中国共产党提出的召开新政治协商会议、成立民主联合政府的主张，共同筹备成立了中华人民共和国。中国人民政治协商会议第一届全体会议的召开，标志着中国共产党领导的多党合作和政治协商制度的正式确立。

中央人民政府的组成，以中国共产党为领导，同时有各民主党派参加，体现团结合作、政治协商的人民民主原则。中央人民政府委员会 6 位副主席中，共产党员 3 人，民主党派和无党派民主人士 3 人；56 位委员中，共产党员 29 人，民主党派和无党派民主人士 27 人。政务院 4 位副总理中，共产党员 2 人，民主党派和无党派民主人士 2 人；15 位政务委员中，共产党员 6 人，民主党派和无党派民主人士 9 人。政务院所辖 4 个委员会和 30 个部、会、院、署、行等机构中，担任正职的共产党员 20 人，民主党派和无党派民主人士 14 人。

人民代表大会制度确立后，1954 年 12 月召开的中国人民政治协商会议第二届全国委员会第一次会议通过新的《中国人民政治协商会议章程》，规定了人民政协的性质、任务及其组织原则、组织形式等，明确人民政协是团结全国各民族、各民主阶级、各民主党派、各人民团体、国外华侨和其他爱国民主人士的人民民主统一战线的组织。中国人民政治协商会议成为中国共产党领导的多党合作和政治协商制度的重要机构。

1956 年社会主义改造基本完成后，中国共产党提出了“长期共存、互相监督”的方针，明确共产党存在多久，民主党派就存在多久，共产党可以监督民主党派，民主党派也可以监督共产党；由于共产党居于领导、执政地位，主要是民主党派监督共产党。改革开放后，该方针又充实了“肝胆相照、荣辱与共”的内容。

在统一共和国的框架内实行民族区域自治制度，是中华人民共和国的一项基本政治制度，是实现民族平等、保障少数民族权利的重要政治制度，是在多民族国家里解决国家整体与民族地方关系的一个创造。

用什么样的制度和方式解决中国的民族问题，是事关中华民族根本利益的重大问题。中国共产党成立之初，曾受苏联影响，主张实行民族自决，建立联邦共和国。但随着形势的发展，特别是筹建新中国时，认识到联邦制不适合中国国情。因此，1949 年 9 月的《中国人民政治协商会议共同纲领》明确规定：“各少数民族聚居的地区，应实行民族的区域自治，按照民族聚居的人口多少和区域大小，分别建立各种民族自治机关。”① 这标志着民族区域自治作为国家的基本政治制度正式确立。

从 1950 年开始，中央人民政府先后组织了 3 个中央民族访问团，邀请著名民主人士参加，分别赴西北、西南、中南及东北、内蒙古等各少数民族地区访问。1952 年，中央人民政府委员会批准《中华人民共和国民族区域自治实施纲要》。

---

① 中共中央文献研究室编：《建国以来重要文献选编》第一册，中央文献出版社 1993 年版，第 12 页。

从1949年9月至1954年9月，一批相当于专区、县以及区、乡的民族自治地方相继成立。1950年，成立于1947年5月的内蒙古自治政府改称内蒙古自治区人民政府；1955年10月，新疆维吾尔自治区成立；1958年3月5日，广西僮族自治区宣告成立，1965年10月12日改称广西壮族自治区；1958年10月，宁夏回族自治区成立；1965年9月，西藏自治区成立。

1954年，《中华人民共和国宪法》确定了民族区域自治制度最基本的内容，除了"各少数民族聚居的地方实行区域自治"这个总的原则外，还将民族自治地方分为自治区、自治州、自治县三级，县以下的少数民族聚居区设民族乡。

在经济上，1954年，新中国制定和颁布的第一部宪法规定，"国家用经济计划指导国民经济的发展和改造"[①]。1956年，"我国基本上完成对生产资料私有制的社会主义改造，基本上实现生产资料公有制和按劳分配，建立起社会主义经济制度"[②]。以社会主义改造和"一五"计划的实施完成为标志，整齐划一的公有制和高度集中的计划经济体制在中国正式建立。

计划经济体制，基本照搬了苏联模式，但也考虑到中国的国情，具有自己的特点。如：在集中统一的原则下，发挥中央与地方两个积极性；以计划管理为主，同时在一定条件下发挥市场作用；比较注重宏观调控，综合平衡，处理好各方面的关系。

《中共中央关于党的百年奋斗重大成就和历史经验的决议》指出："党领导确立人民代表大会制度、中国共产党领导的多党合作和政治协商制度、民族区域自治制度，为人民当家作主提供了制度保证。""社会主义制度的建立，为我国一切进步和发展奠定了重要基础。"[③]

---

① 中共中央文献研究室编:《建国以来重要文献选编》第五册，中央文献出版社1993年版，第524页。

②《中共中央关于党的百年奋斗重大成就和历史经验的决议》，人民出版社2021年版，第10页。

③《中共中央关于党的百年奋斗重大成就和历史经验的决议》，人民出版社2021年版，第10页。

二、人民代表大会制度的坚持和完善

从1954年一届全国人大一次会议以来，人大制度经历了长期的发展过程。虽然曾经受到破坏，但总的来说，它仍然构成了我国人民民主的基本框架。由于它的作用发挥得不够，所以在新的历史时期，我国政治体制改革的一个重要内容，就是坚持和完善人民代表大会制度。人民代表大会制度进入了以“坚持、巩固、改革、完善”为特点的新的发展阶段。

1978年2月26日至3月5日，五届全国人大一次会议举行，开始正常地履行自己的职能。

1979年6月至7月召开的五届全国人大二次会议，对宪法关于地方人大的规定作了3项重要修改：一是将地方各级革命委员会改为地方各级人民政府；二是在县和县以上的地方各级人民代表大会设立常务委员会；三是将县级人民代表大会代表改为由选民直接选举，并由这次会议通过的相关法律规定了实施细则。

1982年11月26日至12月10日，五届全国人大五次会议召开，通过新修改的《中华人民共和国宪法》。新修改的宪法加强了人民代表大会制度，扩大了全国人大常委会的职权。主要有：将原来属于全国人大的一部分职权交由常委会行使，加强了全国人大常委会的立法功能，同时增设一些专门委员会，在全国人大和它的常委会领导下研究、审议和拟订有关议案，并规定人大常委会委员不得同时在政府、法院和检察院担任职务。

次年6月，六届全国人大一次会议召开，这以后，每5年一次的人大换届选举完全正常化了。

1988年3月25日至4月13日，七届全国人大一次会议举行。会议通过《中华人民共和国宪法修正案》。2008年3月18日，十一届全国人大常委会举行第一次会议。至2012年8月，十一届全国人大常委会共举行28次会议，制定和修改一批重要法律，听取和审议“一府两院”多个工作报告，多次组织开展执法检查、专题询问和专题调研，先后针对香港特别行政区基本法和澳门特别行政区基本法有关条款作出解释，围绕香港和澳门有关问题作出一系列决定。

2010 年 3 月 5 日至 14 日，十一届全国人大三次会议通过《关于修改〈中华人民共和国全国人民代表大会和地方各级人民代表大会选举法〉的决定》，实行城乡按相同人口比例选举人大代表。2013 年开始的十二届全国人大，其代表的选举成为 2010 年修改选举法后，首次实行城乡按相同人口比例进行的选举。

2012 年 3 月 5 日至 14 日，十一届全国人大五次会议举行。十一届全国人大共举行 5 次会议，审议和批准上年度中央和地方预算执行情况和本年度中央和地方预算草案的报告，听取和审议全国人大常委会工作报告、政府工作报告、最高人民法院工作报告、最高人民检察院工作报告。

2013 年 3 月 19 日，十二届全国人大常委会第一次会议举行。至 2017 年 9 月，十二届全国人大常委会共举行 29 次会议；十二届全国人大及其常委会共制定法律 25 件、修改法律 127 件次、通过有关法律问题和重大问题的决定 46 件次、作出法律解释 9 件。

2014 年 9 月 5 日，中共中央、全国人大常委会举行庆祝全国人民代表大会成立 60 周年大会。习近平总书记强调，人民民主是中国共产党始终高举的旗帜，要毫不动摇坚持人民代表大会制度，也要与时俱进完善人民代表大会制度，坚定不移走中国特色社会主义政治发展道路，继续推进社会主义民主政治建设、发展社会主义政治文明。

党的十八大以来，党和政府践行以人民为中心的发展思想，以更大的力度、更实的措施发展全过程人民民主，维护社会公平正义。民主选举有序发展。城乡按相同人口比例选举人大代表，保证各地区、各民族、各方面都有适当数量的代表。县级及以下人大代表实行直接选举。2016 年开始的县乡两级人民代表大会换届选举中，登记选民 10 亿多人，直接选举产生近 248 万名县乡两级人大代表。全国共有五级人大代表 262 万多名。十四届全国人大换届前，选举产生 277 万名各级人大代表。

截至 2023 年，十三届全国人大常委会就 154 件次法律草案向社会公布征求意见，109 万多人次参与。不断健全依法决策机制，将公众参与、专家论证、风险评估、合法性审查、集体讨论确定为重大行政决策的法定程序，提高决策民主化水平。

2018 年至 2023 年，十三届全国人大常委会通过宪法修正案，制定法律 47 件，修改法律 111 件次，作出法律解释、有关法律问题和重大问题的决定决议 53 件。听取审议 182 个监督工作报告和其他报告，检查 30 件法律和决定实施情况，开展 11 次专题询问、33 项专题调研。依法任免国家机关工作人员 1515 人次。

《中共中央关于党的百年奋斗重大成就和历史经验的决议》指出：“党坚持和完善人民代表大会制度，支持和保证人民通过人民代表大会行使国家权力，支持和保证人大依法行使立法权、监督权、决定权、任免权，果断查处拉票贿选案，维护人民代表大会制度权威和尊严，发挥人民代表大会制度的根本政治制度作用。”[①]

党的二十大把发展全过程人民民主作为社会主义民主建设的中心内容，指出中国式现代化的本质要求之一，是“发展全过程人民民主”。到 2035 年发展的总体目标中，包含有“全过程人民民主制度更加健全”。在未来 5 年，“全过程人民民主制度化、规范化、程序化水平进一步提高”。党的二十大指出：“我们要健全人民当家作主制度体系，扩大人民有序政治参与，保证人民依法实行民主选举、民主协商、民主决策、民主管理、民主监督，发挥人民群众积极性、主动性、创造性，巩固和发展生动活泼、安定团结的政治局面。”

怎样“健全人民当家作主制度体系”？党的二十大强调，要坚持和完善我国根本政治制度、基本政治制度、重要政治制度，拓展民主渠道，丰富民主形式，确保人民依法通过各种途径和形式管理国家事务，管理经济和文化事业，管理社会事务。

在人民代表大会制度方面，党的二十大要求支持和保证人民通过人民代表大会行使国家权力，保证各级人大都由民主选举产生、对人民负责、受人民监督。支持和保证人大及其常委会依法行使立法权、监督权、决定

---

①《中共中央关于党的百年奋斗重大成就和历史经验的决议》，人民出版社 2021 年版，第 40 页。

权、任免权，健全人大对行政机关、监察机关、审判机关、检察机关监督制度，维护国家法治统一、尊严、权威。加强人大代表工作能力建设，密切人大代表同人民群众的联系。健全吸纳民意、汇集民智工作机制，建设好基层立法联系点。

三、中国共产党领导的多党合作和政治协商制度不断完善

中国共产党领导的多党合作和政治协商制度，是中国的基本政治制度。这一制度既不同于西方国家的两党制或多党制，也有别于有的国家的一党制，是中国特色社会主义民主政治的重要组成部分。在中国的政治制度中，中国共产党是执政党，各民主党派是参政党。

1979 年 10 月，邓小平在《各民主党派和工商联是为社会主义服务的政治力量》的讲话中，第一次将多党合作制度提升到政治制度层面，指出："在中国共产党的领导下，实行多党派的合作，这是我国具体历史条件和现实条件所决定的，也是我国政治制度中的一个特点和优点。"①

1982 年 9 月，党的十二大确立了中国共产党同民主党派"长期共存、互相监督、肝胆相照、荣辱与共"的方针。

1987 年，邓小平在审阅党的十三大报告稿时，在"中国共产党领导的多党合作"一句旁亲笔加上"协商"两个字，从而奠定了"共产党领导下的多党合作和政治协商制度"这一重要概念的基础。

1989 年 12 月 30 日，中共中央颁发《关于坚持和完善中国共产党领导的多党合作和政治协商制度的意见》，明确指出"中国共产党领导的多党合作和政治协商制度是我国一项基本政治制度"，与中国共产党长期合作的民主党派则是"参政党"。

1993 年 3 月，八届全国人大一次会议将"中国共产党领导的多党合作和政治协商制度将长期存在和发展"载入宪法，形成了多党合作和政治

---

①《邓小平文选》第二卷，人民出版社 1994 年版，第 205 页。

协商制度的宪法依据。

2005 年 2 月，中共中央颁发《中共中央关于进一步加强中国共产党领导的多党合作和政治协商制度建设的意见》，在认真总结实践经验的基础上，着眼于推进社会主义政治文明建设，推进多党合作和政治协商的制度化、规范化、程序化，提出了许多新的理论观点和政策措施，成为新世纪新阶段指导多党合作事业发展的纲领性文件。

2007 年 10 月党的十七大指出：“要贯彻长期共存、互相监督、肝胆相照、荣辱与共的方针，加强同民主党派合作共事，支持民主党派和无党派人士更好履行参政议政、民主监督职能，选拔和推荐更多优秀党外干部担任领导职务。”

党的十八大要求巩固和发展最广泛的爱国统一战线。坚持长期共存、互相监督、肝胆相照、荣辱与共的方针，加强同民主党派和无党派人士团结合作。健全社会主义协商民主制度。完善协商民主制度和工作机制，推进协商民主广泛、多层、制度化发展。

作为中国共产党领导的多党合作和政治协商制度的重要组成部分，中国人民政治协商会议在改革开放以来，也积极发挥爱国统一战线组织的重要作用，不断得到完善和发展。

1982 年，人民政协的性质、作用被庄严载入宪法，为人民政协履行职能、开展工作提供了宪法保障。

1994 年 3 月，全国政协八届二次会议修订后的政协章程明确规定：人民政协的“主要职能是政治协商和民主监督，组织参加本会的各党派、团体和各族各界人士参政议政”。从此，参政议政与政治协商、民主监督一并被列为人民政协的三项主要职能。

1995 年初，中共中央转发《政协全国委员会关于政治协商、民主监督、参政议政的规定》，人民政协的各项工作也从经常化走向制度化、规范化、程序化。

2005 年以后，中共中央在颁布《关于进一步加强中国共产党领导的多党合作和政治协商制度建设的意见》的基础上，又颁布了《关于加强人民政协工作的意见》《关于巩固和壮大新世纪新阶段统一战线的意见》等重要文件。其中，《关于加强人民政协工作的意见》是中共中央第一次专门就人民政协工作颁发的文件。

党的十七大则从发展社会主义民主政治、建设社会主义政治文明的战略高度，对加强和改进人民政协工作作出了部署。

党的十八大要求充分发挥人民政协作为协商民主重要渠道作用，围绕团结和民主两大主题，推进政治协商、民主监督、参政议政制度建设，更好协调关系、汇聚力量、建言献策、服务大局。

党的十八大以来，中共中央制定了社会主义协商民主建设、爱国统一战线、人民政协协商民主建设、人民政协民主监督工作等重要文件，作出中央政治局常委会研究政协年度协商计划、听取政协党组工作汇报、完善政协党的领导体制等制度安排。

2015 年 1 月 5 日，中共中央印发《关于加强社会

★ 图为全国政协礼堂
旗飞 / 供图

主义协商民主建设的意见》。此后，中共中央办公厅又专门印发了《关于加强人民政协协商民主建设的实施意见》。

党的十九大对社会主义协商民主提出一系列要求。2018 年 3 月，按照党的十九大精神，全国政协十三届一次会议对政协章程作了重大修改。2023 年 3 月，根据党的二十大精神，全国政协十三届一次会议又对政协章程作了新的修改。

现在，人民政协以其组织上的广泛性和政治上的巨大包容性，成为开展统一战线活动的政治舞台和社会各方面团结合作、协调关系最重要的场所。

经过长期探索和发展，中国共产党领导的多党合作和政治协商制度与其他几项制度一起，共同构成了中国特色社会主义的民主政治制度，在中国的政治和社会生活中显示出独特的政治优势和生命力，发挥了不可替代的重大作用。

社会主义协商民主稳步健全。推动协商民主广泛多层制度化发展，不断规范协商内容、协商程序，以事关经济社会发展全局和涉及群众切身利益的实际问题为内容，开展广泛协商。发挥人民政协作为社会主义协商民主的重要渠道和专门协商机构作用，推动协商履职成果更好运用。2012 年 1 月至 2021 年 6 月，全国政协共收到 58768 件提案，48496 件立案，大多数提案的建议得到采纳和落实。把握政协民主监督性质定位，加强和改进政协民主监督工作，突出政协民主监督重点、丰富政协民主监督方式，不断完善民主监督的组织领导、权益保障、知情反馈和沟通协调机制，寓监督于协商之中，更好发挥协商式监督优势作用。

2018 年至 2023 年，全国政协举办重要政治协商活动 105 场，经常性开展提案办理协商、界别协商、对口协商等，充分发挥人民政协在国家治理体系中的作用。5 年共收到提案 29323 件，立案 23818 件，办复率 99.8%。

《中共中央关于党的百年奋斗重大成就和历史经验的决议》指出：“党坚持和完善中国共产党领导的多党合作和政治协商制度，完善民主党派中央对重大决策部署贯彻落实情况实施专项监督、直接向中共中央提出建议等制度，加强人民政协专门协商机构制度建设，推进社会主义协商民主广泛多层制度化发展，形成中国特色协商民主体系。”①

党的二十大要求：坚持和完善中国共产党领导的多党合作和政治协商制度，坚持党的领导、统一战线、协商民主有机结合，坚持发扬民主和增进团结相互贯通、建言资政和凝聚共识双向发力，发挥人民政协作为专门协商机构作用，加强制度化、规范化、程序化等功能建设，提高深度协商互动、意见充分表达、广泛凝聚共识水平，完善人民政协民主监督和委员联系界别群众制度机制。

四、民族区域自治制度的发展和完善

中国是统一的多民族国家，除汉族外，55 个少数民族主要聚居和杂居在内蒙古、新疆、广西、宁夏、西藏及云南、贵州、四川、青海、吉林、甘肃、湖南等省区。1949 年的《中国人民政治协商会议共同纲领》规定，各少数民族聚居的地区，应实行民族区域自治，按照民族聚居的人口多少和区域大小分别建立各种民族自治机关。这标志着民族区域自治作为国家的基本政治制度在我国确立。

民族区域自治制度，是指在国家统一领导下，各少数民族聚居的地方实行区域自治，设立自治机关，行使自治权的制度。民族区域自治制度是我国的基本政治制度之一，是建设中国特色社会主义政治的重要内容。

以民族区域自治制度为基础，“党领导实现和巩固了全国各族人民的大团结，形成和发展各民族平等互助的社会主义民族关系”②。

截至 2018 年底，全国建起了 5 个自治区，30 个自治州和 120 个自治县（旗）。

---

①《中共中央关于党的百年奋斗重大成就和历史经验的决议》，人民出版社 2021 年版，第 40 页。

②《中共中央关于党的百年奋斗重大成就和历史经验的决议》，人民出版社 2021 年版，第 10 页。

改革开放以来，党和国家继续坚持和完善民族区域自治制度，巩固和发展社会主义的民族关系，根据各少数民族的特点和需要，实行一系列优惠政策，不断加大对少数民族地区的扶持力度，帮助少数民族地区加速发展。

1982年12月修订的《中华人民共和国宪法》规定："国家根据各少数民族的特点和需要，坚持不懈地帮助各少数民族地区加速经济和文化的发展，以促进全国各民族的共同繁荣。"

1984年5月31日，六届全国人大二次会议通过《中华人民共和国民族区域自治法》。2001年，对《中华人民共和国民族区域自治法》作了修改，进一步适应了形势发展的需要。九届全国人大常委会第二十次会议通过新修订的《中华人民共和国民族区域自治法》，明确规定"民族区域自治是国家的一项基本政治制度"。截至2011年，在其他234件现行有效法律中，涉及民族区域自治制度及其相关规定的有70余件。

1992年1月14日—18日，中央召开民族工作会议，强调要加快发展少数民族和民族地区的经济文化等各项事业，促进各民族的共同繁荣。

1993年11月3日—7日，全国统战工作会议强调，要继续巩固和发展社会主义的民族关系，坚持和完善民族区域自治制度，加快民族地区的经济发展和社会进步。

2003年3月4日，胡锦涛在参加全国政协十届一次会议少数民族界委员联组讨论时强调，各民族共同团结奋斗、共同繁荣发展是新世纪新阶段民族工作的主题。

党的十六大以后，中共中央、国务院发布了《关于进一步加强民族工作加快少数民族和民族地区经济社会发展的决定》。国务院颁发了《实施〈中华人民共和国民族区域自治法〉若干规定》，专门制定实施了扶持人口较少民族发展规划和《少数民族事业"十一五"规划》。

2009年9月29日，国务院第五次全国民族团结进步表彰大会举行。胡锦涛在会上指出，60年的经验归结到一点，就是必须坚持一切从我国民族问题实际出发，坚定不移走中国特色解决民族问题的正确道路。

2014年9月28日至29日，中央民族工作会议暨国务院第六次全国民族团结进步表彰大会举行。习近平总书记分析我国民族工作面临的国内外形势，阐述当前和今后一个时期我国民族工作的大政方针。会议强调，要坚持把维护民族团结和国家统一作为各民族最高利益，把各族人民智慧和力量最大限度凝聚起来，同心同德为实现“两个一百年”奋斗目标、实现中华民族伟大复兴的中国梦而奋斗。10 月 12 日，中共中央、国务院印发《关于加强和改进新形势下民族工作的意见》。

2015 年 9 月 30 日，习近平总书记会见来自内蒙古、广西、西藏、宁夏、新疆 5 个自治区的 13 位基层民族团结优秀代表，强调中华民族一家亲，同心共筑中国梦，这是全体中华儿女的共同心愿，也是全国各族人民的共同目标。

2021 年 8 月 27 日至 28 日，中央召开民族工作会议。习近平总书记强调，要以铸牢中华民族共同体意识为主线，推动新时代党的民族工作高质量发展。会议总结概括了党关于加强和改进民族工作的重要思想。

民族区域自治制度的实行，促进了各民族地区经济、文化建设事业的巨大发展。改革开放以来，党和国家在民族地区安排了青藏铁路、“西电东送”、“西气东输”等重大建设项目，民族地区基础设施落后的状况得到明显改善。民族地区的经济有了长足发展，扶贫开发工作取得历史性成就，民族传统文化得到保护和弘扬，社会建设取得重大成就，各族群众收入稳步增长，生活水平不断提高。民族地区的面貌发生了翻天覆地的变化，实现了历史性跨越。

少数民族参与国家事务管理权利得到有效保障。党和国家严格落实宪法法律关于民族自治地方的自治机关领导人员中配备少数民族领导干部的规定，以及关于少数民族人大代表选举的规定。按选举法明确规定，人口特少的民族，至少应有全国人大代表一人。55 个少数民族均有本民族的全国人大代表和全国政协委员。十三届全国人大代表中，少数民族代表 438 名，占 14.7%。

国家制定专项规划，实施西部大开发、兴边富民行动、对口支援以及扶持人口较少民族发展、少数民族特色村镇保护与发展等一系列政策措施，促进民族地区经济快速发展。内蒙古、广西、西藏、宁夏、新疆 5 个自治区和贵州、云南、青海 3 个多民族省份 2018 年至 2020 年的总体经济增长幅度超过全国平均增长水平，居民人均可支配收入从 1978 年的 150 多元增长到 2020 年的 24534 元。少数民族和民族地区生活水平大幅提升。

民族地区人民生活安宁祥和。在统一多民族的中国，不断铸牢中华民族共同体意识，坚持共同团结奋斗、共同繁荣发展，各民族共建美好家园，共创美好未来。在各族人民群众共同支持下，国家依法打击民族分裂势力、宗教极端势力、暴力恐怖势力，维护民族团结和社会稳定，人民的生活安宁权、生命健康权、财产权等得到有效保障，获得感、幸福感、安全感不断提升。

《中共中央关于党的百年奋斗重大成就和历史经验的决议》指出：“党坚持和完善民族区域自治制度，坚定不移走中国特色解决民族问题的正确道路，坚持把铸牢中华民族共同体意识作为党的民族工作主线，确立新时代党的治藏方略、治疆方略，巩固和发展平等团结互助和谐的社会主义民族关系，促进各民族共同团结奋斗、共同繁荣发展。”[①]

党的二十大要求，以铸牢中华民族共同体意识为主线，坚定不移走中国特色解决民族问题的正确道路，坚持和完善民族区域自治制度，加强和改进党的民族工作，全面推进民族团结进步事业。

五、基层群众自治制度的建立和发展

基层群众自治制度，是指城乡居民群众以相关法律法规政策为依据，在城乡基层党组织领导下，在居住地范围内，依托基层群众自治组织，直接行使民主选举、民主协商、民主决策、民主管理和民主监督等权利，实行自我管理、自我服务、自我教育、自我监督的民主制度和管理模式。当代中国的基层群众自治制度，是由多种形式的基层自治组织构成的。

基层民主是社会主义民主的重要组成部分，也是国家政治民主的基

①《中共中央关于党的百年奋斗重大成就和历史经验的决议》，人民出版社 2021 年版，第 40—41 页。

础。因此，党和国家一直致力于发展基层民主，特别是改革开放以来，把发展基层民主作为一项重大的战略任务，进行了长期的探索、实践和创新，取得了显著的成果。

1981 年 6 月，十一届六中全会通过的《关于建国以来党的若干历史问题的决议》指出：要“在基层政权和基层社会生活中逐步实现人民的直接民主”[①]。1982 年 9 月，党的十二大报告指出：“社会主义民主要扩展到政治生活、经济生活、文化生活和社会生活的各个方面，发展各个企业事业单位的民主管理，发展基层社会生活的群众自治。”[②]

1982 年 12 月，五届全国人大五次会议通过的《中华人民共和国宪法》，把城市居民委员会和村民委员会作为基层群众性自治组织载入宪法。

1987 年 9 月，党的十三大报告指出：“社会主义民主政治的本质和核心，是人民当家作主，真正享有各项公民权利，享有管理国家和企事业的权力。现阶段社会主义民主政治的建设，必须着眼于实效，着眼于调动基层和群众的积极性，要从办得到的事情做起，致力于基本制度的完善。”[③]

继 1987 年 11 月通过《中华人民共和国村民委员会组织法（试行）》后，1989 年 12 月，全国人大常委会又通过了《中华人民共和国城市居民委员会组织法》。基于这两部法律，1992 年 10 月召开的党的十四大，第一次把中国基层民主的制度形式划定为三大组成部分，即村委会、居委会和职代会。

1997 年 9 月，党的十五大报告指出：“扩大基层民主，保证人民群众直接行使民主权利，依法管理自己的事情，创造自己的幸福生活，是社会主义民主最广泛的实践。城乡基层政权机关和基层群众性自治组织，都要健全民主选举制度，实行政务和财务公开，让群众参与讨论和决定基层公

---

① 中共中央文献研究室编：《三中全会以来重要文献选编》（下），人民出版社 1982 年版，第 787 页。

② 中共中央文献研究室编：《十二大以来重要文献选编》（上），人民出版社 1986 年版，第 34 页。

③ 中共中央文献研究室编：《十三大以来重要文献选编》（上），人民出版社 1991 年版，第 44 页。

共事务和公益事业，对干部实行民主监督。"①

2002年11月，党的十六大报告提出："扩大基层民主，是发展社会主义民主的基础性工作。健全基层自治组织和民主管理制度，完善公开办事制度，保证人民群众依法直接行使民主权利，管理基层公共事务和公益事业，对干部实行民主监督。完善村民自治，健全村党组织领导的充满活力的村民自治机制。完善城市居民自治，建设管理有序、文明祥和的新型社区。坚持和完善职工代表大会和其他形式的企事业民主管理制度，保障职工的合法权益。"②

2007年10月，党的十七大进一步提升了基层民主的战略地位，把发展基层民主、保障人民享有更多更切实的民主权利作为社会主义政治建设的一项重大任务，并要求把它作为发展社会主义民主政治的基础性工程重点推进。对各类基层民主形式提出了要求，还把"社会组织"纳入了扩大基层民主的范围。

2009年4月24日，中共中央办公厅、国务院办公厅发出《关于加强和改进村民委员会选举工作的通知》。

2010年8月26日，中共中央办公厅、国务院办公厅发布《关于加强和改进城市社区居民委员会建设工作的意见》。

2012年11月，党的十八大报告指出："要健全基层党组织领导的充满活力的基层群众自治机制，以扩大有序参与、推进信息公开、加强议事协商、强化权力监督为重点，拓宽范围和途径，丰富内容和形式，保障人民享有更多更切实的民主权利。"③

党的十九大再次要求加强基层民主制度建设。

党的二十大要求发展全过程人民民主，强调基层民主是全过程人民民

---

① 中共中央文献研究室编：《十五大以来重要文献选编》（上），人民出版社2000年版，第32页。

② 中共中央文献研究室编：《十六大以来重要文献选编》（上），中央文献出版社2005年版，第25页。

③ 中共中央文献研究室编：《十八大以来重要文献选编》（上），中央文献出版社2014年版，第21页。

主的重要体现。要健全基层党组织领导的基层群众自治机制，加强基层组织建设，完善基层直接民主制度体系和工作体系。

广大城乡群众和企事业单位职工通过基层自治制度，依法直接行使民主选举、民主协商、民主决策、民主管理、民主监督的民主权利，管理基层公共事务和公益事业，实行自我管理、自我服务、自我教育、自我监督，对干部实行民主监督，成为我国最直接、最广泛、最生动的民主实践。

基层群众自治不断完善。通过修订城市居民委员会组织法、村民委员会组织法，进一步完善和规范居委会、村委会成员的选举和罢免程序。到2021年8月，全国农村已普遍开展10轮以上村委会换届选举，98%以上的村委会依法实行直接选举，村民参选率达95%。同时，拓展了流动人口有序参与居住地社区治理渠道。以职工代表大会为基本形式的企事业单位民主管理制度不断健全，到2021年8月，全国已有29个省（区、市）制定了36个有关企业民主管理的地方性法规，保障职工参与管理和监督的民主权利，维护职工合法权益。

2021年4月28日，中共中央、国务院印发《关于加强基层治理体系和治理能力现代化建设的意见》，明确完善党全面领导基层治理制度、加强基层政权治理能力建设、健全基层群众自治制度等重点任务。

事实证明，发展基层民主，是提高人民群众政治素质和管理能力的重要平台，是人民实现有序政治参与的重要渠道，是推进我国社会主义民主政治建设的重要内容。

《中共中央关于党的百年奋斗重大成就和历史经验的决议》指出："党坚持巩固基层政权，完善基层民主制度，完善办事公开制度，保障人民知情权、参与权、表达权、监督权。"①

党的二十大强调，基层民主是全过程人民民主的重要体现。要求积极发展基层民主。健全基层党组织领导的基层群众自治机制，加强基层组织

---

①《中共中央关于党的百年奋斗重大成就和历史经验的决议》，人民出版社2021年版，第40页。

建设，完善基层直接民主制度体系和工作体系，增强城乡社区群众自我管理、自我服务、自我教育、自我监督的实效。完善办事公开制度，拓宽基层各类群体有序参与基层治理渠道，保障人民依法管理基层公共事务和公益事业。全心全意依靠工人阶级，健全以职工代表大会为基本形式的企事业单位民主管理制度，维护职工合法权益。

六、中国特色社会主义制度的形成

2011 年，在庆祝中国共产党成立 90 周年大会上的讲话中，胡锦涛回顾党 90 年的奋斗历程，总结党和人民创造的宝贵经验，深刻指出：经过 90 年的奋斗、创造、积累，党和人民必须倍加珍惜、长期坚持、不断发展的成就是：开辟了中国特色社会主义道路，形成了中国特色社会主义理论体系，确立了中国特色社会主义制度。

胡锦涛的这一论断，第一次提出了“中国特色社会主义制度”的重要范畴，这是理论上和政治上的重要创新，具有十分重要的意义。

中国特色社会主义，是邓小平在党的十二大开幕词中首先提出的重大范畴。它作为一种政治标识，凝集着一代代中国共产党人不懈奋斗的精神和开拓创新的智慧，是我们党在以往长期探索的基础上、领导人民进行改革开放和社会主义现代化建设所取得的伟大成果。

中国特色社会主义的外延非常广泛。它既是一种道路，也是一种事业；既是一种实践，也是一种理论；既是一种制度体系，也是一种历史进程。改革开放以来，我们党在不同的语境中使用过这些概念。党的十七大进一步把中国特色社会主义作为旗帜高高举起，强调：“中国特色社会主义伟大旗帜，是当代中国发展进步的旗帜，是全党全国各族人民团结奋斗的旗帜。”[①] 高举中国特色社会主义伟大旗帜，最根本的，就是要坚持中国特色社会主义道路和中国特色社会主义理论体系。因此，党的十七大以

① 中共中央文献研究室编：《十七大以来重要文献选编》（上），中央文献出版社 2009 年版，第 1 页。

来，我们强调中国特色社会主义伟大旗帜时，着重强调的，就是这条道路和这个理论体系。

无论是道路、事业，还是实践、理论，最终固化下来，都要成为一种制度。邓小平说：制度问题更带有根本性、全局性、稳定性和长期性。我们党总结以往特别是“文化大革命”的经验教训，深刻认识到制度建设的重要性。改革开放以来，我们党无论是在党的建设上，还是在国家和社会建设上，都越来越注重和加强制度建设。建设中国特色社会主义，要在科学理论指导下，沿着正确的道路不断推进。作为一种实践的成果，最终固化下来，要落实到哪里呢？最根本的是落实到制度上。因此，建设中国特色社会主义，必然要见诸一整套完善、严密的制度甚至制度体系。

这种制度，不是一蹴而就，而是在实践基础上不断探索和逐步建立起来的。中华人民共和国成立后，我们逐步建立了社会主义的基本制度。改革开放后，我们对经济、政治、科技、文化、教育、社会等各方面的体制进行改革，不仅使社会主义的基本制度得到了坚持，而且使各方面的体制得到了改善，进一步增强了活力和生机，在一定程度上成为制度体系。

中国特色社会主义制度包含哪些内容呢？2019年的十九届四中全会对中国特色社会主义制度和国家治理体系实现了一次重大的系统集成。全会通过的《中共中央关于坚持和完善中国特色社会主义制度、推进国家治理体系和治理能力现代化若干重大问题的决定》，一共列举了13个大的方面的制度、体制和制度体系。它们有的叫制度体系，有的叫“法治体系”，有的叫“行政体制”，有的叫“制度”，有的叫“政策”。每一个方面都是一个大的领域或方面，它们从总体上构成了中国特色社会主义制度和国家治理体系的总体框架。在这个大框架下面，大大小小一共提出了13个“制度体系”，如“党的领导制度体系”“基本公共服务制度体系”“生态文明制度体系”。还提出了150多项直接标以“制度”的制度，如“社会公平正义法治保障制度”“市场准入负面清单制度”“多主体供给、多渠道保障、租购并举的住房制度”等。

中国特色社会主义制度，既不同于传统的社会主义模式，更不同于其他任何国家的模式。它是一套建立在中国基本国情基础之上、把科学社会主义的基本原则与中国当代实际和时代实际结合起来的、独特的制度体系。这套制度，书本上找不到，外国找不到，是中国人民的伟大创造，是改革开放的伟大创造。

确立中国特色社会主义制度，是党和人民长期奋斗逐步积累的成果，是改革开放以来取得的历史性成就。这一制度，符合中国国情，顺应时代潮流，有利于保持党和国家活力、调动广大人民群众和社会各方面的积极性、主动性、创造性，有利于解放和发展社会生产力、推动经济社会全面发展，有利于维护和促进社会公平正义、实现全体人民共同富裕，有利于集中力量办大事、有效应对前进道路上的各种风险挑战，有利于维护民族团结、社会稳定、国家统一。它集中体现了中国特色社会主义的特点和优势，是当代中国发展进步的根本制度保障。

当然，中国特色社会主义还在不断探索和实践的过程中。因此，中国特色社会主义制度还没有定型，还需要继续丰富、发展和完善。邓小平设想，到建党 100 周年时，要争取在各方面形成比较成熟的制度。面对风云变幻的国际形势，面对艰巨繁重的国内改革发展稳定任务，高举中国特色社会主义旗帜，必须在坚持中国特色社会主义道路和理论体系的同时，坚持和完善中国特色社会主义制度，努力使这一制度成为中华民族长治久安、不断发展的最基本的保障条件。

党的十八大以来，习近平新时代中国特色社会主义思想明确全面深化改革的总目标是完善和发展中国特色社会主义制度、推进国家治理体系和治理能力现代化。十九届四中全会着眼于党长期执政和国家长治久安，对坚持和完善中国特色社会主义制度、推进国家治理体系和治理能力现代化作出总体擘画，重点部署坚持和完善支撑中国特色社会主义制度的根本制度、基本制度、重要制度。

在庆祝中国共产党成立 100 周年大会上，习近平总书记强调：“以史为鉴、开创未来，必须坚持和发展中国特色社会主义。走自己的路，是党的全部理论和实践立足点，更是党百年奋斗得出的历史结论。中国特色社会主义是党和人民历经千辛万苦、付出巨大代价取得的根本成就，是实现中华民族伟大复兴的正确道路。”[①]

《中共中央关于党的百年奋斗重大成就和历史经验的决议》对中国特色社会主义制度的创立和发展给予高度肯定，强调“党的十八大以来，党不断推动全面深化改革向广度和深度进军，中国特色社会主义制度更加成熟更加定型”[②]，同时庄严宣告：“中国特色社会主义道路是创造人民美好生活、实现中华民族伟大复兴的康庄大道。”“只要我们既不走封闭僵化的老路，也不走改旗易帜的邪路，坚定不移走中国特色社会主义道路，就一定能够把我国建设成为富强民主文明和谐美丽的社会主义现代化强国。”[③]

在党的二十大报告中，“中国特色社会主义制度”一词使用了 4 次。

报告总结过去 5 年的工作和新时代 10 年的伟大变革，其中包括就“坚持和完善中国特色社会主义制度、推进国家治理体系和治理能力现代化”作出决定，明确“中国特色社会主义制度的最大优势是中国共产党领导”。通过全面深化改革，“中国特色社会主义制度更加成熟更加定型，国家治理体系和治理能力现代化水平明显提高”。

党的二十大要求，在新时代新征程上，必须“深入推进改革创新，坚定不移扩大开放，着力破解深层次体制机制障碍，不断彰显中国特色社会主义制度优势，不断增强社会主义现代化建设的动力和活力，把我国制度优势更好转化为国家治理效能”。

---

① 习近平：《在庆祝中国共产党成立 100 周年大会上的讲话》，人民出版社 2021 年版，第 13 页。

②《中共中央关于党的百年奋斗重大成就和历史经验的决议》，人民出版社 2021 年版，第 38—39 页。

③《中共中央关于党的百年奋斗重大成就和历史经验的决议》，人民出版社 2021 年版，第 68 页。

·第三题·

十四个五年计划（规划）的制定和实施

中华人民共和国的经济社会发展，主要体现在五年计划（从“十一五”开始改称五年规划）上，是主要通过五年计划来加以实施和实现的。“五年计划”，是规划部署经济社会发展任务的基本方式，其任务和内容，主要是对五年和更长时段内全国重大建设项目、生产力分布、国民经济和社会发展重要比例关系等作出规划，为国民经济和社会发展规定目标、方向和任务。新中国成立以来，已经制定和实施了13个五年计划（规划），现在又开始实施第14个五年规划。考察这14个五年计划（规划）的实施情况，可以非常准确地了解新中国成立70多年来在经济社会发展中所走过的路程。

一、第一个五年计划的制定和实施

新中国成立后，中国共产党决心改变中国贫穷落后的面貌，向工业化、现代化的目标前进。20世纪50年代初，依据苏联的经验，设想用15年的时间基本实现工业化，于是制定和实行了1953年至1957年的发展国民经济第一个五年计划，作为社会主义工业化启动的第一个中期计划。

在世界上，苏联首先实行计划经济。随后，东欧等社会主义国家都向苏联学习，采用了苏联的经济模式。中国共产党和中华人民共和国的成立都得到了苏联的帮助，中国迅速采取一边倒的方针，与苏联结盟，因此，也迅速向苏联学习。1949 年 6 月至 8 月，刘少奇率团秘密访问苏联时，在向苏联学习党和国家建设经验的清单中，就有一条“苏联经济的计划与管理”。

在中共中央直接领导下，周恩来、陈云主持制定发展国民经济的第一个五年计划。1951 年春，中央财经委员会根据“三年准备、十年计划经济建设”的部署，着手试编第一个五年计划，1952 年 7 月形成第二稿，即《1953 年至 1957 年计划轮廓（草案）》。经中央政治局讨论，作为向苏联提出援助要求的基本依据。毛泽东等中央领导多次审阅计划和修改草稿。

1952 年八九月间，周恩来率团出访苏联，主要任务是就五年计划轮廓草案同苏方交换意见，争取苏联政府的援助。在制定计划期间，周恩来先后两次会见斯大林，征询对中国“一五”计划的意见。斯大林认为原计划 20% 的增长率有些紧张，建议留有余地。对需要苏联援助的项目，希望拿出具体的清单来。

第一个五年计划采取边制定、边执行的办法，不断进行修订、调整、补充。从 1951 年开始编制，先后历时四年，五易其稿，到 1954 年 9 月基本定案。1955 年 3 月，中国共产党召开全国代表会议，讨论通过“一五”计划草案。7 月，一届全国人大二次会议正式审议并通过了中共中央主持拟定的《中华人民共和国发展国民经济的第一个五年计划（1953—1957 年）》。

根据中国共产党在过渡时期总路线的要求，“一五”计划所确定的基本任务是：集中主要力量进行以苏联帮助的 156 个项目为中心、由 694 个大中型项目组成的工业建设，建立我国社会主义工业化的初步基础，发展部分集体所有制的农业生产合作社，以建立对农业和手工业社会主义改造的基础，基本上把资本主义工商业分别纳入各种形式的国家资本主义的轨道，以建立对私营工商业社会主义改造的基础。

“一五”计划描画了新中国发展的第一张蓝图，集中反映了中国人民对新政权的期待和对国家发展的美好愿望。通过计划的制定和实施，把全国的资源和人心集聚到一起，调动起广大劳动者的积极性。

到1957年底，“一五”计划的各项指标大都超额完成，595个大中型工程建成投产。一批新兴工业部门，如飞机、汽车、发电、冶金、矿山设备、重型机械、精密仪器制造，以及高级合金钢、有色金属制造、基本化工和国防军工企业均已建立，填补了重工业建设的很多空白，初步改变了旧中国工业过于集中于沿海的不合理布局，开始形成了工业布局的新框架。

主要工业品生产能力大幅度提高，钢产量达到535万吨，增长296%；原煤产量1.3亿吨，增长96%；发电量193亿千瓦时，增长166%。五年合计钢产量1656万吨，等于旧中国从1900年到1948年49年间钢的总产量760万吨的218%。1957年粮食产量达到3901亿斤，棉花产量达到3280万担。

新建铁路33条，修复3条，通车里程29862公里，增加22%。公路通车里程25.5万公里，增加1倍。1954年12月，康藏公路［四川、西康（1939年设立的省级行政区，1955年撤销）两省交界的金鸡关至拉萨］与青藏公路（西宁至拉萨）同时全线通车，分别长2271公里和1937公里。

“一五”期间，许多重要的工业产品被制造出来：1954年7月，南昌飞机制造厂试制成功初教–5教练机。1956年7月13日，长春第一汽车制造厂试制成功第一批国产“解放”牌载重汽车。1956年9月，国产B2–34中型坦克发动机问世。

到1957年，工业总产值达到783.9亿元，比1952年增长128.3%，平均每年增长18%。在工农业总产值中，工业产值所占比重由1949年的30%提高到56.5%，重工业的比重由26.4%提高到48.4%。

教育科技也有很大发展。高等院校发展到229所，比1953年的181所增加26.5%，科研机构580多个，研究人员2.8万人，比1952年增加2倍多。人民生活明显改善，居民平均消费水平102元，比1952年的76元提高34.2%。

虽然由于缺乏经验，也由于某些“左”的思想开始冒头，“一五”计划实施中也存在一些问题，但总的来说，“一五”期间，经济发展较快，

★ 1956 年 7 月，长春第一汽车制造厂建成并试制出中国第一批“解放”牌汽车。图为第一批国产“解放”牌载重汽车出厂的时候，全厂职工夹道欢呼　吴雍 / 供图

经济效果较好，重要经济部门之间的比例比较协调，人民生活显著改善。“一五”计划是改革开放前完成得最好的五年计划，“一五”时期是我国经济社会发展最好的时期之一。

“一五”期间，苏联和东欧国家给予了中国巨大支持。其中苏联帮助中国实施建设了“156 项工程”（也称 156 个项目），这是很多人熟知的。但这主要是“一五”期间的项目，“二五”期间还有很多后续项目。156 个项目加上后续项目，计划总数是 304 个，最后完成和由中国接续完成的 215 个。此外，东欧国家还援助了中国 100 多个项目。这些项目对于中国实施五年计划、初步建立起比较完整的国民经济体系发挥了重要作用。

二、计划经济体制的确立

随着第一个五年计划的实施，中国正式走上了计划经济之路。

新中国成立后，首先在各地实行军事管制，没收官僚资本和地主土地。1949 年冬，确定实行全国财政经济统一管理的方针，并通过 1950 年 2 月的全国财政会议，以指令性方式提出了财政收支统一、公粮统一、税收统一、编制统一、贸易统一、银行统一等“六个统一”。1950 年 8 月，召开第一次全国计划工作会议，随后，开始以制定指令性经济计划的形式，对国民经济各方面实行全面的计划管理。

1952 年 11 月 16 日，中共中央作出《关于成立国家计划委员会及干部配备方案的决定》，决定在中央人民政府下建立国家计划委员会，作为与政务院并列的一个机构，以加强对国家建设的集中领导，并负责编制全国长期和年度的国民经济计划。

1953 年开始进行大规模的社会主义改造，个体、私营等多种经济成分基本消失，生产资料和其他资源基本集中到国家和集体手中。为建立高度集中的计划经济奠定了最重要的经济和政治基础。

在“一五”计划制定和执行过程中，国家加强了计划管理。国家计划委员会负责制定计划并对重点建设项目实行集中统一管理。中央各主管部门从人力、财力、物力的调度到基础设施的施工、生产准备的安排等一抓到底。实行统一领导、分级管理的财政经济管理体制。建立由国家计委和中央各主管部门严格控制的物资管理和分配制度，由各级计划、劳动部门统一招收工人，制定统一工资标准的劳动管理制度。计划经济模式开始形成。

1954 年，新中国制定和颁布的第一部宪法规定，“国家用经济计划指导国民经济的发展和改造”。1956 年，以社会主义改造和“一五”计划的实施完成为标志，高度集中的计划经济体制在中国正式建立。

由于新中国成立后的最初几年，国内粮食供求关系十分紧张，毛泽东让中央财经委员会拿出办法。中央财经委员会在陈云主持下提出 8 种方案，中共中央最后选定了统购统销的方案。1953年10月16日，中共中央政治局讨论通过《中共中央关于实行粮食的计划收购与计划供应的决议》。随后，政务院又发布了相关命令和执行办法。1953年12月，开始正式实行。

统购统销，就是统一收购、统一销售。统购，就是对农民的绝大部分粮食都按国家制定的价格统一收购，粮食只能卖给国有粮食机构，农民自己食用的粮食以及种子数量和品种也必须由国家批准。统销，就是全社会所需要的粮食全部按国家规定的标准和价格统一配售，城镇居民只能向国有粮食机构按固定标准购买粮食。国家严格管制粮食市场，实际上取消了历史上长期存在的粮食自由销售的市场。

实行统购统销后，全国城镇居民实行粮食等的定量供应。从1954年9月起，全国城乡开始实行棉布、食用油凭票定量供应。从1955年11月起，全国城镇统一实行粮食及粮食制品凭票定量供应。所有家庭每家发放一个粮本，凭粮本供应粮食，每人按年龄状况每月分配一定口粮。同时，在定额标准内发放粮票，以便流通和方便就餐。如果没有粮票，就无法进城、旅行和在市场上就餐。

关于粮票，1955年11月开始实行的规定是："凡是市镇居民在本市镇购买挂面、切面、米粉、年糕等一类粮食副食品，或出外旅行到别的市镇购买粮食和粮食副食品时，一律要按当地规定凭粮票购买。市镇居民凡要在省、自治区、直辖市范围内购买粮食或上述食品的，必须按规定手续，领取地方粮票备用；凡要超越省、自治区、直辖市范围外出旅行的，必须按规定手续，领取全国通用粮票备用。"

之后，国家又陆续把棉花、油料、黄麻、生猪、鸡蛋、糖料、桑丝、蚕茧、烤烟、水产品等农副产品列入统购统销范围。最多时，列入国家统购派购的农产品达到180多种。

统购统销强化了计划体制。实行统购统销后，1954年的粮食征购量比上年增加了77.8%，缓解了粮食供应的紧张程度，也控制了物价上涨的指数，帮助国家度过了困难时期。从统购统销开始到改革开放前期，工农业产品价格的"剪刀差"总计达4500亿—7000亿元。农民以自己的牺牲支持了国家工业化的发展。统购统销成为计划经济和城乡二元化的最重要基础。

三、艰难曲折的“二五”“三五”计划

从第一个五年计划到改革开放初，一共实行了5个五年计划，取得了很大成绩。但除了“一五”计划外，其他完成的情况都不是很理想。

1955年夏，国务院在北戴河召开会议，讨论编制15年（1953—1967年）远景计划和第二个五年计划的轮廓问题。毛泽东对计划初拟的指标不满，认为太低。各部委和国务院按照毛泽东的意见提高了指标。但苏联认为指标太高不合适。所以后来又作了调整。1956年9月召开的党的八大，正式通过由周恩来主持编制的《关于发展国民经济的第二个五年计划的建议的报告》。

该建议提出，从1958年到1962年五年内的主要指标是：工业总产值增长一倍左右，农业总产值增长35%，钢产量1962年达到1050万吨到1200万吨，职工和农民的平均收入增长25%到30%。

但是，党的八大关于第二个五年计划的建议，很快就被批判反冒进、“大跃进”所否定了。党的八大后，“左”的思想很快发展，出现了严重的冒进倾向，“二五”计划的许多指标不断修正和大幅度提高，实际上并没有能付诸实施。

1958年8月，北戴河中央政治局扩大会议讨论并批准《关于第二个五年计划的意见》，大幅度提高指标，为向共产主义过渡创造条件，要求在若干重要产品的产量方面超过英国，赶上美国。

据此，该意见提出，农业总产值五年增长2.5—2.8倍以上，1962年粮食总产达到15000亿斤，棉花15000万担，钢8000万吨，煤9亿吨，棉纱2600万件，五年基本建设投资3850亿元，重大建设项目1000个以上。为此，1958年的钢产量就要在1957年535万吨的基础上翻一番，达到1070万吨。

这种速度，连来访的赫鲁晓夫都不太相信，苏联在华专家总顾问阿尔

希波夫也说恐怕实现不了，并表示土法炼钢再多也没有用。但这些看法，毛泽东和中国领导人不仅没有听进去，反而更激发了大干一场的决心。毛泽东说：少了一吨都不行的。

由于1958年以来的“大跃进”运动和“反右倾”运动，造成国民经济主要比例关系失调，连年出现财政赤字，人民生活遇到很大困难。国家经济建设已不能按照“二五”计划的部署继续发展，只好对国民经济实行调整。1960年9月，中共中央在批转国家计委《关于1961年国民经济计划控制数字的报告》时，提出了国民经济“调整、巩固、充实、提高”的八字方针。1961年1月，八届九中全会正式批准了八字方针。

从此时到1966年第三个五年计划开始实施，便成为五年计划的空档期，也就是没有五年计划的时期。这在新中国的历史上是绝无仅有的。

四、新时期五年计划的改革

改革开放后，伴随着从计划经济向社会主义市场经济的转变，五年计划的指导思想、内容和方法都进行了重大改造，发生了深刻的变革。

第一，1981年至1985年的“六五”计划，第一次将“国民经济计划”改成了“国民经济和社会发展计划”，并用一编的篇幅（“社会发展计划”），对社会发展的各个方面进行计划安排，意在促进社会与经济一同全面发展。

第二，随着改革开放的发展，首先将各种计划区分为指令性计划和指导性计划两种，将五年计划逐步改成了指导性计划，总的是起指导作用而不是强制的指令作用，允许各方面发挥自主性、积极性和创造性。

第三，扩大企业和地方的自主权，下放和减少中央特别是计划委员会的权力。计委主要侧重于规划制定、宏观调控，而不是干预日常经济运行的事务。日常经济运行先由经济委员会管，后来经济委员会也撤销了。计划委员会最后改名为发展和改革委员会。

第四，计划制定更加及时，在新的五年计划时期刚开始之时就制定出完整的五年计划，得以使两者同步。从1983年到1986年3月，国家制定并审查通过了1986年至1990年的“七五”计划，这种及时性在我国经济发展史和五年计划史上是第一次。

第五，在发展社会主义市场经济条件下制定中长期规划，所定指标总体上是预测性、指导性的。1996年至2000年的“九五”计划就是在发展社会主义市场经济条件下制定的第一个中长期规划。

第六，将“计划”进一步改为“规划”。2006年至2010年的“十一五”，第一次将“五年计划”改为“五年规划”。到“十三五”，一共已有三个“五年规划”。

所有这些计划和规划，都是逐步向现代化迈进的蓝图。改革开放以来的所有这些计划和规划，即使有的在实施中遇到过种种困难和波折，但都圆满完成了预定任务。通过这些计划和规划的实施，“三步走”的战略一步步得以实现，中国的综合国力一步步增强，人民的生活水平一步步提高。

五、改革开放中五年计划（规划）的实施

第六个五年计划（1981—1985年）和十年规划纲要。“六五”计划是按照党的十二大提出的现代化建设战略部署制定的，是继“一五”计划后的一个比较完备的五年计划，是在调整中使国民经济走上稳步发展健康轨道的五年计划。“六五”计划的内容和要求体现了改革开放后对经济社会发展的一些新要求。“六五”计划取得了显著的成就。

第七个五年计划（1986—1990年）。“七五”计划的基本原则和方针进一步体现了改革开放的要求和成果，如：坚持把改革放在首位，使改革和建设相互适应、相互促进；坚持进一步对外开放，更好地把国内经济建设同扩大对外经济技术交流结合起来；坚持在推进物质文明建设的同时，大力加强社会主义精神文明的建设。

第八个五年计划（1991—1995年）和十年规划。最大成就是提前五年完成了到2000年实现国民生产总值比1980年翻两番的战略目标。1995年中国的国民生产总值达到57600亿元，扣除物价因素，是1980年的4.3

倍。这在中国经济发展史上是一个重要的里程碑。在经济体制改革方面，取得突破性进展。以分税制为核心的新财政体制，以增值税为主体的新税制基本建立并正常运行。政策性金融和商业性金融初步分开，汇率顺利并轨，新的宏观经济调控框架初步建立，市场在资源配置中的作用明显增强，以公有制为主体、多种经济成分共同发展的格局已经形成。对外开放总体格局基本形成。对外开放的范围和规模进一步扩大。

第九个五年计划（1996—2000年）和十五年远景目标纲要。这是中国社会主义市场经济条件下的第一个中长期计划。中央强调，这一计划和目标，要深入研究经济体制变化的新特点，按照发展社会主义市场经济和现代化建设的要求，更新计划观念，改革计划体制、计划内容和计划方法。计划目标成功实现，人均国民生产总值比1980年翻两番的任务超额完成。现代化建设第二步战略目标顺利实现，成为中华民族发展史上一个新的里程碑。

第十个五年计划纲要（2001—2005年）。这是跨入21世纪后的第一个五年计划。确定了一系列重要指导方针：坚持把发展作为主题，坚持把结构调整作为主线，坚持把改革开放和科技进步作为动力，坚持把提高人民生活水平作为根本出发点，坚持把经济发展和社会发展结合起来。强调计划的实施要充分发挥市场机制的作用，政府宏观调控要更多地运用经济杠杆、经济政策和法律手段。“十五”计划期间，不断推进改革开放，国家经济实力、综合国力和国际地位显著提高。

第十一个五年规划纲要（2006—2010年）。这是全面建设小康社会进程中的重要规划。规划坚持以科学发展观统领经济社会发展全局，着力转变发展观念、创新发展模式、提高发展质量，落实“五个统筹”，把经济社会发展切实转入全面协调可持续发展的轨道。规划期间，虽接连遭受重大自然灾害和国际金融危机的冲击，但主要目标和任务胜利完成。2010年国内生产总值达到39.8万亿元，跃居世界第二位。

第十二个五年规划纲要（2011—2015年）。“十二五”时期是全面建设小康社会的关键时期。规划坚持把经济结构战略性调整作为加快转变经济发展方式的主攻方向，坚持把科技进步和创新作为加快转变经济发展方式的重要支撑，坚持把保障和改善民生作为加快转变经济发展方式的根本出发点和落脚点，坚持把建设资源节约型、环境友好型社会作为加快转变经济发展方式的重要着力点，坚持把改革开放作为加快转变经济发展方式的强大动力。到2015年，我国经济总量稳居世界第二位，人均国内生产总值增至49351元（折合7924美元），经济实力、科技实力、国防实力、国际影响力又上了一个大台阶。

第十三个五年规划纲要（2016—2020年）。到2020年全面建成小康社会，是“两个一百年”奋斗目标的第一个百年目标。“十三五”时期是全面建成小康社会的决胜阶段，“十三五”规划是紧紧围绕实现这个奋斗目标来制定的。规划坚持全面建成小康社会、全面深化改革、全面依法治国、全面从严治党的战略布局，明确提出创新、协调、绿色、开放、共享的新发展理念，以提高发展质量和效益为中心，以供给侧结构性改革为主线，要求在提高发展平衡性、包容性、可持续性的基础上，到2020年国内生产总值和城乡居民人均收入比2010年翻一番，现行标准下农村贫困人口实现脱贫，贫困县全部摘帽。

第十四个五年规划（2021—2025年）和2035年远景目标纲要。到2020年底，“十三五”规划目标任务胜利完成。2020年10月26日至29日，十九届五中全会讨论通过《中共中央关于制定国民经济和社会发展第十四个五年规划和二〇三五年远景目标的建议》，对在全面建成小康社会、实现第一个百年奋斗目标之后，乘势而上开启全面建设社会主义现代化国家新征程、向第二个百年奋斗目标进军作出战略谋划。根据建议，国务院编制了《中华人民共和国国民经济和社会发展第十四个五年规划和2035年远景目标纲要（草案）》。

2021年3月，十三届全国人大四次会议审议批准了《中华人民共和国国民经济和社会发展第十四个五年规划和2035年远景目标纲要》。规划纲要站在历史的交汇点上，确定了2035年远景目标和“十四五”时期经济社会发展主要目标，规定了“十四五”时期经济社会发展必须牢牢把握的指导思想、必须遵循的原则和战略导向，要求坚定不移贯彻创新、协调、绿色、开放、共享的新发展理念，坚持稳中求进工作总基调，以推动高质量发展为主题，以深化供给侧结构性改革为主线，以改革创新为根本动力，以满足人民日益增长的美好生活需要为根本目的，统筹发展和安全，加快建设现代化经济体系，加快构建以国内大循环为主体、国内国际双循环相互促进的新发展格局，推进国家治理体系和治理能力现代化，实现经济行稳致远、社会安定和谐，为全面建设社会主义现代化国家开好局、起好步。该规划纲要要求“十四五”时期经济发展取得新成效，改革开放迈出新步伐，社会文明程度得到新提高，生态文明建设实现新进步，民生福祉达到新水平，国家治理效能得到新提升。

六、计划经济的利弊得失

计划经济，是一种由政府掌控、按照计划对所有经济活动进行高度集中管理的经济体系和运行体制。一般是政府事先制定五年计划和其他各种类型的计划，提出国民经济发展的目标体系，制定相应的战略、政策和措施，确定一系列重要项目，然后将计划付诸实施，严格按计划从事所有重大经济活动，按计划配置资源，规定生产、经营、流通、分配、消费的内容、规模、速度和进度。所有经济运营活动都由政府按计划决定和管理。

中国建立的计划经济，基本照搬了苏联模式，但也考虑到中国的国情，具有自己的特点。如，在集中统一的原则下，发挥中央与地方两个积极性；以计划管理为主，同时在一定条件下发挥市场作用；比较注重宏观调控，综合平衡，处理好各方面的关系。

计划经济有助于在全社会范围内调动资源，集中力量办大事，加快推进工业化建设，特别是在“一五”期间初步建立起独立的国民经济体系和工业体系；也有助于应对和克服各种自然和社会的风险挑战，同心协力闯过各种难关；有助于在全国范围内统筹经济布局，促进不同区域的共同发展，缩小区域发展差距；有助于集中紧缺的人才和科研资源，实行重大项目的科研攻关，实现科学技术的某些重大突破。所以，计划经济在中华人民共和国的历史上发挥了重要作用。

但是计划经济也有很多重要的缺陷和弊端。社会资源集中在国家手中，生产什么、怎样生产和为谁生产，都要由政府来决定；个人、企业等其他社会主体缺乏内在的动力和活力，经济活动缺乏效率和效益；经济运营和管理主要依靠行政手段，计划的制定和实施受到主观意志的很大影响；长期忽视市场的作用，把市场当作资本主义的代表，造成计划的僵化；只在一定时期与苏联东欧国家开展经济合作，对西方发达国家长期关闭大门，拉大了与发达国家的差距。

这些缺陷和弊端，对中华人民共和国的经济发展和社会进步也产生了消极的影响。加上在指导思想上长期以阶级斗争为纲，中国经济经常发生不应有的波动。随着国际国内条件的变化，计划经济越来越不适应现代化建设的要求。

所以，十一届三中全会以后，开始对传统的计划经济体制进行调整和改革，并逐步认识到计划与市场都是手段，不是社会主义与资本主义的区别。中国的改革开放逐步确立了市场化的取向，并最终确认改革的目标是建立社会主义市场经济体制，同时发挥计划手段的作用。40 多年来，通过发展、建立和完善社会主义市场经济，中国经济极大地增强了内在的活力，连续几十年保持高速发展的势头，取得了世界瞩目的成就。

当然，不管如何，编制并按五年计划进行经济建设，仍然是一个好方法。改革开放后，通过对计划方式进行较大的改革，进一步发挥了计划和规划的作用。到现在，已经实施了 13 个五年计划（规划），并开始实施第 14 个五年规划。在一些特定时段，还制定了一些十年规划纲要等跨 5 年的计划或规划。制定五年规划一直是我国社会主义经济建设的一个基本方式。

· 第四题 ·

走向现代化的目标和发展战略

现代化是一个世界范畴，也是一个历史概念。它是自工业革命以来，人类社会从农业文明向工业文明转变、特别是落后的农业国追赶先进的工业国的过程。中国共产党一直致力于在中国实现现代化的梦想。中华人民共和国的历史，在某种意义上，就是一部不断为实现现代化而奋斗的历史。特别是改革开放以来，中国共产党确立了正确的路线，部署了宏大的战略布局，制定了一系列重大的发展战略，正在一步步将现代化的目标转化为现实。

一、社会主义现代化的奋斗目标

中华民族在长达50个世纪的历史进程中，创造了辉煌的文明。但到近代，却落后了。救亡和进步，成为近代中国的两大历史性任务；在此基础上复兴中华民族，实现现代化，进入世界先进民族之列，就成为无数志士仁人不懈追求的理想和目标。为此，许多政治力量和先进人士提出过现代化的构想，作出过巨大的努力。

从20世纪50年代开始，党和政府逐步提出用100年或者更长的时间，把我国建设成为社会主义现代化国家。

1953年，毛泽东亲自修改审定的《为动员一切力量把我国建设成为一个伟大的社会主义国家而斗争——关于党在过渡时期总路线的学习和宣传提纲》中，实际上提出了现代化的工业、农业、国防和交通运输四个目标。

1954年，毛泽东在一届全国人大一次会议开幕词中提出“建设成为一个工业化的具有高度现代文化程度的伟大的国家”①。在《政府工作报告》中，周恩来强调：“如果我们不建设起强大的现代化的工业、现代化的农业、现代化的交通运输业和现代化的国防，我们就不能摆脱落后和贫困，我们的革命就不能达到目的。”②

1957年2月，毛泽东在最高国务会议上发表的《关于正确处理人民内部矛盾的问题》的讲话中，提出“将我国建设成为一个具有现代工业、现代农业和现代科学文化的社会主义国家”③。科学文化在这里被纳入了现代化的范畴。

1959年底1960年初，毛泽东在阅读苏联《政治经济学教科书》社会主义部分时提出：建设社会主义，原来要求是工业现代化，农业现代化，科学文化现代化，现在要加上国防现代化。这是毛泽东第一次比较完整地概括四个现代化的内容，其内涵也与当初有所不同。

以后，“四个现代化”的内涵不断调整和充实。1963年1月，周恩来在上海市科学技术工作会议上提出，“我们要建立一个富强的国家，实现农业现代化、工业现代化、国防现代化和科学技术现代化”④。四个现代化的内容在这里已经基本成型。

1964年12月至1965年1月，三届全国人大一次会议在北京举行。周恩来在《政府工作报告》中宣布：今后发展国民经济的主要任务，“就是要在不太长的历史时期内，把我国建设成为一个具有现代农业、现代工业、现代国防和现代科学技术的社会主义强国，赶上和超过世界先进水平”。为了实现“四化”，从第三个五年计划开始，“第一步，建立一个独

---

①《毛泽东著作选读》下册，人民出版社1986年版，第715页。

② 中共中央文献研究室编:《建国以来重要文献选编》第五册，中央文献出版社1993年版，第584页。

③《毛泽东著作选读》下册，人民出版社1986年版，第760页。

④ 中共中央文献研究室编:《关于建国以来党的若干历史问题的决议注释本》，人民出版社1983年版，第263页。

立的比较完整的工业体系和国民经济体系；第二步，全面实现农业、工业、国防和科学技术的现代化，使我国经济走在世界的前列”[①]。这是党和国家第一次正式和完整地提出“四个现代化”的任务。

但是，“文化大革命”的发生，打断了中国现代化的进程，拉大了与世界的距离。

1978 年，十一届三中全会把全党的工作中心转移到了社会主义现代化建设上来，明确指出我们当前以及今后相当长一个历史时期的主要任务，就是搞现代化建设。以十一届三中全会为起点，中国人民为实现民族振兴、国家富强和人民幸福，开始了以社会主义现代化为目标的一场新的伟大革命。

党和国家把现代化建设作为党的路线的重要目标和任务。邓小平明确指出：“我们党在现阶段的政治路线，概括地说，就是一心一意地搞四个现代化。”党的政治路线的内容“不管怎样表述，实质是搞四个现代化，最主要的是搞经济建设，发展国民经济，发展社会生产力”[②]。随后中国共产党制定的基本路线，也被称为现代化建设的路线。

鉴于“十年内乱”耽误了时间，而且中国的底子还很薄，到 20 世纪末实现现代化的目标已经不可能实现。所以，1979 年，邓小平在会见外宾时提出“中国式的四个现代化”概念，就是把标准降低一点。随后，把原先到 20 世纪末实现现代化的目标改为实现小康，现代化的实现时间则推迟到 21 世纪中叶新中国成立 100 周年时，但也是“基本实现现代化”，即达到中等发达国家水平。

改革开放以来，党和国家坚持以经济建设为中心，不断解放和发展社会生产力，坚定不移地向现代化目标推进。现在，中国已经是世界第二大经济体、制造业第一大国、货物贸易第一大国、商品消费第二大国、外资流入第二大国，外汇储备连续多年位居世界第一。中国人民在富起来、强起来的征程上迈出了决定性的步伐。

① 中共中央文献研究室编：《建国以来重要文献选编》第十九册，中央文献出版社 1998 年版，第 483 页。

②《邓小平文选》第二卷，人民出版社 1994 年版，第 276 页。

到2017年的党的十九大，进一步将2049年现代化的目标确定为建设社会主义现代化强国，将基本实现现代化的目标提前到2035年。现代化的基本目标，党的十三大是“富强、民主、文明”。党的十七大增加了一个“和谐”，党的十九大又增加了一个“美丽”，也就是要把中国建设成为“富强民主文明和谐美丽的社会主义现代化强国”。

党的十九大描绘了到21世纪中叶现代化目标实现之时的中国图景：物质文明、政治文明、精神文明、社会文明、生态文明将全面提升，实现国家治理体系和治理能力现代化，成为综合国力和国际影响力领先的国家，全体人民共同富裕基本实现，中国人民将享有更加幸福安康的生活，中华民族将以更加昂扬的姿态屹立于世界民族之林。

2022年的党的二十大确定，从现在起，中国共产党的中心任务就是团结带领全国各族人民全面建成社会主义现代化强国、实现第二个百年奋斗目标，以中国式现代化全面推进中华民族伟大复兴。全面建成社会主义现代化强国的总的战略安排是分两步走：从2020年到2035年基本实现社会主义现代化；从2035年到本世纪中叶把我国建成富强民主文明和谐美丽的社会主义现代化强国。

二、从“以阶级斗争为纲”转向以经济建设为中心

以经济建设为中心，是以十一届三中全会为标志全党工作重心转移的重大成果，是改革开放以来社会主义现代化建设的重大战略指导思想，是中国共产党在社会主义初级阶段基本路线的中心内容。

中国共产党是中国先进生产力发展要求的忠实代表。解放和发展生产力，是社会主义的最根本任务。落实到党和国家的各项工作上，就必须始终坚持以经济建设为中心，推动社会的全面发展和进步。

我国社会主义改造完成之后，毛泽东曾提出要把工作中心转到经济方面和技术革命方面来。但由于“左”的错误逐渐发展，这一转变没有实现。从20世纪50年代中后期到“文化大革命”结束，“左”的错误的集中表现，就是“以阶级斗争为纲”，把无产阶级与资产阶级、社会主义与

资本主义的矛盾当作主要矛盾，忽视生产力的发展，把工作重点放在搞阶级斗争、开展各种政治运动上，把经济建设当作“唯生产力论”加以批判，因而严重影响了经济建设的发展和人民生活水平的提高。

1978 年十一届三中全会所作的最大的拨乱反正，就是总结历史的经验教训，把工作中心转移到社会主义现代化建设上来，集中力量抓经济建设。邓小平称之为“我国历史上的一个伟大的转折”①。从十一届三中全会开始的一系列新的方针政策，“中心点是从以阶级斗争为纲转到以发展生产力为中心，从封闭转到开放，从固守成规转到各方面的改革”②。

邓小平一再强调：“同心同德地实现四个现代化，是今后一个相当长的时期内全国人民压倒一切的中心任务，是决定祖国命运的千秋大业。”③“现代化建设的任务是多方面的，各个方面需要综合平衡，不能单打一。但是说到最后，还是要把经济建设当作中心。离开了经济建设这个中心，就有丧失物质基础的危险。其他一切任务都要服从这个中心，围绕这个中心，决不能干扰它，冲击它。”④

1987 年的党的十三大制定了党在社会主义初级阶段的基本路线。这条路线的主要内容是一个中心、两个基本点。中心就是“以经济建设为中心”。此后，无论是党的代表大会和中央全会，还是全党全国的实际工作，都始终坚持以经济建设为中心不动摇，集中精力搞建设，一心一意谋发展，把发展作为执政兴国的第一要务。

坚持以经济建设为中心，不是一朝一夕的事情，而是一个长期的战略方针。邓小平总结过去工作重点未能及时转移或一有干扰便不能坚持的教训，十分突出地强调，在整个社会主义历史阶段，在不发生大规模战争的情况下，都要始终抓住这个中心不放，坚持经济建设不动摇。“我们全党全民要把这个雄心壮志牢固地树立起来，扭着不放，‘顽固’一点，毫不

---

①《邓小平文选》第二卷，人民出版社 1994 年版，第 159 页。
②《邓小平文选》第三卷，人民出版社 1993 年版，第 269 页。
③《邓小平文选》第二卷，人民出版社 1994 年版，第 208—209 页。
④《邓小平文选》第二卷，人民出版社 1994 年版，第 250 页。

动摇。”① “一天也不能耽误。”“任何时候都不要受干扰”。②

江泽民坚持邓小平的思想，并把它用于执政兴国的实践中，强调：“无论形势发生怎样的变化，除了发生大规模的外敌入侵，坚持以经济建设为中心，这一条是绝对不能动摇的。”③ 在2001年庆祝中国共产党成立80周年大会上的讲话中，江泽民提出了“第一要务”的概念。在2002年“5.31”讲话和党的十六大报告中，又进一步提出：贯彻落实“三个代表”，“必须把发展作为党执政兴国的第一要务，不断开创现代化建设的新局面”④。

胡锦涛担任总书记伊始，就在全党全国人民面前表达了“聚精会神搞建设，一心一意谋发展”的决心。他强调指出：发展观的第一要义是发展。离开发展，就无所谓发展观。在庆祝中国共产党成立90周年大会上，他又进一步强调：“以经济建设为中心是兴国之要，是我们党、我们国家兴旺发达、长治久安的根本要求。只有推动经济又好又快发展，才能筑牢国家发展繁荣的强大物质基础，才能筑牢全国各族人民幸福安康的强大物质基础，才能筑牢中华民族伟大复兴的强大物质基础。”⑤

党的十八大以来，习近平总书记强调，发展是解决我国一切问题的基础和关键。坚持以经济建设为中心。必须坚定不移把发展作为党执政兴国的第一要务。坚定不移贯彻新发展理念。要在继续推动发展的基础上，着力解决好发展不平衡不充分问题，大力提升发展质量和效益。

中国解决所有问题的关键是要靠自己的发展。缩小城乡间、区域间的

---

①《邓小平文选》第二卷，人民出版社1994年版，第249页。

②《邓小平文选》第二卷，人民出版社1994年版，第276页。

③ 中共中央文献研究室编：《江泽民论有中国特色社会主义（专题摘编）》，中央文献出版社2002年版，第32页。

④《江泽民文选》第三卷，人民出版社2006年版，第538页。

⑤ 胡锦涛：《在庆祝中国共产党成立90周年大会上的讲话》，人民出版社2011年版，第19页。

收入差距，创造更多就业机会、解决各种民生问题，建立更广泛、更高水平的社会保障体系，离不开发展；增强综合国力，改善人民生活，离不开发展；巩固和完善社会主义制度，说服那些不相信社会主义优越性的人们，离不开发展；促进社会和谐稳定，实现国家长治久安，离不开发展；提高国际竞争力，掌握国际斗争主动权，离不开发展；完成祖国统一大业，实现中华民族的伟大复兴，也离不开发展。归根到底，发展才是硬道理。抓住发展，就抓住了社会主义现代化建设的根本任务和主要内容，抓住了中国特色社会主义事业的关键。

40多年来，国内外不断地出现一些风波和干扰，但党和国家始终清醒地把握住局势，及时地排除“左”和右的错误倾向的干扰，毫不动摇地抓住经济建设这个中心，没有离开这个中心。正是由于始终坚

★ 我国发展跑出“加速度”，奔向“新未来”。图为我国建造的世界最长的跨海大桥——港珠澳大桥

持这个中心，才促进了生产力的大发展、综合国力的大飞跃、人民生活的大提高，为社会的全面发展和进步奠定了扎实的基础。无论遇到什么风浪，我们都站住了自己的脚跟。

历史和现实反复证明，以经济建设为中心是兴国之要，是我们党、我们国家兴旺发达和长治久安的根本要求。

三、制定和推进“三步走”发展战略

“三步走”发展战略，是指中国社会主义初级阶段经济社会发展的战略目标和战略步骤，因规划在70年内分三步走实现社会主义现代化，故称“三步走”发展战略。

1954年9月15日，毛泽东在一届全国人大一次会议上致开幕词说：准备在几个五年计划之内，将中国“建设成为一个工业化的具有高度现代文化程度的伟大的国家”①。但因仅仅几个五年计划不可能实现这种目标，1964年，又把实现现代化的时间定在了20世纪末。党和国家规划的战略步骤，遂确定为分两步走，到20世纪末实现现代化：“第一步，建立一个独立的比较完整的工业体系和国民经济体系；第二步，全面实现农业、工业、国防和科学技术的现代化，使我国经济走在世界的前列。”②此后到20世纪80年代以前，党和国家都一直沿用这样的提法，把它作为实现现代化的基本步骤。

由于“以阶级斗争为纲”的错误指导思想导致各种折腾，耽误了现代化的进程和时间，原定的两步走的计划没有实现。总结历史的经验教训，党和国家认识到，建设现代化必须从社会主义初级阶段的国情出发，实事求是，一步一个脚印地前进。

① 中共中央文献研究室编：《建国以来重要文献选编》第五册，中央文献出版社1993年版，第461页。

② 中共中央文献研究室编：《建国以来重要文献选编》第十九册，中央文献出版社1998年版，第483页。

所以，1987 年 4 月，邓小平提出了新的“三步走”构想。据此，党的十三大正式确定了中国现代化建设“三步走”的发展战略，即：第一步，从 1981 年到 1990 年国民生产总值翻一番，实现温饱；第二步，从 1991 年到 20 世纪末国民生产总值再翻一番，达到小康；第三步，到 21 世纪中叶国民生产总值再翻两番，达到中等发达国家水平。

“三步走”发展战略，把我国社会主义现代化的进程具体化为切实可行的步骤，是激励全国人民为一个共同理想而努力奋斗的行动纲领，具有十分重要的战略指导意义。

按照“三步走”战略，国家在改革发展的路上不断前进，首先在 1987 年提前 3 年实现了第一步翻一番的目标。1995 年，又提前 5 年实现了翻两番的目标。到 20 世纪末，整体上进入了小康社会。

随着 21 世纪即将到来，为了把第三步即 21 世纪前 50 年的任务目标再细化，1997 年，党的十五大提出了新的小“三步走”战略，即到 2010 年实现国民生产总值比 2000 年翻一番，使人民的小康生活更加宽裕，形成比较完善的社会主义市场经济体制；到 2020 年，使国民经济更加发展，各项制度更加完善；到 21 世纪中叶新中国成立 100 年时，基本实现现代化，建成富强民主文明的社会主义国家。

经过将近 20 年的努力，新世纪前两步的目标又即将实现。所以，2017 年的党的十九大，进一步明确规划了从 2020 年到本世纪中叶总共 30 年的战略目标和战略步骤。主要是将 30 年分成两个阶段来安排。第一个阶段，从 2020 年到 2035 年，在全面建成小康社会的基础上，再奋斗 15 年，基本实现社会主义现代化。第二个阶段，从 2035 年到 21 世纪中叶，在基本实现现代化的基础上，再奋斗 15 年，把中国建成富强民主文明和谐美丽的社会主义现代化强国。

从全面建成小康社会到基本实现现代化，再到全面建成社会主义现代化强国，是一个新的“两步走”战略，是新时代中国特色社会主义发展的战略安排，是为未来 30 多年中国发展勾画的宏伟蓝图。

制定这样一个战略目标和战略步骤，具有长远的指导意义，必将对中国到 21 世纪中叶的战略进程产生深远的影响，也必将对外部世界产生深远的影响。到21世纪中叶"三步走"战略完全实现之时，中华民族将实现一次新的空前伟大的飞跃。

党的二十大重申了这个战略安排，并进一步明确了到2035年我国发展的总体目标和未来5年的主要目标任务，一共8个方面。它们是第一步战略安排的阶段性目标，也进一步细化、阶段化了新时代新征程的总体任务。每一个方面都包含着丰富的内容，体现了建设和发展中国特色社会主义的基本方略，是实现第二个百年奋斗目标的实际步骤。

这些目标任务，已经体现在第十四个五年规划纲要中，也将进一步体现在将要开始制定的第十五个五年规划中。党的二十大要求："在基本实现现代化的基础上，我们要继续奋斗，到本世纪中叶，把我国建设成为综合国力和国际影响力领先的社会主义现代化强国。"

四、从"全面建设"小康社会到"全面建成"小康社会

"三步走"战略中，有一个重要的目标——"小康"和"小康社会"。

"小康"是一个中国式的概念。上千年来，"小康""小康之家""小康生活"等词在民间得到了广泛的流传。其含义，逐步地向人们的基本生活状态转移，越来越多地被解释为："略有资产，足以自给之境""经济较宽裕，可以不愁温饱"，有的干脆"指经济情况较为宽裕的人家"。

到20世纪70年代末，"小康"这个概念由于邓小平的倡导而被赋予了新的时代内容。1979年，邓小平会见日本首相大平正芳时，第一次提出了"小康之家"的概念，并明确说明中国社会到20世纪末的发展目标是实现小康社会。

从此，"小康""小康社会""小康生活""小康水平"等，就成了中国发展战略中的重要概念。在《邓小平文选》第二卷、第三卷中，一共有40多次使用了"小康"概念。1982年9月，党的十二大正式提出到20世纪末使人民生活达到小康水平。1987年10月，党的十三大正式提出"三步走"战略，其第二步的目标就是进入小康。

经过全党和全国各族人民的共同努力，到20世纪末，"三步走"战略

的前两步目标胜利实现，人民生活总体上达到小康水平。这是社会主义制度的伟大胜利，是中华民族发展史上一个新的里程碑。

由于刚刚进入的小康社会还是较低水平、很不平衡的小康社会，所以，进入小康社会，还不等于建成了小康社会，更不等于已经走出小康社会而进入了现代化阶段。所以，2002 年，党的十六大明确提出本世纪头 20 年的战略任务，就是“集中力量，全面建设惠及十几亿人口的更高水平的小康社会”。

全面建设，就是在现有的小康社会基础上，进一步展开建设的工程，全面推进各方面的建设事业，全面提高小康社会的水平，使经济更加发展、民主更加健全、科教更加进步、文化更加繁荣、社会更加和谐、人民生活更加殷实。

2007 年 10 月的党的十七大，专门用一段话描绘了到 2020 年全面建设小康社会目标实现之时中国的基本情景，即：我们这个历史悠久的文明古国和发展中社会主义大国，将成为工业化基本实现、综合国力显著增强、国内市场总体规模位居世界前列的国家，成为人民富裕程度普遍提高、生活质量明显改善、生态环境良好的国家，成为人民享有更加充分民主权利、具有更高文明素质和精神追求的国家，成为各方面制度更加完善、社会更加充满活力而又安定团结的国家，成为对外更加开放、更加具有亲和力、为人类文明作出更大贡献的国家。

2012 年的党的十八大，又进一步提出到 2020 年“全面建成小康社会”的任务。“全面建成小康社会”与“全面建设小康社会”相比较，关键之处，是将“建设”改成了“建成”。一字之改，目标更加明确，任务更加具体，时间更加紧迫。

确定这样的目标，是中国共产党对历史、对现实、对人民、对民族、对世界作出的一个庄严承诺。能否如期实现这个目标，是对人民交出的一份答卷，也是对党执政成效的一个重要检验。因此，2020 年是现代化进程的一个重要节点。

随着 2020 年日益逼近，2017 年的党的十九大鲜明地发出了“决胜全面建成小康社会”的号召。使用“决胜”一词，就是表明到了最后阶段，到了最关键时刻，甚至可以说到了读秒阶段。在这个时刻，最紧迫、最重大的任务，就是要以巨大的努力，确保全面建成小康社会目标的如期实现。

决胜，就要按照党的十六大、十七大、十八大提出的各项要求，紧扣我国社会主要矛盾变化，统筹推进经济建设、政治建设、文化建设、社会建设、生态文明建设，坚定实施科教兴国战略、人才强国战略、创新驱动发展战略、乡村振兴战略、区域协调发展战略、可持续发展战略、军民融合发展战略，突出抓重点、补短板、强弱项，特别是要坚决打好防范化解重大风险、精准脱贫、污染防治的攻坚战，使全面建成小康社会得到人民认可、经得起历史检验。

2021年7月1日，在庆祝中国共产党成立100周年大会上，习近平总书记庄严宣告："经过全党全国各族人民持续奋斗，我们实现了第一个百年奋斗目标，在中华大地上全面建成了小康社会，历史性地解决了绝对贫困问题，正在意气风发向着全面建成社会主义现代化强国的第二个百年奋斗目标迈进。这是中华民族的伟大光荣！这是中国人民的伟大光荣！这是中国共产党的伟大光荣！"①

五、"五位一体"总体布局

布局，在棋类博弈中，指棋子布设的态势。棋局一开始，双方抢占要点，布设阵势，准备进入中盘战斗。这一阶段就叫布局。扩而大之，在一般意义上，布局就是对事物的全面规划和安排。通过这种安排，形成某种在随后的发展、博弈中可以运用、展开的基本态势。

社会主义现代化建设是一个庞大的系统工程，必须有统一谋划、整体部署，也就是要有战略上的布局。

1986年9月，十二届六中全会在《关于社会主义精神文明建设指导

① 习近平：《在庆祝中国共产党成立100周年大会上的讲话》，人民出版社2021年版，第2页。

方针的决议》中，第一次明确规定了“我国社会主义现代化建设的总体布局”。

1987年，党的十三大制定了以“一个中心，两个基本点”为主要内容的社会主义初级阶段基本路线。邓小平说：“十三大确定了‘一个中心、两个基本点’的战略布局。”“这个战略布局我们一定要坚持下去，永远不改变。”[①]

90年代，党和国家规定了中国特色社会主义经济、政治和文化建设的基本政策和基本要求。当时虽然没有明确使用“总体布局”一词，但实际上构成了经济、政治、文化“三位一体”建设中国特色社会主义的总体布局。

党的十六大后，党中央提出构建和谐社会的要求。胡锦涛强调，这表明，中国特色社会主义事业的总体布局，更加明确地由社会主义经济建设、政治建设、文化建设三位一体发展为社会主义经济建设、政治建设、文化建设、社会建设四位一体。

2007年的党的十七大，第一次使用了“生态文明”的概念。2012年的党的十八大将生态文明建设正式纳入总体布局，从而使中国特色社会主义的总体布局由“四位一体”变成了“五位一体”。

因此，2012年的党的十八大明确宣布：“建设中国特色社会主义，总依据是社会主义初级阶段，总布局是五位一体，总任务是实现社会主义现代化和中华民族伟大复兴。”

“五位一体”总体布局，要求牢牢抓好执政兴国的第一要务，始终代表中国先进生产力的发展要求，坚持以经济建设为中心，聚精会神搞建设、一心一意谋发展；要求坚持创新、协调、绿色、开放、共享的新发展理念，全面推进经济建设、政治建设、文化建设、社会建设、生态文明建设，促进现代化建设各个环节、各个方面相协调；要求统筹兼顾，正确认识和妥善处理中国特色社会主义事业中的重大关系，促进现代化建设各方面相协调，生产关系与生产力、上层建筑与经济基础相协调。

---

① 《邓小平文选》第三卷，人民出版社1993年版，第345页。

按照“五位一体”总体布局，在经济建设方面，就要发展社会主义市场经济，发挥市场在资源配置中的决定性作用，推进供给侧结构性改革，建设社会主义新农村，走中国特色新型工业化道路，建设创新型国家和世界科技强国。

在政治建设方面，就要发展社会主义民主政治，走中国特色社会主义政治发展道路，扩大社会主义民主，建设中国特色社会主义法治体系，建设社会主义法治国家，建设社会主义政治文明。

在文化建设方面，就要发展社会主义先进文化，建设社会主义精神文明，实行依法治国和以德治国相结合，培育和践行社会主义核心价值观，提高全民族的思想道德素质和科学文化素质，建设社会主义文化强国。

在社会建设方面，就要构建社会主义和谐社会，按照民主法治、公平正义、诚信友爱、充满活力、安定有序、人与自然和谐相处的总要求，保障和改善民生，解决好人民最关心、最直接、最现实的利益问题，努力形成全体人民各尽其能、各得其所而又和谐相处的局面。

在生态建设方面，就要建设社会主义生态文明，树立尊重自然、顺应自然、保护自然的生态文明理念，坚持节约资源和保护环境的基本国策，坚持生产发展、生活富裕、生态良好的文明发展道路，实行最严格的生态环境保护制度，建设美丽中国，为人民创造良好生产生活环境，实现中华民族永续发展。

六、“四个全面”战略布局

“四个全面”，是党的十八大以来，以习近平同志为核心的党中央坚持改革开放以来中国特色社会主义的战略规划，针对新形势下的机遇、挑战和历史任务而提出来的重要战略思想和战略布局。

“四个全面”中的每一个“全面”，自改革开放以来，逐步形成，逐步发展，不断丰富，不断升华。党的十八大以来，又有了新的大量的扩充，展示出新形势下的新特点。

2014 年 12 月 13 日至 14 日，习近平总书记在江苏南京、镇江调研时，首次将“四个全面”并提，要求协调推进全面建成小康社会、全面深化改革、全面推进依法治国、全面从严治党，推动改革开放和社会主义现代化建设迈上新台阶。

2015年2月2日，在省部级主要领导干部学习贯彻党的十八届四中全会精神全面推进依法治国专题研讨班开班式上，习近平总书记指出：“党的十八大以来，党中央从坚持和发展中国特色社会主义全局出发，提出并形成了全面建成小康社会、全面深化改革、全面依法治国、全面从严治党的战略布局。”这是第一次将“四个全面”作为战略布局提到全党全国人民面前。

2017年，党的十九大将“协调推进‘四个全面’战略布局”作为习近平新时代中国特色社会主义思想和治国方略的重要内容，并且写进了党章。

全面建成小康社会，是党的十八大在原有“全面建设小康社会”基础上提出的战略目标，即到2021年建党100周年时全面建成小康社会，这也是“两个一百年”奋斗目标的第一个目标。2020年前，是全面建成小康社会的决胜期，全党必须为决胜全面建成小康社会、夺取新时代中国特色社会主义伟大胜利而奋斗。

全面深化改革，就要把改革开放作为坚持和发展中国特色社会主义的必由之路，以巨大的政治勇气和智慧，全面推进改革开放，把改革创新精神贯彻到治国理政各个环节，坚决破除一切不合时宜的思想观念和体制机制弊端，突破利益固化的藩篱，吸收人类文明有益成果，构建系统完备、科学规范、运行有效的制度体系，完善和发展中国特色社会主义制度，推进国家治理体系和治理能力现代化。

全面依法治国，就要坚持依法治国这个党领导人民治理国家的基本方略，坚定不移走中国特色社会主义法治道路，构建中国特色社会主义法治体系，建设社会主义法治国家，坚持依法治国、依法执政、依法行政共同推进，坚持法治国家、法治政府、法治社会一体建设，坚持依法治国和以德治国相结合，依法治国和依规治党有机统一，深化司法体制改革，提高全民族法治素养和道德素质。

全面从严治党，就要坚持和加强党的全面领导，坚持党要管党、全面从严治党，以加强党的长期执政能力建设、先进性和纯洁性建设为主线，以党的政治建设为统领，坚定不移推进党的自我革命，统筹推进党的各项建设，清除一切侵蚀党的健康肌体的病毒，不断开展反腐败斗争，以零容忍态度惩治腐败，不断增强党的政治领导力、思想引领力、群众组织力、社会号召力。

以开始实施“十四五”规划为标志，全面建设小康社会的历史阶段宣告结束，我们进入了一个“全面建设社会主义现代化国家”的新阶段。“四个全面”战略布局也发生了一个重要的变化。十九届五中全会审议通过的《中共中央关于制定国民经济和社会发展第十四个五年规划和二〇三五年远景目标的建议》要求：协调推进全面建设社会主义现代化国家、全面深化改革、全面依法治国、全面从严治党的战略布局。其中的“全面建设社会主义现代化国家”代替了原先的“全面建设小康社会”。这样一个布局，比原来的要求更高、任务更重、时间更长。未来中国的发展进步，将要在局部调整后的新的“四个全面”战略布局基础上向前推进。

七、新时代脱贫攻坚战略

贫困问题是一个世界性的难题，消除贫困是人类梦寐以求的理想。中华人民共和国成立以来，特别是改革开放以来，中国共产党和中国政府从基本国情出发，致力于减贫脱贫，努力保障和改善民生，发展各项社会事业，虽历经艰难，但取得了举世瞩目的成就。

新中国成立时，基本上是一个贫困落后的国家。特别是由于长期战争的破坏，生产力非常落后，人民生活非常困难。1949 年，城镇居民的人均收入不足 100 元，农村居民家庭人均纯收入只有 44 元。

1949 年至 1977 年，党和国家通过多种方式努力解决民生问题，提高人民生活水平。在农村，通过土地改革、大规模的农田水利建设，发展了农村生产力。同时，建立了农村供销合作系统，形成了以“五保”制度和特困群体救济为主要内容的社会基本保障体系，从而一定程度上减少了农村贫困的程度。

但由于“左”的错误的发展，农村生产力一度受到很大破坏，农村贫困问题没有得到真正解决。从1957年到1978年的21年间，农业生产总值只增长了83.97%，农民人均纯收入只从72.95元增加到133.57元，平均每年只增加2.88元。到1978年改革开放前，农村绝对贫困人口仍有2.5亿之多，占农村人口总数的30%左右。

改革开放之后，党和国家坚持以经济建设为中心，大力解放和发展生产力，不断提高了广大人民群众的生活水平。针对大量贫困人口，又特别采取了一系列政策和措施，实施了扶贫开发战略。1984年9月，中共中央和国务院联合发出了《关于帮助贫困地区尽快改变面貌的通知》，要求集中力量解决十几个连片贫困地区的问题。1986年开始，对传统的救济式扶贫进行改革，实行开发式扶贫的方针。据此，在全国范围内开展了有计划、有组织、大规模的扶贫开发。20世纪90年代后，先后实施了《国家八七扶贫攻坚计划

★ 2013年11月，习近平总书记在湖南省湘西土家族苗族自治州花垣县十八洞村首次提出精准扶贫。图为风景优美的十八洞村

（1994—2000 年）》《中国农村扶贫开发纲要（2001—2010 年）》《中国农村扶贫开发纲要（2011—2020 年）》等中长期扶贫规划，不断加大扶贫力度，成立专门扶贫工作机构，确定重点扶持地区和群体，安排专项资金，制定适合现实国情的贫困标准和专门的优惠政策，在全国范围内开展了有计划有组织的大规模开发式扶贫。

党的十八大以来，以习近平同志为核心的党中央把扶贫开发摆到治国理政的重要位置，提升到事关全面建成小康社会、实现第一个百年奋斗目标的新高度，打响了一场新的脱贫攻坚战。十八届五中全会提出了贫困人口全部脱贫、贫困县全部摘帽的目标任务。中央召开扶贫开发工作会议，中共中央、国务院印发关于打赢脱贫攻坚战的决定，对“十三五”脱贫攻坚作出全面部署。“十三五”规划第一次把脱贫攻坚作为五年规划纲要的重要内容，第一次把贫困人口脱贫作为五年规划的约束性指标，第一次由省区市党政一把手向中央签署《脱贫攻坚责任书》，并层层立下军令状。习近平总书记提出精准扶贫、精准脱贫的要求，并把精准扶贫、精准脱贫作为扶贫攻坚的基本方略。

“十三五”时期（2016—2020 年）脱贫攻坚的总体目标是：到 2020 年，稳定实现农村贫困人口不愁吃、不愁穿，义务教育、基本医疗和住房安全有保障；实现贫困地区农民人均可支配收入增长幅度高于全国平均水平，基本公共服务主要领域指标接近全国平均水平；确保现行标准下农村贫困人口实现脱贫，贫困县全部摘帽，解决区域性整体贫困。

从 2013 年到 2018 年，全国已经连续 6 年超额完成每年减贫 1000 万的任务。累计减少贫困人口 8239 万人。贫困发生率从 10.2% 下降到 1.7%。

中国对全球减贫的贡献率超过 70%。中国成为世界上减贫人口最多的国家，也是世界上率先完成联合国千年发展目标的国家，为全球减贫事业作出了重大贡献，得到了国际社会的广泛赞誉。

经过 8 年精准扶贫、5 年脱贫攻坚战，全国 832 个贫困县，2016 年至 2019 年已有 780 个实现脱贫摘帽。2020 年，国家对剩余的 52 个贫困县实施挂牌督战，各地区各部门努力克服新冠疫情影响，集中精力、加大投入、攻坚克难，至 11 月 23 日，52 个贫困县均通过省级专项评估检查达到退出标准，由省级人民政府宣布退出。至此，全国 832 个贫困县全部脱贫摘帽。省级人民政府宣布后，还要接受国务院扶贫开发领导小组抽查、国家脱贫攻坚普查、脱贫攻坚成效考核，检验退出程序的规范性、标准的准确性和结果的真实性。

2021 年 2 月 25 日，全国脱贫攻坚总结表彰大会在北京人民大会堂隆重召开。习近平总书记在讲话中指出，贫困是人类社会的顽疾。反贫困始终是古今中外治国安邦的一件大事。一部中国史，就是一部中华民族同贫困作斗争的历史。他庄严宣告，我国脱贫攻坚战取得了全面胜利，现行标准下 9899 万农村贫困人口全部脱贫，832 个贫困县全部摘帽，12.8 万个贫困村全部出列，区域性整体贫困得到解决，完成了消除绝对贫困的艰巨任务，创造了又一个彪炳史册的人间奇迹！

十九届六中全会通过的《中共中央关于党的百年奋斗重大成就和历史经验的决议》再次宣告："党的十八大以来，全国八百三十二个贫困县全部摘帽，十二万八千个贫困村全部出列，近一亿农村贫困人口实现脱贫，提前十年实现联合国二〇三〇年可持续发展议程减贫目标，历史性地解决了绝对贫困问题，创造了人类减贫史上的奇迹。"①

2022 年 1 月 4 日，中共中央、国务院印发《关于做好 2022 年全面推进乡村振兴重点工作的意见》，聚焦牢牢守住保障国家粮食安全和不发生规模性返贫两条底线，扎实有序做好乡村发展、乡村建设、乡村治理重点工作，对 2022 年全面推进乡村振兴作出部署。

党的二十大指出，10 年来，我们经历了对党和人民事业具有重大现实意义和深远历史意义的三件大事，其中之一，就是完成脱贫攻坚、全面建成小康社会的历史任务，实现第一个百年奋斗目标。

---

①《中共中央关于党的百年奋斗重大成就和历史经验的决议》，人民出版社 2021 年版，第 48 页。

八、抗击新冠疫情

2019 年 12 月 27 日，湖北省武汉市发现不明原因肺炎病例。2020 年 1 月 7 日，中国疾控中心成功分离新型冠状病毒毒株。1 月 12 日，武汉市卫生健康委在情况通报中首次将"不明原因的病毒性肺炎"更名为"新型冠状病毒感染的肺炎"。

截至 2020 年 11 月 29 日 24 时，31 个省、自治区、直辖市和新疆生产建设兵团累计报告确诊病例 86530 例，累计治愈出院病例 81619 例，累计死亡病例 4634 例，治愈率 94.3%，病亡率 5.4%。

新冠疫情是新中国成立以来在我国发生的传播速度最快、感染范围最广、防控难度最大的一次重大突发公共卫生事件。

新冠疫情发生后，党中央高度重视，统揽全局，果断决策，以非常之举应对非常之事，迅速作出部署，将疫情防控作为头等大事来抓。习近平总书记亲自指挥、亲自部署。中央政治局常委会、中央政治局召开 21 次会议研究决策，领导组织党政军民学、东西南北中大会战。中央应对疫情工作领导小组召开一系列会议，研究部署疫情防控和统筹推进经济社会发展的重大问题和重要工作。中央指导组指导湖北省、武汉市加强防控工作。国务院联防联控机制发挥协调作用。国务院复工复产推进工作机制加强复工复产统筹指导和协调服务。

在中共中央统一领导下，全国各地各部门坚决贯彻中央决策部署，有令必行、有禁必止，严格高效落实各项防控措施，形成了全面动员、全面部署、全面加强，横向到边、纵向到底的疫情防控局面。

1 月 23 日 10 时起，武汉机场、火车站离汉通道暂时关闭。武汉和湖北人民面对与外隔绝、交通停滞、城市"停摆"的状态，克服困难，服从大局，咬紧牙关，团结坚守。54 万名湖北省和武汉市医务人员冲锋在前，广大社区工作者、公安干警、基层干部、下沉干部、志愿者不惧风雨、坚守一线，广大群众众志成城、踊跃参与，涌现出一大批可歌可泣的先进典型和感人事迹。

全国上下紧急行动，依托强大综合国力，开展全方位的人力组织战、物资保障战、科技突击战、资源运动战，全力支援湖北省和武汉市抗击疫情，在最短时间集中最大力量阻断疫情传播。自1月24日除夕至3月8日，全国共调集346支国家医疗队、4.26万名医务人员、900多名公共卫生人员驰援湖北。19个省份以对口支援、以省包市的方式支援湖北省除武汉市以外16个地市。人民解放军派出4000多名医务人员支援湖北。

在党的领导下，全国上下贯彻“坚定信心、同舟共济、科学防治、精准施策”总要求，共同进行抗击疫情的人民战争、总体战、阻击战。经过艰苦卓绝的努力，用一个多月的时间初步遏制了疫情蔓延势头，用两个月左右的时间将本土每日新增病例控制在个位数，用3个月左右的时间取得了武汉保卫战、湖北保卫战的决定性成果，维护了人民生命安全和身体健康，为维护地区和世界公共卫生安全作出了重要贡献。在此基础上，党和国家统筹推进疫情防控和经济社会发展工作，抓紧恢复生产生活秩序，取得了显著成效。

在这场同严重疫情的殊死较量中，中国人民和中华民族以敢于斗争、敢于胜利的大无畏气概，铸就了生命至上、举国同心、舍生忘死、尊重科学、命运与共的伟大抗疫精神。

抗疫斗争的伟大实践再次证明，中国共产党所具有的无比坚强的领导力，是风雨来袭时中国人民最可靠的主心骨；中国人民所具有的不屈不挠的意志力，是战胜前进道路上一切艰难险阻的力量源泉；中国特色社会主义制度所具有的显著优势，是抵御风险挑战、提高国家治理效能的根本保证；新中国成立以来所积累的坚实国力，是从容应对惊涛骇浪的深厚底气；社会主义核心价值观、中华优秀传统文化所具有的强大精神动力，是凝聚人心、汇聚民力的强大力量；构建人类命运共同体所具有的广泛感召力，是应对人类共同挑战、建设更加繁荣美好世界的人间正道。

2020年9月8日上午，全国抗击新冠肺炎疫情表彰大会在北京人民大会堂隆重举行。中共中央总书记、国家主席、中央军委主席习近平向国家勋章和国家荣誉称号获得者颁授勋章奖章并发表重要讲话。栗战书宣读习近平签署的中华人民共和国主席令。根据十三届全国人大常委会第二十一次会议的决定，授予钟南山"共和国勋章"，授予张伯礼、张定宇、陈薇"人民英雄"国家荣誉称号。王沪宁宣读《中共中央、国务院、中央军委关于表彰全国抗击新冠肺炎疫情先进个人和先进集体的决定》《中共中央关于表彰全国优秀共产党员和全国先进基层党组织的决定》。习近平等为受表彰的个人和集体代表颁奖。

此后，新冠疫情仍然时有发生，但中国防控严密，成效显著。

2022年3月17日，习近平总书记主持中共中央政治局常委会会议并讲话，充分肯定常态化疫情防控以来我国疫情防控工作取得的成绩，指出当前国内外疫情防控的复杂性、艰巨性、反复性，强调要保持战略定力，统筹好疫情防控和经济社会发展。

2022年5月5日，习近平总书记主持中共中央政治局常委会会议并讲话，强调要毫不动摇坚持"动态清零"总方针，坚决同一切歪曲、怀疑、否定我国防疫方针政策的言行作斗争。

党的二十大指出：特别是面对突如其来的新冠疫情，我们坚持人民至上、生命至上，坚持外防输入、内防反弹，坚持动态清零不动摇，开展抗击疫情人民战争、总体战、阻击战，最大限度保护了人民生命安全和身体健康，统筹疫情防控和经济社会发展取得重大积极成果。

九、开启全面建设社会主义现代化国家新征程

党的十九大报告明确提出：从十九大到二十大，是"两个一百年"奋斗目标的历史交汇期。我们既要全面建成小康社会、实现第一个百年奋斗目标，又要乘势而上开启全面建设社会主义现代化国家新征程，向第二个百年奋斗目标进军。

2020年是完成"十三五"规划的决战之年、验收之年、总结之年。2021年，则是"十四五"规划的开局之年，"两步走"战略安排的起步之年，也是奔向第二个百年奋斗目标的开局之年。2020年，十九届五中全会审议通过《中共中央关于制定国民经济和社会发展第十四个五年规划和二〇三五年远景目标的建议》，明确提出了"十四五"时期我国发展

的指导方针、主要目标、重点任务、重大举措，集中回答了新形势下实现什么样的发展、如何实现发展这个重大问题。特别是提出了“十四五”时期经济社会发展的指导思想和必须遵循的原则，对2035年远景目标和“十四五”时期经济社会发展作出了系统谋划和战略部署，为中国的长远发展擘画了继续前进的新设计、新蓝图、新愿景。

随着“十四五”规划的实施，党和国家的任务发生了一个重大的改变，在实现“全面建成小康社会”的第一个百年奋斗目标后，我们的任务已经是“全面建设社会主义现代化国家”，也就是在全面建成小康社会之后，开启全面建设社会主义现代化国家的新征程。

开启这个新征程，必须科学把握新发展阶段，深入贯彻新发展理念，加快构建新发展格局，以推动高质量发展为主题，以深化供给侧结构性改革为主线，实现经济行稳致远、社会安定和谐。

新发展阶段，是以实施“十四五”规划为标志而进入的全面建设社会主义现代化国家、向第二个百年奋斗目标进军的历史阶段。新发展阶段要实现2035年和2049年的两个战略目标。2035年是基本实现现代化，2049年是建成富强民主文明和谐美丽的社会主义现代化强国。

进入新的发展阶段，必须坚定不移贯彻创新、协调、绿色、开放、共享的新发展理念，把新发展理念贯穿发展全过程和各领域，切实转变发展方式，推动质量变革、效率变革、动力变革，实现更高质量、更有效率、更加公平、更可持续、更为安全的发展。必须构建以国内大循环为主体、国内国际双循环相互促进的新发展格局。坚持扩大内需这个战略基点，形成强大国内市场，加快培育完整内需体系，把实施扩大内需战略同深化供给侧结构性改革有机结合起来，以创新驱动、高质量供给引领和创造新需求。畅通国内大循环，促进国内国际双循环，全面促进消费，拓展投资空间。必须以推动高质量发展为主题，把发展质量问题摆在更为突出的位置，坚持创新在现代化建设全局中的核心地位，着力提升发展质量和效益。

十九届五中全会号召全党，要统筹中华民族伟大复兴战略全局和世界百年未有之大变局，深刻认识我国社会主要矛盾变化带来的新特征新要求，深刻认识错综复杂的国际环境带来的新矛盾新挑战，增强机遇意识和风险意识，立足社会主义初级阶段基本国情，保持战略定力，办好自己的事，认识和把握发展规律，发扬斗争精神，树立底线思维，准确识变、科学应变、主动求变，善于在危机中育先机、于变局中开新局，抓住机遇，应对挑战，趋利避害，奋勇前进。

《中共中央关于党的百年奋斗重大成就和历史经验的决议》指出，从2020年到2035年基本实现社会主义现代化，从2035年到本世纪中叶把我国建成社会主义现代化强国。到那时，我国物质文明、政治文明、精神文明、社会文明、生态文明将全面提升，实现国家治理体系和治理能力现代化，成为综合国力和国际影响力领先的国家，全体人民共同富裕基本实现，我国人民将享有更加幸福安康的生活，中华民族将以更加昂扬的姿态屹立于世界民族之林。

党的二十大进一步部署了新时代新征程中国共产党的使命任务，强调未来5年是全面建设社会主义现代化国家开局起步的关键时期，要求全党坚定信心、锐意进取，主动识变应变求变，主动防范化解风险，不断夺取全面建设社会主义现代化国家新胜利！

十、建设中国式现代化

实现现代化，必须选择符合自己国情的现代化道路。在庆祝中国共产党成立100周年大会上，习近平总书记宣告：“我们坚持和发展中国特色社会主义，推动物质文明、政治文明、精神文明、社会文明、生态文明协调发展，创造了中国式现代化新道路，创造了人类文明新形态。”①

党的二十大肯定：“在新中国成立特别是改革开放以来长期探索和实践基础上，经过十八大以来在理论和实践上的创新突破，我们党成功推进和拓展了中国式现代化。”

---

① 习近平：《在庆祝中国共产党成立100周年大会上的讲话》，人民出版社2021年版，第13—14页。

“中国式现代化新道路”和“中国式现代化”，这是两个重要的概念和概括。从党的二十大开始，主要使用的是“中国式现代化”。

现代化是一个世界范畴，也是一个历史概念。什么是现代化？从狭义来说，它是自工业革命以来，人类社会发展以工业文明为核心的现代文明的一种深刻的变革过程，特别是落后的农业国追赶先进的工业国的过程。从广义来说，它也是任何历史时代都存在的文明互相比照和追赶并无限发展的过程。

现代化的历史哲学基础，是包括经济、政治、文化、科技、军事、社会等在内的整个人类文明发展的不平衡规律。从纵向来看，人类文明总是在不断发展进步的；但从横向来看，不同地域、不同国家、不同类型、不同领域的文明发展又都是不平衡的。在每一个特定时刻，总是有一些类型或国家的文明，处于比较领先亦即“现代”的水平。其他的，就要不断地追赶，力争向“现代”转“化”。至于“现代”的内容，从近代工业革命以来，工业化就一直是其核心和基础的内容。随着时代的发展，逐步增加信息化、智能化、民主化、法治化等更多的内容。未来时代，必定还会有新的要求。谁代表“现代”？都要视一定时代的实际情况而定。所谓现代化，实际上就是这样一个你追我赶、不断超越、无限发展、不断前进的广阔图景和漫长过程。

基于这样的哲学解析，我们可以看出，现代化是一个动态的、其内涵难以精确化的一个总体范畴。我们通常理解的近代以来的“现代化”，有相对集中的含义和要求。但无论狭义还是广义，现代化都主要是一个世界范围的运动过程。它并没有终结的目标，当然，也没有统一的模式。每个国家都要向现代化前进，但每个国家都要从自己的实际出发，选择最适合自己的道路。

中国是一个有悠久历史、曾经陷于半殖民地半封建社会、经济文化又非常落后的东方大国。这样一个国家走向现代化，不能不受到基本国情的制约，不能不选择最适合中国国情的道路。在现代化的每一个关头，我们都要作出选择。每一次选择，都是一次探索；每一次选择，都确定着中国的走向。正是在一次次选择的基础上，我们党终于领导人民走出了一条中国式现代化的道路。

走俄国人的路，曾经是我们的信念。革命要走俄国人的路，建设也要走俄国人的路。但实践证明，俄国人的路有适合中国的地方，也有不适合中国的地方。我们学习苏联，运用国家计划组织社会资源和人民力量，曾经创造了很多改天换地的业绩，但苏联那种高度集中的经济政治模式内部的弊病，也日渐深刻地暴露了出来。于是，从毛泽东开始，便努力探索一条适合中国自己的社会主义现代化的道路。

但由于还没有真正搞清楚什么是社会主义、怎样建设社会主义，毛泽东的探索没有能继续下去，还走了弯路。在经历了种种曲折以后，我们对走自己的路有了深切的认识。以十一届三中全会为标志，中国共产党形成了解放思想、实事求是的思想路线，明确在发展道路上，要走自己的路，不把书本当教条，不照搬外国模式，坚持独立自主地建设有中国特色的社会主义。邓小平强调，过去搞民主革命，要适合中国情况，现在搞建设，也要适合中国情况，走出一条中国式的现代化道路。按照这样的思想路线，中国共产党实行了改革开放的大政策。

在实践和探索的基础上，中国共产党对现代化道路的认识愈益深刻，并不断及时地加以总结和概括，逐步明确和规范中国式现代化道路的内涵。1981 年，十一届六中全会通过的《关于建国以来党的若干历史问题的决议》，概括了适合中国情况的社会主义现代化建设道路的十个主要原则。此后，我们走出了一条中国特色社会主义道路。这条道路就是在中国共产党领导下，立足基本国情，以经济建设为中心，坚持四项基本原则，坚持改革开放，解放和发展社会生产力，建设社会主义市场经济、社会主义民主政治、社会主义先进文化、社会主义和谐社会、社会主义生态文明，促进人的全面发展，逐步实现全体人民共同富裕，建设富强民主文明和谐美丽的社会主义现代化国家。

中国特色社会主义的道路并不完全等同于现代化的一套内容体系，但两者在根本上是一致的，而且无疑包含现代化道路的内容在内。党的十八大以来，中国特色社会主义进入新时代，以习近平同志为核心的党中央顺应我国经济社会发展新要求和广大人民群众新期待，在 2020 年全面建成小康社会，实现国内生产总值和城乡居民人均收入比2010年翻一番的奋斗目标的基础上，并赋予全面小康更高的标准、更丰富的内涵。在此基础上，又进一步提出了分两步全面建设社会主义现代化国家的战略目标和战略安排，勾画了中国式现代化新道路的发展蓝图。

在十九届五中全会上，习近平总书记进一步提出了“中国式现代化”并作了明确阐述。此后在省部级主要领导干部学习贯彻党的十九届五中全会精神专题研讨班上，他进一步指出：“我们的任务是全面建设社会主义现代化国家，当然我们建设的现代化必须是具有中国特色、符合中国实际的，我在党的十九届五中全会上特别强调了5点，就是我国现代化是人口规模巨大的现代化，是全体人民共同富裕的现代化，是物质文明和精神文明相协调的现代化，是人与自然和谐共生的现代化，是走和平发展道路的现代化。”

中国式现代化及其新道路，既是对苏联现代化的扬弃，也是对西方发达国家现代化的扬弃。习近平总书记指出，“当代中国的伟大社会变革，不是简单延续我国历史文化的母版，不是简单套用马克思主义经典作家设想的模板，不是其他国家社会主义实践的再版，也不是国外现代化发展的翻版”[①]。一切都立足于中国的实际，由中国人民自己在参考比较不同现代化道路长短优劣的基础上来选择和决定。中国式现代化是物质文明、政治文明、精神文明、社会文明、生态文明协调发展的现代化，是全面建成社会主义现代化强国、实现中华民族伟大复兴的必由之路。

《中共中央关于党的百年奋斗重大成就和历史经验的决议》指出：“仅用几十年时间就走完发达国家几百年走过的工业化历程，创造了经济快速发展和社会长期稳定两大奇迹。”“党领导人民成功走出中国式现代化道路，创造了人类文明新形态，拓展了发展中国家走向现代化的途径，给世界上那些既希望加快发展又希望保持自身独立性的国家和民族提供了全新选择。”[②]

① 习近平：《在纪念马克思诞辰200周年大会上的讲话》，《人民日报》2018年5月5日。

②《中共中央关于党的百年奋斗重大成就和历史经验的决议》，人民出版社2021年版，第63、64页。

道路决定走向，道路决定成败。中国共产党为寻找在中国实现现代化的道路，走过了艰难的历程。我们要倍加珍惜这条道路，以永不懈怠和一往无前的奋斗精神，沿着中国式现代化新道路不断把全面建设社会主义现代化国家的伟大事业推向前进。

在党的二十大报告中，“现代化”一词，连同标题在内，一共出现86次。其中，“全面建设社会主义现代化国家”出现20次，“社会主义现代化建设”出现5次，“国家治理体系和治理能力现代化”出现4次，“全面建成社会主义现代化强国”出现3次，“现代化经济体系”出现3次。

需要注意的是，此前，习近平总书记和十九届六中全会所说的都是“中国式现代化道路”，但党的二十大去掉了“道路”一词，直接称“中国式现代化”。在党的二十大报告中，“中国式现代化”出现了11次。

按照习近平总书记在十九届五中全会上的总结和概括，党的二十大重申，中国式现代化是人口规模巨大的现代化，是全体人民共同富裕的现代化，是物质文明和精神文明相协调的现代化，是人与自然和谐共生的现代化，是走和平发展道路的现代化。

中国式现代化的本质要求是：坚持中国共产党领导，坚持中国特色社会主义，实现高质量发展，发展全过程人民民主，丰富人民精神世界，实现全体人民共同富裕，促进人与自然和谐共生，推动构建人类命运共同体，创造人类文明新形态。

“中国式现代化”是顺应现代化发展规律的必然要求，也是世界现代化发展类型中的新范式。

第 三 单 元

改革开放史

· 第一题 ·

改革开放的历史进程和阶段划分

从十一届三中全会以来，改革开放的大潮在中国兴起。新时期最鲜明的特点是改革开放。改革开放是中国共产党领导和推动的，是中国共产党历史的重要内容，也是中国共产党历史上最辉煌的篇章。为了突出改革开放的内容和广大人民群众的贡献，这一篇章也可以单独称为中国改革开放史。

一、改革开放的起步和全面展开

从十一届三中全会到十三届四中全会，是改革开放起步和全面展开的阶段。把握这一阶段改革开放的进程，有以下几个要点需要注意：

第一，改革开放的历史起点。

改革开放从什么时候开始？以什么为标志？按照已经规范的界定，是从 1978 年十一届三中全会开始的。这次全会（在此前召开的中央工作会议基础上），实现了新中国成立以来党的历史上具有深远意义的伟大转折，从而开始了中国从“以阶级斗争为纲”到以经济建设为中心，从僵化半僵化到全面改革，从封闭半封闭到对外开放的历史性转变。十一届三中全会成为新时期的开始，也成为中国特色社会主义开始创立的标志。

对于改革开放新时期到底从何算起，一直有些不同意见。有人认为改革开放新时期是从 1976 年粉碎“四人帮”开始的，应以 1976 年为界。但是，邓小平等领导同志多次明确指出：十一届三中全会是我国历史上的一个伟大的转折。党的十三大、十四大、十五大、十六大都强调“十一届三中全会以来”开辟了历史新时期。党的十七大报告强调：“一九七八年，我们党召开具有重大历史意义的十一届三中全会，开启了改革开放历史新时期。”①

新时期以来，党和国家都是在逢8的年份纪念十一届三中全会，庆祝改革开放的成就。2018年12月18日，党和国家召开庆祝改革开放40周年大会，习近平总书记开门见山明确指出：“一九七八年十二月十八日，在中华民族历史上，在中国共产党历史上，在中华人民共和国历史上，都必将是载入史册的重要日子。这一天，我们党召开十一届三中全会，实现新中国成立以来党的历史上具有深远意义的伟大转折，开启了改革开放和社会主义现代化的伟大征程。”②

这些论断明确无误地告诉我们，改革开放的历史起点应该以十一届三中全会为标志。当然，改革开放有一个酝酿过程。在十一届三中全会以前，党和国家领导人逐步提出了改革开放的要求，也采取了一定的步骤。农村改革和其他一些方面的改革实际上已经开始，它们都可以作为改革开放的酝酿和最初起步。

第二，拨乱反正与改革开放。

1976年之后，特别是十一届三中全会之后一段时间，党的首要工作是拨乱反正。拨乱反正是全面的，涉及思想理论、政治生活、经济建设、民主法制、科技教育等各个方面。拨乱反正虽然还不算改革开放，但为改革开放奠定了基础。特别是思想路线、政治路线、组织路线上的拨乱反正，为改革开放的展开创造了极其重要的条件。

拨乱反正首开先河的当数恢复高考。恢复高考，不仅对当代中国，而且对中华民族的长远发展，都具有重大的意义。中国的改革开放，在某种意义上，也可以说是从恢复高考开始的。

---

① 胡锦涛：《高举中国特色社会主义伟大旗帜　为夺取全面建设小康社会新胜利而奋斗——在中国共产党第十七次全国代表大会上的报告》，人民出版社2007年版，第6页。

② 中共中央党史和文献研究院编：《十九大以来重要文献选编》（上），中央文献出版社2019年版，第720页。

平反冤假错案，是拨乱反正中的又一个重大任务。到1982年底，涉及300万干部的冤假错案得到平反纠正，47万多名共产党员恢复了党籍，数以千万计受到株连的干部群众得到解脱。党和政府还采取一系列果断措施妥善解决历史遗留问题。

1981年6月，十一届六中全会通过了《关于建国以来党的若干历史问题的决议》，对新中国成立32年来党的重大历史问题特别是“文化大革命”作了全面的总结，对毛泽东和毛泽东思想的历史地位作出了科学的评价，标志着指导思想上拨乱反正的完成。由此，改革开放进一步展开。

第三，改革从农村到城市全面展开的进程。

新时期的改革是首先从农村突破的。1978年，安徽省委面对百年不遇的特大旱灾，果断放宽政策限制。农民为了活命，自发采取大包干的生产形式。四

★ 图为国家博物馆展出的农村改革成功后农民喜交公粮的场景照片 海峰/供图

川、贵州、甘肃、内蒙古、河南等省区也采取了类似的做法。到1982年8月，全国农村实行包产到户的生产队达到70%左右，家庭联产承包责任制成为农业生产责任制的主要形式。

农村改革的成功经验，为整个经济体制改革提供了重要经验和有利条件。党的十二大后，以城市为重点的经济体制改革全面展开。1984年10月，十二届三中全会通过《关于经济体制改革的决定》。该决定在理论上的重要贡献是，突破了把计划经济同商品经济对立起来的传统观点，确认我国社会主义经济是公有制基础上的有计划的商品经济。在该决定精神指导下，重点扩大企业的生产经营自主权。同时，在计划、财政、税收、价格、金融、商业、劳动工资等方面，也进行了不同程度的改革。

科技和教育体制改革也提上日程。1985年3月，中共中央作出《关于科学技术体制改革的决定》。1985年5月，中共中央发布了《关于教育体制改革的决定》。

在经济体制改革的同时，政治体制也开始进行了调整和改革。十一届三中全会后党和国家领导制度及机构的调整，总体上都属于政治体制改革的范畴。特别是1980年8月，邓小平就政治体制改革发表的重要讲话，成为政治体制改革的纲领性文件。1986年，邓小平再次提出政治体制改革问题。1987年召开的党的十三大，对政治体制改革进行了全面的部署。

第四，打开长期封闭半封闭的大门，实行对外开放。

在改革的同时，实行对外开放的政策。从广义上说，开放也是改革。

有人以为对外开放就是创办经济特区。其实，对外开放的主要形式有利用外资、引进技术、对外贸易、创办经济特区等多种。十一届三中全会前，国务院就开始引进国外先进技术和先进设备并利用外资。建设上海宝山钢铁厂等重大项目的一个重要目的，就是引进和学习发达国家的先进技术和管理经验。此外，通过扩大贸易，充分利用两个市场、两种资源。

创建经济特区，是对外开放的一个战略措施。首先源自于建立蛇口工业区，然后，中央批准广东、福建两省实行特殊政策，在广东的深圳、珠海、汕头和福建的厦门试办出口特区。1980年3月，改名为具有更丰富内涵的“经济特区”。1983年，中央又决定对海南岛实行经济特区的优惠政策。1984年5月，开放沿海14个大中港口城市。1985年2月，将长江三角洲、珠江三角洲和闽南三角地区划为沿海经济开发区。

第五，中国特色社会主义理论开始形成。

改革开放的实践呼唤理论的创新。邓小平把“什么是社会主义、怎样建设社会主义”的问题鲜明地提到全党面前，领导党和人民在拨乱反正和改革开放的实践中，不断深化对社会主义的认识。

1982年9月，在党的十二大开幕词中，邓小平提出“建设有中国特色的社会主义”[①]的重要论断。

随着改革开放的发展，党和国家逐步形成了一整套建设有中国特色社会主义的路线、方针和政策。1987年的党的十三大，第一次使用了“建设有中国特色的社会主义理论”的概念，并首次概括了12个主要观点，标志着邓小平建设有中国特色社会主义理论的轮廓开始形成。

二、改革开放以建立社会主义市场经济为主线深入发展

从十三届四中全会到党的十六大，是改革开放以建立社会主义市场经济为主线深入发展的阶段。把握这一阶段改革开放的进程，需要注意以下几个要点：

第一，这一阶段改革开放的基本进程和阶段划分。

20世纪80年代末90年代初，国内出现“八九政治风波”，国际上东欧剧变，苏联解体。1989年6月23日，十三届四中全会在北京召开。江泽民临危受命，担任中央委员会总书记。

从十三届四中全会到党的十六大的13年，国际局势风云变幻，我国改革开放和现代化建设进程波澜壮阔。党和国家实行治理整顿，对内稳定局势，对外打破制裁；1992年邓小平南方谈话打开通途，党的十四大开始改革开放新阶段；1997年邓小平逝世，党的十五大召开，全党高举旗帜，

---

①《邓小平文选》第三卷，人民出版社1993年版，第3页。

开拓创新，战胜国际国内各种困难，创造众多业绩，书写华彩乐章。

这13年的历史可以分为三个阶段：1989年至1992年，1992年至1997年，1997年至2002年。1989年至1992年，邓小平作为改革开放的总设计师，对改革开放仍然发挥了重要的指导作用。特别是1992年的南方谈话，对推进改革开放的历史进程起了巨大的作用。这一阶段，既可以划在前一时期，也可以划在后一时期，主要看从什么角度来划分。

第二，邓小平南方谈话和党的十四大标志着改革开放进入新的阶段。

1992年初，邓小平视察武昌、深圳、珠海、上海等地并发表重要谈话，科学总结十一届三中全会以来的基本经验，深刻回答了困扰和束缚人们思想的一系列重大认识问题。1992年10月12日至18日，中国共产党第十四次全国代表大会在北京召开。大会作出三项具有深远意义的决策：其一，确立了邓小平建设有中国特色社会主义理论在全党的指导地位，并将其写入党章；其二，明确了我国经济体制改革的目标是建立社会主义市场经济体制；其三，要求全党抓住机遇，加快发展，集中精力把经济建设搞上去。

以邓小平南方谈话和党的十四大为标志，中国改革开放和现代化建设事业进入了新的发展阶段。邓小平的南方谈话，成为把改革开放和现代化建设推向新阶段的又一个解放思想、实事求是的宣言书。

第三，这一阶段改革开放是以建立社会主义市场经济体制为主线全面和深入展开的。

改革开放进程中遇到的一个突出问题，是如何处理计划与市场的关系。

从1979年开始，邓小平先后6次论述了市场经济问题。在1992年的南方谈话中，邓小平鲜明地指出："计划经济不等于社会主义，资本主义也有计划；市场经济不等于资本主义，社会主义也有市场。"[①] 邓小平的精辟论断对社会主义可不可以搞市场经济这个长期争论不已的问题，作了一个清楚、透彻的总回答。

---

①《邓小平文选》第三卷，人民出版社1993年版，第373页。

1992年6月9日，在中央党校省部级干部进修班的结业仪式上，江泽民发表重要讲话。对经济体制改革的目标问题，他提出了三种可供选择的方案：一是计划与市场相结合的社会主义商品经济体制；二是社会主义有计划的市场经济体制，三是社会主义的市场经济体制。他个人比较倾向于使用“社会主义市场经济体制”这个提法。这个意见得到了邓小平的肯定，经过征求各地的意见，也得到了全党广泛的赞同。1992年10月，党的十四大庄严宣告：中国经济体制改革的目标是建立社会主义市场经济体制。随后，十四届三中全会通过《中共中央关于建立社会主义市场经济体制若干问题的决定》，勾画了建立社会主义市场经济体制的蓝图和基本框架。

按照建立社会主义市场经济的目标和框架，党中央带领全国人民全面推进农村、国有企业、财政、税收、金融、外贸、外汇、投资、价格、社会保障、住房、科技、教育等各方面体制的改革。改革坚持从实际出发，整体推进，重点突破，循序渐进，注重制度建设和创新，努力使市场在国家宏观调控下对资源配置起基础性作用。

经过10多年的努力，终于顺利地突破了许多难关，初步建立了社会主义市场经济的框架。党的十六大评价：在社会主义条件下发展市场经济，是前无古人的伟大创举，是中国共产党人对马克思主义发展作出的历史性贡献，体现了我们党坚持理论创新、与时俱进的巨大勇气。由计划经济体制向社会主义市场经济体制的转变，实现了改革开放新的历史性突破，打开了我国经济、政治和文化发展的崭新局面。

第四，这一阶段对外开放的特点，是扩大开放，提高对外开放水平。

十一届三中全会后，开始了对外开放的进程。党的十四大之后，则迅速形成了全方位、多层次、宽领域的开放格局。

1990年，邓小平提出要把上海当作一张王牌抓起来。中央决定开发开放浦东，从而掀起了新一轮对外开放大潮，在全国范围内基本形成了“经济特区—沿海开放城市—沿海经济开发区—沿江和内陆开放城市—沿边开放城市”的全方位对外开放格局。到1993年，全国对外开放地带总面积达50万平方千米，包括339个县市，3.2亿人口。

1986年7月10日，我国正式提出恢复关贸总协定缔约国地位的申请。到2001年12月11日，终于正式加入世界贸易组织（WTO）。这一场世界罕见的马拉松进程，持续了整整15年零5个月。以此为标志，中国的对外开放进入了一个新的阶段。

第五，加强民主法制建设，推进党的建设新的伟大工程。

在经济体制改革的同时，稳步推进政治体制改革。改进人民代表大会制度。在多党合作与政治协商制度中增加了“参政议政”的职能和任务。加强基层民主建设。把依法治国作为治国方略，提出建设社会主义法治国家的目标。逐步建立社会主义的法律体系。

十四届四中全会提出党的建设新的伟大工程，对党的思想、政治、组织、作风建设作出全面部署。党

★ 图为庆祝中华人民共和国成立70周年大会群众游行中的“从严治党”方阵

的十五大第一次提出"共产党执政就是领导和支持人民掌握管理国家的权力，实行民主选举、民主决策、民主管理和民主监督，保证人民依法享有广泛的权利和自由，尊重和保障人权"①。党的十六大规范了通过"制定大政方针，提出立法建议，推荐重要干部，进行思想宣传，发挥党组织和党员的作用，坚持依法执政"②六种执政方式，实施党对国家和社会的领导。突出强调改革和完善党的领导方式和执政方式。要求按照总揽全局、协调各方的原则，规范党委与人大、政府、政协以及人民团体的关系。

第六，在改革开放实践基础上形成"三个代表"重要思想。

以江泽民同志为主要代表的中国共产党人，在改革开放进程中不断推进理论创新和实践创新，提出了"三个代表"重要思想，用一系列紧密联系、相互贯通的新思想、新观点、新论断，深化了我们对新的时代条件下推进中国特色社会主义事业和加强党的建设的规律的认识。

"三个代表"是三句话，又不仅仅是三句话。"三个代表"最初主要是三句话。但党的十六大后，"三个代表"重要思想已经是指十三年中以江泽民同志为主要代表的中国共产党人所有理论和实践创新的成果，是"系统的科学理论"。

三、改革开放沿着科学发展道路继续推进

党的十六大以后的10年间，是改革开放沿着科学发展道路继续推进的阶段。把握这一阶段改革开放的进程，需要注意以下几个要点：

第一，提出科学发展观，把深化改革开放与科学发展、促进和谐结合起来，是这一阶段改革开放最大的特点。

2003年，胡锦涛提出科学发展观的战略思想。2007年的党的十七大

---

① 中共中央文献研究室编:《十五大以来重要文献选编》(上)，人民出版社2000年版，第31页。

② 中共中央文献研究室编:《中共十三届四中全会以来历次全国代表大会中央全会重要文献选编》，中央文献出版社2002年版，第678页。

对科学发展观作了科学评价，同时进一步阐述了科学发展观的时代背景、实践基础、科学内涵、精神实质和根本要求。

以胡锦涛同志为主要代表的中国共产党人还提出了构建社会主义和谐社会的目标和任务。十六届六中全会作出《中共中央关于构建社会主义和谐社会若干重大问题的决定》，把中国特色社会主义事业总体布局由“三位一体”拓展为“四位一体”。

科学发展与构建和谐给深化改革提出了新的任务和要求。这一阶段改革开放的显著特点，是以科学发展观为指导方针，把科学发展、和谐发展、和平发展与深化改革、扩大开放结合起来，更加注重城乡、区域、经济社会协调发展，更加注重资源节约和环境保护，更加注重经济结构调整和自主创新，更加注重以人为本和改善民生，更加注重统筹国内国际两个大局。既适应科学发展、促进和谐的要求深化改革，又通过改革开放保障科学发展、促进和谐。

第二，这一阶段的改革开放，是围绕“完善”社会主义市场经济这个主线不断深化的。

1993 年，十四届三中全会通过的文件，题目是《中共中央关于建立社会主义市场经济体制若干问题的决定》。10 年后，2003 年的十六届三中全会，又通过了《中共中央关于完善社会主义市场经济体制若干问题的决定》。两个决定在标题上就差一个词：一个是“建立”，一个是“完善”。一词之差，浓缩了我国社会主义市场经济发展的历史进程，标志着我国的经济体制改革跨入了一个新的历史发展阶段。

在十三届四中全会与党的十六大期间，改革开放取得的最大成果，是基本搭起了社会主义市场经济的框架。这是一个了不起的成就。但“建立”还不等于“完善”。社会生活中的诸多问题，原因就在还不够“完善”上。不“完善”，就会有漏洞，就要进一步改革和完善。

所以，十六届三中全会通过的决定，明确了完善社会主义市场经济体制的目标、任务、指导思想和原则，对深化经济体制改革进行了全面部署。按照“完善”的要求，改革开放取得了新的进展：农村综合改革逐步深化，支农惠农政策不断加强。国有资产管理体制、国有企业改革取得重大进展。金融、财税、投资、价格、科技等领域改革取得新的成果。开放型经济进入新阶段。创新型国家建设进展良好。区域发展协调性增强。

第三，稳步推进政治和文化体制改革。

与经济体制改革相适应，政治和文化体制改革以及其他改革也在稳步推进。

坚持和完善人民代表大会制度，进一步发挥全国人大代表作用、加强全国人大常委会制度建设；加强立法工作，初步建立了中国特色社会主义法律体系。

坚持和完善中国共产党领导的多党合作和政治协商制度，制定进一步加强中国共产党领导的多党合作和政治协商制度的意见，加强同各民主党派、无党派人士的团结合作，坚持在重大决策前进行协商。

加强基层民主建设，保证人民依法实行民主选举、民主决策、民主管理、民主监督。加强和改进依法行政的各项工作；推进依法行政。

文化体制改革取得重要进展。国家对文化事业的投入达到历史最高水平。文化产业规模不断扩大。中国文化在世界的影响力进一步增强。

第四，以改革创新的精神推进党的建设新的伟大工程。

党的十六大突出地把执政问题放在重要位置上。2004 年 9 月的十六届四中全会，通过《中共中央关于加强党的执政能力建设的决定》，鲜明地提出了“科学执政、民主执政、依法执政”的要求。同时要求提高五大能力。

2005 年 1 月 14 日，胡锦涛第一次提出“加强党的先进性建设”的重要命题，随后把它作为党的建设的主线。从 2005 年 1 月到 2006 年 6 月，全党开展了以实践“三个代表”重要思想为主要内容的保持共产党员先进性教育活动。

党的各方面建设都作出了改革创新的努力。颁布了《深化干部人事制度改革纲要》，集中出台了《公开选拔党政领导干部工作暂行规定》，以及干部任期制、交流、回避、诫勉谈话、述职述廉等一系列法规文件。制定了《中国共产党党员权利保障条例》。建立了常委会向全委会负责、报告工作和接受监督的制度。扩大在市、县进行党的代表大会常任制的试点。

党的十七大后实行了党代会代表任期制。颁布《中国共产党党内监督条例（试行）》。提出标本兼治、综合治理、惩防并举、注重预防的反腐倡廉战略方针，作出建立健全教育、制度、监督并重的惩治和预防腐败体系的战略决策，拓展从源头上防治腐败工作领域。

第五，党的十七大深化了对改革开放的认识，作出了新的决策。

“坚持改革开放”，是党的十七大对全党提出的一项重要任务。党的十七大报告在对主题加以解释时，明确指出：改革开放是发展中国特色社会主义的强大动力。要认真总结改革开放的历史进程和宝贵经验，坚持十一届三中全会以来的理论和路线方针政策不动摇，在新的历史条件下继续推进改革开放和社会主义现代化事业。

党的十七大不仅肯定了改革开放的伟大成就，总结了 10 条宝贵的经验，而且对如何继续推进改革开放提出了一系列新的任务和要求，强调要提高改革决策的科学性，增强改革措施的协调性，建立和完善充满活力、富有效率、更加开放、有利于科学发展的体制机制。

四、新时代全面深化改革

党的十八大以来，以习近平同志为核心的党中央发出了“全面深化改革”的号令，并将全面深化改革作为“四个全面”战略布局的重要组成部分。

2012 年党的十八大统一提出了全面建成小康社会和全面深化改革开放的目标，强调必须以更大的政治勇气和智慧，不失时机深化重要领域改革。习近平总书记鲜明地指出，改革开放只有进行时，没有完成时。面对新形势新任务，我们必须通过全面深化改革，着力解决我国发展面临的一系列突出矛盾和问题，不断推进中国特色社会主义制度自我完善和发展。

2012 年 12 月 7 日至 11 日，习近平总书记在广东深圳、珠海、佛山、广州等地考察，要求增强改革的系统性、整体性、协同性，做到改革不停顿、开放不止步。

2013 年，十八届三中全会专题研究改革问题，作出《中共中央关于

★ 惟改革者进，惟创新者强，惟改革创新者胜。图为船舶在湖北省武汉市阳逻港区水域千帆竞发，百舸争流

全面深化改革若干重大问题的决定》，深刻阐明了全面深化改革的重大意义和未来走向，提出了全面深化改革的指导思想、目标任务、重大原则，描绘了全面深化改革的新蓝图、新愿景、新目标，对经济体制、政治体制、文化体制、社会体制、生态文明体制、国防和军队改革和党的建设制度改革作出部署，确定全面深化改革的总目标、战略重点、优先顺序、主攻方向、工作机制、推进方式和时间表、路线图。

《中共中央关于党的百年奋斗重大成就和历史经验的决议》把十八届三中全会与十一届三中全会相比较，作出一个新的重大论断：“党的十一届三中全会是划时代的，开启了改革开放和社会主义现代化建设新时期。党的十八届三中全会也是划时代的，实现改革由局部探索、破冰突围到系统集成、全面深化的转变，开创了我国改革开放新局面。”①

全面深化改革，就是要紧紧围绕使市场在资源配置中起决定性作用深化经济体制改革，紧紧围绕坚持党的领导、人民当家作主、依法治国有机统一深化政治体制改革，紧紧围绕建设社会主义核心价值体系、社会主义文化强国深化文化体制改革，紧紧围绕更好保障和改善民生、促进社会公平正义深化社会体制改革，紧紧围绕建设美丽中国深化生态文明体制改革，紧紧围绕提高科学执政、民主执政、依法执政水平深化党的建设制度改革。

为了更好地推进全面深化改革，以习近平同志为核心的党中央加强了对改革的顶层设计。2013 年 12 月 30 日，中央政治局会议决定成立中央全面深化改革领导小组。2014 年 1 月 22 日，领导小组召开第一次会议。习近平总书记强调要把握大局、审时度势、统筹兼顾、科学实施，坚定不移朝着全面深化改革目标前进。会议决定下设经济体制和生态文明体制改革、民主法制领域改革、文化体制改革、社会体制改革、党的建设制度改革、纪律检查体制改革 6 个专项小组。

2017 年的党的十九大，把“坚持全面深化改革”作为新时代坚持和发展中国特色社会主义基本方略的第三条，并对各方面改革作出了进一步部署。

在庆祝改革开放 40 周年大会上，习近平总书记总结党的十八大以来全面深化改革的进展和成绩，指出：我们以巨大的政治勇气和智慧，提出全面深化改革总目标是完善和发展中国特色社会主义制度、推进国家治理体系和治理能力现代化，着力增强改革系统性、整体性、协同性，着力抓好重大制度创新，着力提升人民群众获得感、幸福感、安全感，推出 1600 多项改革方案，啃下了不少硬骨头，闯过了不少急流险滩，改革呈现全面发力、多点突破、蹄疾步稳、纵深推进的局面。

“从以经济体制改革为主到全面深化经济、政治、文化、社会、生态文明体制和党的建设制度改革，党和国家机构改革、行政管理体制改革、依

---

①《中共中央关于党的百年奋斗重大成就和历史经验的决议》，人民出版社 2021 年版，第 37 页。

法治国体制改革、司法体制改革、外事体制改革、社会治理体制改革、生态环境督察体制改革、国家安全体制改革、国防和军队改革、党的领导和党的建设制度改革、纪检监察制度改革等一系列重大改革扎实推进，各项便民、惠民、利民举措持续实施，使改革开放成为当代中国最显著的特征、最壮丽的气象。”①

《中共中央关于党的百年奋斗重大成就和历史经验的决议》对党的十八大以来的改革作出的评价是：“党坚持改革正确方向，以促进社会公平正义、增进人民福祉为出发点和落脚点，突出问题导向，聚焦进一步解放思想、解放和发展社会生产力、解放和增强社会活力，加强顶层设计和整体谋划，增强改革的系统性、整体性、协同性，激发人民首创精神，推动重要领域和关键环节改革走实走深。党推动改革全面发力、多点突破、蹄疾步稳、纵深推进，从夯基垒台、立柱架梁到全面推进、积厚成势，再到系统集成、协同高效，各领域基础性制度框架基本确立，许多领域实现历史性变革、系统性重塑、整体性重构。”②

党的二十大进一步总结：我们以巨大的政治勇气全面深化改革，打响改革攻坚战，加强改革顶层设计，敢于突进深水区，敢于啃硬骨头，敢于涉险滩，敢于面对新矛盾新挑战，冲破思想观念束缚，突破利益固化藩篱，坚决破除各方面体制机制弊端，各领域基础性制度框架基本建立，许多领域实现历史性变革、系统性重塑、整体性重构，新一轮党和国家机构改革全面完成，中国特色社会主义制度更加成熟更加定型，国家治理体系和治理能力现代化水平明显提高。

五、改革开放是决定当代中国命运的关键抉择

40多年来，中国共产党以巨大的政治勇气，锐意推进经济体制、政

① 中共中央党史和文献研究院编：《十九大以来重要文献选编》（上），中央文献出版社2019年版，第724页。

②《中共中央关于党的百年奋斗重大成就和历史经验的决议》，人民出版社2021年版，第37—38页。

治体制、文化体制、社会体制、生态文明体制和党的建设制度的改革，同时不断扩大开放，走和平发展道路，实行互利共赢的开放战略。决心之大、变革之深、影响之广，前所未有。

改革开放是党在新的时代条件下带领人民进行的新的伟大革命，目的就是要解放和发展社会生产力，实现国家现代化，让中国人民富裕起来，振兴伟大的中华民族；就是要推动我国社会主义制度自我完善和发展，赋予社会主义新的生机活力，建设和发展中国特色社会主义；就是要在引领当代中国发展进步中加强和改进党的建设，保持和发展党的先进性，确保党始终走在时代前列。

40 多年来，从农村改革到城市改革，从经济体制改革到政治体制改革，从文化、科技、教育体制改革到社会生活各个方面的改革；从封闭半封闭状态到走向全方位、多层次、宽领域的对外开放；从改革传统计划经济体制到建立社会主义市场经济体制并逐步完善……极大地解放和发展了社会生产力。40 多年来，社会文明程度、国际地位显著提升。民主法治建设不断加强，社会主义法律体系初步形成；一大批重大科技成果先后涌现，各级各类教育迅速发展，免费义务教育全面实现；精神文明建设不断加强，文化体制改革取得重要进展，文化事业和文化产业日益繁荣；人们的思想极大解放，竞争意识、创新意识、效率意识不断增强。我国坚持独立自主的和平外交政策，各项外交工作积极开展，国际交流与合作广泛加强，在国际事务中发挥重要建设性作用。

新时期最鲜明的特点是改革开放，新时期最显著的成就是快速发展，新时期最突出的标志是与时俱进。40 多年春风化雨、春华秋实，改革开放极大改变了中国的面貌、中华民族的面貌、中国人民的面貌、中国共产党的面貌。今天，一个面向现代化、面向世界、面向未来的社会主义中国巍然屹立在世界东方。中国的发展，不仅使中国人民稳定地走上了富裕安康的广阔道路，而且为世界经济发展和人类文明进步作出了重大贡献。改革开放，使社会主义和马克思主义在中国大地上焕发出勃勃生机，给人民带来更多福祉，使中华民族大踏步赶上时代前进潮流、迎来伟大复兴的光明前景。

2018年12月18日，在庆祝改革开放40周年大会上，习近平总书记高度评价了改革开放的伟大意义，充分肯定了改革开放40年来取得的伟大成就，并用三个“伟大飞跃”概括了在新中国长期发展基础上改革开放的伟大历程和伟大成就。

习近平总书记首先从10个方面列举了改革开放40年来从开启新时期到跨入新世纪、从站上新起点到进入新时代的历程、举措和成就：

40年来，我们始终坚持解放思想、实事求是、与时俱进、求真务实，勇敢推进各方面创新，形成了中国特色社会主义道路、理论、制度、文化。

40年来，我们始终坚持以经济建设为中心，不断解放和发展社会生产力，国内生产总值由3679亿元增长到2017年的82.7万亿元，年均实际增长9.5%。现在，我国是世界第二大经济体、多个世界第一大国。

40年来，我们始终坚持中国特色社会主义政治发展道路，不断深化政治体制改革，发展社会主义民主政治，全面依法治国深入推进。

40年来，我们始终坚持发展社会主义先进文化，加强社会主义精神文明建设，培育和践行社会主义核心价值观，传承和弘扬中华优秀传统文化，国家文化软实力和中华文化影响力大幅提升。

40年来，我们始终坚持在发展中保障和改善民生，全国居民人均可支配收入由171元增加到2.6万元，谱写了人类反贫困史上的辉煌篇章。

40年来，我们始终坚持保护环境和节约资源，坚持推进生态文明建设，生态文明制度体系加快形成，生态环境治理明显加强。

40年来，我们始终坚持党对军队的绝对领导，不断推进国防和军队现代化，推进人民军队实现革命性重塑，武器装备取得历史性突破。

40年来，我们始终坚持推进祖国和平统一大业，实施“一国两制”基本方针，相继恢复对香港、澳门行使主权，坚持一个中国原则和“九二共识”，牢牢掌握两岸关系发展主导权和主动权。

40年来，我们始终坚持独立自主的和平外交政策，始终不渝走和平发展道路、奉行互利共赢的开放战略，推动构建人类命运共同体，促进全球治理体系变革，为世界和平与发展不断贡献中国智慧、中国方案、中国力量。

40年来，我们始终坚持加强和改善党的领导，积极应对在长期执政和改革开放条件下党面临的各种风险考验，持续推进党的建设新的伟大工程，保持党的先进性和纯洁性，保持党同人民群众的血肉联系。以零容忍态度严厉惩治腐败，反腐败斗争取得压倒性胜利。

最后，习近平总书记将40年的伟大成就归结起来，提出了新的更为宏大和集中的三个“伟大飞跃”：中华民族迎来了从站起来、富起来到强起来的伟大飞跃！中国特色社会主义迎来了从创立、发展到完善的伟大飞跃！中国人民迎来了从温饱不足到小康富裕的伟大飞跃！中华民族正以崭新姿态屹立于世界的东方！

40多年来的实践充分证明，改革开放是党和人民大踏步赶上时代的重要法宝，是坚持和发展中国特色社会主义的必由之路，是决定当代中国命运的关键一招，也是决定实现“两个一百年”奋斗目标、实现中华民族伟大复兴的关键一招。

《中共中央关于党的百年奋斗重大成就和历史经验的决议》重申：“中国共产党和中国人民以英勇顽强的奋斗向世界庄严宣告，改革开放是决定当代中国前途命运的关键一招，中国特色社会主义道路是指引中国发展繁荣的正确道路，中国大踏步赶上了时代。”①

党的二十大确定，未来5年目标任务之一，是改革开放迈出新步伐，国家治理体系和治理能力现代化深入推进，社会主义市场经济体制更加完善，更高水平开放型经济新体制基本形成。党的二十大强调，前进道路上，必须坚持深化改革开放。深入推进改革创新，坚定不移扩大开放，着力破解深层次体制机制障碍，不断彰显中国特色社会主义制度优势，不断增强社会主义现代化建设的动力和活力，把我国制度优势更好转化为国家治理效能。

---

①《中共中央关于党的百年奋斗重大成就和历史经验的决议》，人民出版社2021年版，第23页。

· 第二题 ·

社会主义市场经济的建立和完善

市场经济，是一种通过市场进行商品交换，并根据市场供求变化来调节、引导和决定资源配置的经济形式和运行机制。市场经济可以在不同的社会制度下存在，为不同的社会制度服务。从十一届三中全会开始的经济体制改革，实际上就是不断引进、发挥、强化和扩大市场机制作用的过程。当代中国所建立的市场经济，是同社会主义基本制度结合在一起的，是社会主义市场经济。

一、生存需要开闸个体经济

中国的社会主义市场经济，是从哪里开始的？实际上很简单，是从解决就业问题开始的。为解决就业问题，不得不容许个体经济存在。于是，市场经济也就在实际上出现和发展了。

所谓个体经济，是指在劳动者个人占有生产资料的基础上，从事个体劳动和个体经营的私有制经济。我国现阶段的个体经济，包括城镇个体户、农村专业户和兼营户。

个体经济具有规模小、工具简单、操作方便、经营灵活等特点。长期以来，我国不允许个体和私营经济存在，因此，也就不得不把所有人口就业的重担背在了政府自己身上。多年来，一直实行以固定工为主的“统包统配”的就业制度。然而，生活是实在的，事实是无情的。在不同时期，我们曾不得不面对几次很大规模的失业高峰，不得不采用各种办法解决大量的就业问题。

到20世纪70年代末，“文化大革命”结束，当年上山下乡的大批知识青年返回城镇，马上面临着就业安排问题；城镇大批人口进入就业年龄，也急需安置；还有“文化大革命”期间全国招收很多农民进城务工，使不少部门劳动力富余。这几大因素，造成了一次新的劳动力就业的严重困境。1979年，失业人数达到1538万人，失业率达5.9%。

无论讲何种道理、提何种口号，吃饭总是第一位的。光靠国营、集体经济不可能解决就业问题。因此，只能“八仙过海，各显神通”。

1978年，全国城乡个体户达到将近14万户。1979年，国务院批转全国工商局长会议的报告，允许一些有正式户口的闲散劳动力从事修理、服务等个体手工劳动，以解决一部分人的就业问题。

1980年8月，中共中央召开全国劳动就业工作会议，并下发《关于转发全国劳动就业会议文件的通知》，提出要改革劳动就业制度，摒弃“统包统配”方式，实际上把发展个体经济作为解决就业问题的一条重要渠道提了出来。到1981年，个体户迅速发展到182.9万户、227.4万人。

1981年7月，国务院发布《关于城镇非农业个体经济若干政策性规定》，明确制定了城镇非农业个体经济的经营项目、范围、国家鼓励支持的各种政策，经营者依法经营须遵守的各项政策及享有的权利等共18条内容。

1981年10月，中共中央、国务院作出《关于广开门路，搞活经济，解决城镇就业问题的若干决定》，提出今后必须着重开辟在集体经济和个体经济中的就业渠道。

1982年9月，党的十二大提出：“在农村和城市，都要鼓励劳动者个体经济在国家规定的范围内和工商行政管理下适当发展。”

同年，五届全国人大五次会议通过的《中华人民共和国宪法》第十一条规定：在法律规定范围内的城乡劳动者个体经济，是社会主义公有制经济的补充。国家保护个体经济的合法的权利和利益。这一规定意味着首先正式承认了个体经济的合法地位，从而使个体户进入高速发展的状态。

1983年4月，国务院发布了《〈关于城镇非农业个体经济若干政策性规定〉的补充规定》，1984 年 2 月又发布了《关于农村个体工商业的若干规定》等文件。

1987 年颁布的《城乡个体工商户管理暂行条例》，规定了个体工商户的经营范围。

随着农村改革的发展，亿万农民从土地上解放出来。他们不愿意终身被锁在自家宅院的一方小天地内，希望寻求更好的工作、更好的生活。于是，凭借一技之长，跨县出省，走向全国，修鞋、弹棉花、开发廊、做服装、配眼镜，称为城乡个体劳动者。浙江农民形成号称“二百万”的“浙军”，随之，又有“川军”出川，“湘军”离湘。

随着以城市为重点的经济体制改革的全面展开，劳动就业制度更加灵活。有人辞职，有人下岗。每个人都希望寻求更好的工作岗位和生存环境。其中，很多人开始自主创业。

特别是 20 世纪 90 年代开始建立社会主义市场经济之后，党政机关、国有企业中大量人员辞职下岗，进一步提升了个体经济的质量和水平。

1999 年 3 月通过的《中华人民共和国宪法修正案》，把个体经济的地位提高到了新的高度。

党的十六大强调：“个体、私营等各种形式的非公有制经济是社会主义市场经济的重要组成部分，对充分调动社会各方面的积极性、加快生产力发展具有重要作用。”①

2011 年 4 月 16 日，国务院颁布的新《个体工商户条例》，进一步放宽了对个体工商户经营主体、经营范围、经营规模等方面的限制。

从限制发展到允许存在，从补充地位上升到重要组成部分，个体经济发展之路，折射出改革开放以来，党和政府对个体私营等非公有制经济的政策变迁。

40 多年来，个体经济总体上数量稳定增长，经营规模持续扩大，对经济社会贡献不断增强，发展环境逐步宽松。到如今，个体经济已成为中

① 中共中央文献研究室编：《十六大以来重要文献选编》（上），中央文献出版社 2005 年版，第 19 页。

国经济不可缺少的重要部分。

二、自主创业兴起民营经济

民营经济是具有中国特色的一种经济概念和经济形式。改革开放前，民营经济基本消失，长期没有民营经济的概念。改革开放后，民营经济得以出现和发展，成为中国经济高速发展的生力军和社会主义市场经济的组成部分。

我国现行宪法和法律中，并没有明确使用“民营经济”一词。现行法律或者政策是依据生产资料所有制性质划分经济类型的，比如国有经济、集体经济、个体私营经济、外资经济等。在提及民营经济的时候，法律文件一般用非公有制经济概念加以表述。

但在现实生活中，民营经济的概念使用比较广泛。这一概念不是从所有制，而是从经营主体的角度来界定的。在某种程度上有意回避了敏感的所有制问题。

一般来说，民营经济是指除了国有和国有控股企业、集体经济、外商和港澳台商独资及其控股企业以外的多种所有制经济，包括国有民营经济、个体经济、私营经济、混合所有民营经济、民营科技企业、农民专业合作社等类型，其中私营企业和个体工商户占据了绝大部分。因为没有法定的界定，所以其定义和范围一直有不同意见。

民营企业多数为自筹资金、自由组合的经济实体，无论是个人投资、合伙投资，还是外商投资以及集体筹资创办的企业，其产权关系和利益关系都比较明确。民营企业都是“自主经营、自负盈亏、自我约束、自我发展”的实体，能够在市场竞争中自主决策，不断开发新产品，开拓新市场，适应能力比较强。

私营经济是民营经济中的主要类型。所谓私营经济，是指以生产资料私有和雇工劳动为基础，并以营利为目的和按资分配为主的一种经济类型。在社会主义条件下，它同占优势的公有制经济相联系，并受公有制经济的巨大影响，发挥着特殊的作用。

私营经济的出现是个体经济发展的必然趋势和必然结果。

1956年以后，中国曾在很长时期内不允许私营经济存在，这在一定程度上束缚了社会生产力和社会主义商品经济的发展。

改革开放之后，个体经济发展起来，随之必然引出了私营经济。有些劳动，比如修鞋、修自行车，一个人是可以干的，但还有大量经营活动，比如开饭店，办作坊，仅有一个人、一个家庭怎么可能？于是，生活给理论出了一道尖锐的问题：怎样看待雇工问题？能否承认雇工大户的合法地位？

1981年，国务院公布《关于城镇非农业个体经济若干政策性规定》，提出：个体经济"一般是一人经营或家庭经营；必要时，经过工商行政管理部门批准，可以请一至两个帮手；技术性较强或者有特殊技艺的，可以带两三个最多不超过五个学徒"。

这项政策虽然有限制性规定，但不仅肯定了个体经济的合法存在，而且实际上为雇工开了一条门缝。

党内外很多人认为雇工就是资本主义，因此，经邓小平提出，中央政治局讨论并通过了对私营企业采取"看一看"的方针。1983年12月，邓小平对雇工问题批示："雇工政策还可以再看几年，即使出一点问题也不可怕。"①

生活自身的逻辑是任何死背教条的口号都难以阻挡的。无论是农村，还是城市，无论是国有经济，还是个体经济，伴随着改革和发展，雇工现象都不可阻挡地发展起来。

1987年，党的十三大第一次公开明确承认私营经济的合法存在，并提出党对私营经济的基本政策是鼓励、保护、引导、监督和管理。

根据党的十三大的建议，1988年4月12日，七届全国人大一次会议通过《中华人民共和国宪法修正案》，规定："国家允许私营经济在法律规定的范围内存在和发展。私营经济是社会主义公有制经济的补充。国家保护私营经济的合法的权利和利益，对私营经济实行引导、监督和管理。"

---

① 中共中央文献研究室编：《邓小平年谱（1975—1997）》下卷，中央文献出版社2004年版，第952页。

1988年6月，国务院发布《中华人民共和国私营企业暂行条例》。该条例确定私营经济是社会主义公有制经济的补充，宣布国家保护私营企业的合法权益。

2015年，十八届五中全会并列使用了“民营企业”“非公有制经济”两个概念，指出：要“鼓励民营企业依法进入更多领域，引入非国有资本参与国有企业改革，更好激发非公有制经济活力和创造力”。

2018年11月1日，习近平总书记主持召开民营企业座谈会。会议的名称没有用私营经济、个体经济，也没有使用非公有制经济，而是明确使用了“民营经济”。

习近平总书记亲自列举了民营经济的发展和贡献，指出，40年来，我国民营经济从小到大、从弱到强，不断发展壮大。截至2017年底，我国民营企业数量超过2700万家，个体工商户超过6500万户，注册资本超过165万亿元。概括起来说，民营经济具有“五六七八九”的特征，即贡献了50%以上的税收，60%以上的国内生产总值，70%以上的技术创新成果，80%以上的城镇劳动就业，90%以上的企业数量。在世界500强企业中，我国民营企业由2010年的1家增加到2018年的28家。

习近平总书记指出，我国民营经济已经成为推动我国发展不可或缺的力量，成为创业就业的主要领域、技术创新的重要主体、国家税收的重要来源，为我国社会主义市场经济发展、政府职能转变、农村富余劳动力转移、国际市场开拓等发挥了重要作用。我国经济发展能够创造中国奇迹，民营经济功不可没！

针对人们的种种疑虑，习近平总书记明确强调，支持民营企业发展，是党中央的一贯方针，这一点丝毫不会动摇。民营经济是我国经济制度的内在要素，民营企业和民营企业家是我们自己人。民营经济是社会主义市场经济发展的重要成果，是推动社会主义市场经济发展的重要力量，是推进供给侧结构性改革、推动高质量发展、建设现代化经济体系的重要主体，也是我们党长期执政、团结带领全国人民实现“两个一百年”奋斗目标和中华民族伟大复兴中国梦的重要力量。在全面建成小康社会，进而全面建设社会主义现代化国家的新征程中，我国民营经济只能壮大、不能弱化，不仅不能"离场"，而且要走向更加广阔的舞台。

党的二十大针对现实生活中的一些问题，明确要求："优化民营企业发展环境，依法保护民营企业产权和企业家权益，促进民营经济发展壮大。"

2023年7月，中共中央、国务院发布了《关于促进民营经济发展壮大的意见》。随后，相关部门陆续出台了一系列配套政策举措，形成了"1+N"政策体系。

三、国有企业改革增强动力活力

国有企业，原称国营企业，也叫全民所有制企业，是指国家对其资本拥有所有权或者控制权的企业。国有企业是国民经济发展的中坚力量，是中国特色社会主义的支柱。国有企业改革是中国经济体制改革的中心环节。

十一届三中全会之后，国营企业改革作为经济体制改革的首要和主要的内容迅速展开。1993年3月29日，八届全国人大一次会议通过宪法修正案，将"国营经济"改为"国有经济"。国营企业对应更名为国有企业。

这一改名，本身就是改革开放的内容和成果之一。所有权与经营权实行了分离。国家只是所有者，而不是直接经营者。这种经济及其企业，只能称国有而不能称国营了。

十一届三中全会以后，国企改革逐步展开，并在40多年的历程中不断推进，不断深化，取得了重大的成就。这40多年如何划分阶段？标准不一致，时间也不一致。为了有助于掌握全貌，这里大致分为四个阶段。

第一阶段，从1978年到1984年，是以放权让利为特征的扩大企业自主权的阶段。

十一届三中全会提出，要让企业有更多的经营管理自主权。按照这一方向，企业改革的内容是扩大企业自主权、实行两步"利改税"和承包经营责任制。先后在国营企业推进了扩大企业经营自主权、利润递增包干和承包经营责任制的试点，扩权、减税、让利，调整国家与企业的责权利关系，明确企业的利益主体地位，调动企业和职工的生产经营积极性，增强了企业活力，为企业进入市场奠定了初步基础。

第二阶段，从 1984 年到 1992 年，是以两权分离为特征的转换经营机制的阶段。

1984 年 5 月，国务院发出《关于进一步扩大国营工业企业自主权的暂行规定》，适当扩大了国营工业企业在生产经营计划等 10 个方面的自主权。1986 年 12 月，国务院作出《关于深化企业改革增强企业活力的若干规定》，提出全民所有制小型企业可积极试行租赁、承包经营，大中型企业要实行多种形式的经营责任制，各地可以选择少数有条件的大中型企业进行股份制试点。

从 1987 年到 1991 年，国营企业普遍推行以“包死基数、确保上交、超收多留、歉收自补”为主要内容的承包经营责任制，打破了大锅饭。企业改革的基本思路从以放权让利、利改税转向政企职责分开、所有权与经营权适当分离。国家颁布企业法，进一步落实企业的经营自主权。全国 93% 的全民所有制企业实行了承包经营责任制，对一些小型企业实行租赁经营，并开始了股份制改革试点。

1992 年 7 月颁布的《全民所有制工业企业转换经营机制条例》，给予企业 14 项自主权，以使企业成为“自主经营、自负盈亏、自我发展、自我约束”的商品生产经营者。

第三阶段，从 1993 年到 2002 年，是以建立现代企业制度和实施战略性改组为特征的阶段。

1993 年，十四届三中全会通过的《中共中央关于建立社会主义市场经济体制若干问题的决定》，明确提出国有企业改革的方向是建立“产权清晰、权责明确、政企分开、管理科学”的现代企业制度，使企业真正成为市场主体。所以，1992 年以后，国有企业改革进入转换企业经营机制、建立现代企业制度的阶段。

1993 年 12 月公布的《中华人民共和国公司法》，把公司制作为现代企业制度的基本形式。1994 年，国家经贸委推出在全国实施“万千百十、转机建制”的规划，现代企业制度建设全面展开。

1999 年 9 月，十五届四中全会通过《中共中央关于国有企业改革和

★ 1979 年以来，以增强企业活力为中心的改革和国企改革逐步推进。图为西南铝业集团精整车间一角　中新图片

发展若干重大问题的决定》，确定了到 2010 年国有企业改革和发展的主要目标和必须坚持的指导方针。指出，建立现代企业制度，是国有企业改革的方向，是公有制与市场经济相结合的有效途径。到 2010 年，要基本完成国有企业战略性调整和改组，形成比较合理的国有经济布局和结构，建立比较完善的现代企业制度，使国有经济在国民经济中更好地发挥主导作用。

第四阶段，从 2003 年到 2012 年，是按照社会主义市场经济要求，不断完善现代企业制度的阶段。

2002 年，党的十六大提出深化国有资产管理体制改革的重大任务，要求继续调整国有经济的布局和结构，探索公有制特别是国有制的多种有效实现形式。国家要制定法律法规，建立中央政府和地方政府分别代表国家履行出资人职责，享有所有者权益，权利、义务和责任相统一，管资产和管人、管事相结合的国有资产管理体制。

2007年的党的十七大进一步要求，深化国有企业公司制股份制改革，健全现代企业制度，优化国有经济布局和结构，增强国有经济活力、控制力、影响力；深化垄断行业改革，引入竞争机制，加强政府监管和社会监督；加快建设国有资本经营预算制度。完善各类国有资产管理体制和制度。

随着改革的深入，国有经济布局和结构调整力度加大，大多数国有企业进行了公司制改革，企业改制和产权转让逐步规范，国有资本有序退出加快，国有企业管理体制和经营机制发生深刻变化。国有企业经济效益和运行质量显著提高，国有经济总量进一步增加，国有企业竞争能力进一步增强，对国家的经济和社会发展作出了重大贡献。

第五阶段，2012年党的十八大之后，国有企业改革也进入新时代。

2012年党的十八大后，中国特色社会主义进入了新时代。党的十八大报告指出："要毫不动摇巩固和发展公有制经济，推行公有制多种实现形式，深化国有企业改革，完善各类国有资产管理体制，推动国有资本更多投向关系国家安全和国民经济命脉的重要行业和关键领域，不断增强国有经济活力、控制力、影响力。"

2015年7月中旬，习近平总书记在吉林省考察调研期间提出："推进国有企业改革，要有利于国有资本保值增值，有利于提高国有经济竞争力，有利于放大国有资本功能"，第一次为国企改革确立了价值判断标准。

2015年8月，中共中央、国务院印发《关于深化国有企业改革的指导意见》，全面提出新时期国有企业改革的目标任务和重大举措。要求到2020年，在国企改革重要领域和关键环节取得决定性成果，形成更加符合我国基本经济制度和社会主义市场经济发展要求的国有资产管理体制、现代企业制度、市场化经营机制。

该指导意见明确将国有企业分为公益类和商业类两类，要求实行分类改革、分类发展、分类监管、分类定责、分类考核，推动国有企业同市场经济深入融合，促进国有企业经济效益和社会效益有机统一。

2019年的政府工作报告要求，加快国资国企改革。加强和完善国有资产监管，推进国有资本投资、运营公司改革试点，促进国有资产保值增值。积极稳妥推进混合所有制改革。完善公司治理结构，健全市场化经营机制，建立职业经理人等制度。依法处置“僵尸企业”。深化电力、油气、铁路等领域改革，自然垄断行业要根据不同行业特点实行网运分开，将竞争性业务全面推向市场。国有企业要通过改革创新、强身健体，不断增强发展活力和核心竞争力。

国有企业改革给国有企业发展带来了翻天覆地的变化。现在，我国发展形成了一批具有较强竞争力的国有大公司、大集团，放开搞活了一批国有中小企业，国有经济的整体素质和竞争力进一步增强。

到 2019 年，全国的国有企业营业收入达到 62.55 万亿元，利润达到了 3.6 万亿元。其中中央企业的营业收入是 35.9 万亿元，实现利润达到 2.27 万亿元。通过持续不断的改革，国有企业经济效益和运行质量显著提高，国有经济总量进一步增加，国有企业竞争能力进一步增强，对国家的经济和社会发展作出了重大贡献。

2020 年的政府工作报告要求，提升国资国企改革成效。实施国企改革三年行动。健全现代企业制度，完善国资监管体制，深化混合所有制改革。基本完成剥离办社会职能和解决历史遗留问题。国企要聚焦主责主业，健全市场化经营机制，提高核心竞争力。

《国民经济和社会发展第十四个五年规划和 2035 年远景目标纲要》要求，毫不动摇巩固和发展公有制经济，毫不动摇鼓励、支持、引导非公有制经济发展，培育更有活力、创造力和竞争力的市场主体。加快国有经济布局优化和结构调整，增强国有经济竞争力、创新力、控制力、影响力、抗风险能力，做强做优做大国有资本和国有企业；推动国有企业完善中国特色现代企业制度，加快建立权责法定、权责透明、协调运转、有效制衡的公司治理机制，深化国有企业混合所有制改革，深度转换经营机制；健全管资本为主的国有资产监管体制，优化管资本方式，全面实行清单管理，深入开展分类授权放权，注重通过法人治理结构履职，加强事中事后监管。

党的二十大要求：“深化国资国企改革，加快国有经济布局优化和结构调整，推动国有资本和国有企业做强做优做大，提升企业核心竞争力。”

同时还要求："完善中国特色现代企业制度，弘扬企业家精神，加快建设世界一流企业。"

四、建立和完善社会主义市场经济体制

长期以来，无论是马克思列宁主义的基本理论，还是世界各国的通常观念；无论是资本主义国家，还是社会主义国家，都认为市场经济是资本主义的专利，社会主义与市场经济是不相容的。

家庭联产承包责任制的推行，乡镇企业的异军突起，农村富余劳动力的转移，加速了农村经济市场化的进程，形成了在一定范围内运转的市场机制。此后开始的城市经济体制改革，促进了商品、劳动力、资金、技术、信息在城乡市场的广泛流动，初步显示出市场的作用和活力。特别是以市场调节为主的特区经济蓬勃发展，对外开放由沿海向内地扩展，有力地推动了我国经济与国际市场的接轨。

所有这一切变革，都把一个突出的问题日益尖锐地摆在无数老百姓的面前，更摆在党和国家的面前：如何处理计划与市场的关系？经济体制改革的目标是什么？

1978 年年底和 1979 年年初，当改革的春潮正在涌动之时，中国经济界有人提出了"市场经济"的概念。在改革开放的进程中，党和国家不断思考和回答着这一问题。

党的十二大提出计划经济为主、市场调节为辅。

1984 年 10 月，十二届三中全会通过的《中共中央关于经济体制改革的决定》，明确提出"社会主义经济是在公有制基础上的有计划的商品经济"。这个论断虽然没有出现"市场经济"，但比起传统的"计划经济"，已经进了一大步。

十二届三中全会之后，党中央、国务院先后作出了商业、外贸、财政、金融、税收、价格等方面改革的方案。中国进入了城市、农村以及科技、教育、政治全面改革的新阶段。

党的十三大指出，社会主义有计划商品经济的体制应该是计划与市场

内在统一的体制，提出了“国家调节市场，市场引导企业”的间接调控方式。

十三届四中全会后，提出建立适应有计划商品经济发展的计划经济与市场调节相结合的经济体制和运行机制。

当大多数人还视“市场经济”为洪水猛兽的时候，邓小平这位改革开放的总设计师，从1979年开始，先后6次论述了市场经济问题。

在1992年的南方谈话中，他再一次鲜明地指出：“计划经济不等于社会主义，资本主义也有计划；市场经济不等于资本主义，社会主义也有市场。”①

至此，邓小平对社会主义可不可以搞市场经济这个长期争论不已的问题，作了一个清楚、透彻的总回答。

1992年6月9日，江泽民在中央党校省部级干部进修班上提出经济体制改革的目标可以有三种选择：“我个人的看法，比较倾向于使用‘社会主义市场经济体制’这个提法。”

当年10月召开的党的十四大，作出了三项决策之一，就是明确我国经济体制改革的目标是建立社会主义市场经济体制。

1993年11月，十四届三中全会审议通过《中共中央关于建立社会主义市场经济体制若干问题的决定》，将党的十四大提出的经济体制改革的目标和原则具体化，明确了建立社会主义市场经济体制的基本任务和要求，勾画了总体规划和基本框架。

党的十四大之后，中国的经济体制改革由侧重于突破旧体制转向侧重于建立新体制，由政策调整转向制度创新，由单项改革转向综合配套改革，由重点突破转向整体推进与重点突破相结合。

到21世纪初，我国初步建立起社会主义市场经济体制。2003年的十六届三中全会通过《中共中央关于完善社会主义市场经济体制若干问题的决定》。此后，围绕着“完善”做文章，经济体制改革不断深化，社会主义市场经济体制进一步发展和完善起来。

---

①《邓小平文选》第三卷，人民出版社1993年版，第373页。

通过改革开放，市场的分量越来越重，也越来越发挥着更大的作用。

党的十五大提出“使市场在国家宏观调控下对资源配置起基础性作用”。党的十六大提出“在更大程度上发挥市场在资源配置中的基础性作用”。党的十七大提出“从制度上更好发挥市场在资源配置中的基础性作用”。党的十八大提出“更大程度更广范围发挥市场在资源配置中的基础性作用”。到十八届三中全会通过的《中共中央关于全面深化改革若干重大问题的决定》，则更进一步把市场在资源配置中的“基础性作用”改变为“决定性作用”。同时，后面仍强调，要“更好发挥政府作用”。

党的十八大以来，习近平总书记在关于全面深化改革、“坚持社会主义市场经济改革方向”方面，提出了一系列重要思想、重要论断和重要举措，为全面深化经济体制改革指明了正确方向。

习近平总书记强调，“使市场在资源配置中起决定性作用和更好发挥政府作用，二者是有机统一的，不是相互否定的，不能把二者割裂开来、对立起来”，而是要“学会正确运用‘看不见的手’和‘看得见的手’”[①]。

党的十八大以来，党和国家紧紧围绕使市场在资源配置中起决定性作用深化经济体制改革，坚持和完善基本经济制度，加快完善现代市场体系、宏观调控体系、开放型经济体系，加快转变经济发展方式，加快建设创新型国家，推动经济更有效率、更加公平、更可持续发展，取得了新的成就。

为了发挥市场对于资源配置的决定性作用，从 2013 到 2018 年的 5 年中，国务院部门行政审批事项削减 44%，非行政许可审批彻底终结，中央政府层面核准的企业投资项目减少 90%，行政审批中介服务事项压减 74%，职业资格许可和认定大幅减少。中央政府定价项目缩减 80%，地方政府定价项目缩减 50% 以上。这些措施，有助于把可以由市场解决的问题交给市场，增强各类市场主体的活力。

从无到有，从构想到建立，从建立到完善，党和国家全面推进农村、国有企业、财政、税收、金融、外贸、外汇、投资、价格、社会保障、住

①《习近平谈治国理政》，外文出版社 2014 年版，第 117、118 页。

房、科技、教育等各方面体制的改革，培育和发展社会主义市场经济体系，健全和完善国家的宏观调控体系，加强市场经济的法律制度建设，从而实现了建立社会主义市场经济的大步跨越，成为中国经济体制改革的最大成果。综览古今中外，堪称前无古人的伟大创举。

2020 年 3 月 30 日，中共中央、国务院印发《关于构建更加完善的要素市场化配置体制机制的意见》。5 月 11 日，中共中央、国务院印发《关于新时代加快完善社会主义市场经济体制的意见》。2021 年 1 月 21 日，中共中央办公厅、国务院办公厅印发《建设高标准市场体系行动方案》。

2021 年 4 月 14 日，国务院常务会议通过《中华人民共和国市场主体登记管理条例》。7 月 27 日，国务院公布《中华人民共和国市场主体登记管理条例》。党的十八大以来，通过推进商事制度等改革，中国的市场主体不断培育壮大，登记在册的市场主体总数由 2012 年的近 5500 万户增加到 2021 年 4 月份的 1.43 亿户，增长了 1.6 倍。

十九届五中全会通过的《中共中央关于制定国民经济和社会发展第十四个五年规划和二〇三五年远景目标的建议》，要求全面深化改革、构建高水平社会主义市场经济体制，坚持和完善社会主义基本经济制度，充分发挥市场在资源配置中的决定性作用，更好发挥政府作用，推动有效市场和有为政府更好结合。激发各类市场主体活力，完善宏观经济治理，建立现代财税金融体制，建设高标准市场体系，加快转变政府职能。

2022 年 3 月 25 日，中共中央、国务院印发《关于加快建设全国统一大市场的意见》，提出加快建设高效规范、公平竞争、充分开放的全国统一大市场，全面推动我国市场由大到强转变。

党的二十大要求构建高水平社会主义市场经济体制。充分发挥市场在资源配置中的决定性作用，更好发挥政府作用。构建全国统一大市场，深化要素市场化改革，建设高标准市场体系。完善产权保护、市场准入、公平竞争、社会信用等市场经济基础制度，优化营商环境。党的二十大修改后的党章，还第一次把社会主义市场经济体制列入了“基本经济制度”的范围。

五、公有制为主体、多种所有制经济共同发展

在当代中国，多种所有制的并存和紧密合作，构成一幅万马奔腾的景象：

公有制是领头的红马，并构成整个队伍的主体，引领着中国经济向前奔腾。而其他各种经济成分，如同各种不同颜色的骏马，也占有一定的地位，发挥着应有的作用，共同奔腾前进。

在这万马奔腾的队伍中，并不一定每一个局部都要是红马占多数。红马的作用，关键是起控制和引导作用，领着队伍向一个正确的方向奔驰。无论红马还是黑马，在竞赛中都是平等的，都要在市场经济的奔腾前进中较量、竞争，而不能游离于这种竞争。

这种万马奔腾的局面，是改革开放造就的，而且已成为中国的基本经济制度。

基本经济制度是国家依据社会性质及基本国情，通过法律对社会经济秩序中生产资料归谁所有作出明确规定的经济制度，是社会经济在生产关系中最基本的规定，即所有制。

中国现处于并将长期处于社会主义初级阶段，因而以公有制为主体、多种所有制经济共同发展是我国现阶段的基本经济制度。

在改革开放的进程中，以国有企业和农村集体经济为代表的公有制经济不断发展，其实现形式日益多样化。同时，其他非公有制经济也迅速发展，发挥了重要作用。各种所有制经济日益呈现和发展，如何认识和处理不同所有制经济的关系，便成为一个迫切需要解决的重大理论和实践问题。

1978 年，十一届三中全会提出，要根据我国社会主义建设的具体实际，改革同生产力发展不相适应的生产关系和上层建筑。1993 年，十四届三中全会进一步指出，必须坚持以公有制为主体、多种经济成分共同发展的方针。

1997 年，党的十五大把公有制为主体、多种所有制经济共同发展，

★ 国有企业是我国公有制经济主体的主要代表。图为山东省青岛市大型国有企业港口繁忙的景象　中新图片 / 俞方平

确定为我国社会主义初级阶段的一项基本经济制度，并且指出，公有制经济不仅包括国有经济和集体经济，还包括混合所有制经济中的国有成分和集体成分。公有制实现形式可以而且应当多样化，非公有制经济是我国社会主义市场经济的重要组成部分。

2002 年，党的十六大强调要坚持和完善这一基本经济制度，同时，提出了两个“毫不动摇”、一个“统一”，即“必须毫不动摇地巩固和发展公有制经济”，“必须毫不动摇地鼓励、支持和引导非公有制经济发展”“坚持公有制为主体，促进非公有制经济发展，统一于社会主义现代化建设的进程中，不能把这两者对立起来。各种所有制经济完全可以在市场竞争中发挥各自优势，相互促进，共同发展”。

此后，党的十七大、十八大以及有关中央全会，都强调要坚持和完善这一基本经济制度。

2017 年，党的十九大进一步把“坚持和完善我国社会主义基本经济制度和分配制度，毫不动摇巩固和发展公有制经济，毫不动摇鼓励、支持、引导非公有制经济发展”列为新时代坚持和发展中国特色社会主义基本方略的重要内容。

以公有制为主体、多种所有制经济共同发展的基本经济制度，是中国特色社会主义制度的重要支柱，也是社会主义市场经济体制的根基。通过确立和实行这一基本制度，逐步消除了所有制结构不合理造成的羁绊，进一步解放和发展了我国的社会生产力，不仅保证了社会主义市场经济体制的建立和运转，而且推动了国民经济持续快速健康地发展。

实践证明，公有制经济和非公有制经济都是我国经济社会发展的重要基础，都是全面建成小康社会的重要力量。二者取长补短、相互促进、互利共赢、共同发展，有利于促进产业结构优化升级，推动我国产业迈向中高端水平；有利于更好实施创新驱动发展战略和制造强国战略，发挥国有企业的骨干和表率作用，促进科技型中小微企业健康发展；有利于推进大众创业、万众创新，实现创新支持创业、创业带动就业、就业增加收入的良性互动发展；有利于实施“走出去”战略，推进“一带一路”建设，促进国际产能合作，提高我国国际竞争力和话语权。

全面建成小康社会和全面深化改革的重要目标，是到2020年“形成系统完备、科学规范、运行有效的制度体系，使各方面制度更加成熟更加定型”。基本经济制度是中国特色社会主义制度体系的重要支柱，因此，一定要坚持和完善基本经济制度，既不能走封闭僵化的老路，回头去搞“纯而又纯”，更不能走改旗易帜的邪路，搞什么私有化。既要全面深化国有企业改革，破除一切不利于科学发展的体制机制弊端，使国有企业全方位融入市场经济，又要营造公平竞争、促进企业健康发展的市场环境和制度环境，实现多种所有制经济共同发展。

《中共中央关于制定国民经济和社会发展第十四个五年规划和二〇三五年远景目标的建议》要求，毫不动摇巩固和发展公有制经济，毫不动摇鼓励、支持、引导非公有制经济发展。深化国资国企改革，做强做优做大国有资本和国有企业。加快国有经济布局优化和结构调整，发挥国有经济战略支撑作用。加快完善中国特色现代企业制度，深化国有企业混合所有制改革。健全管资本为主的国有资产监管体制，深化国有资本投资、运营公司改革。推进能源、铁路、电信、公用事业等行业竞争性环节市场化改革。同时，优化民营经济发展环境，构建亲清政商关系，促进非公有制经济健康发展和非公有制经济人士健康成长，依法平等保护民营企业产权和企业家权益，破除制约民营企业发展的各种壁垒，完善促进中小微企业和个体工商户发展的法律环境和政策体系。弘扬企业家精神，加快建设世界一流企业。

《中共中央关于党的百年奋斗重大成就和历史经验的决议》指出，新时代，党毫不动摇巩固和发展公有制经济，毫不动摇鼓励、支持、引导非公有制经济发展，支持国有资本和国有企业做强做优做大，建立中国特色现代企业制度，增强国有经济竞争力、创新力、控制力、影响力、抗风险能力；构建亲清政商关系，促进非公有制经济健康发展和非公有制经济人士健康成长。

六、按劳分配为主体、多种分配方式并存的分配制度

分配制度，是劳动产品在社会主体中如何分割、配给制度的总称。有按劳分配、按资分配、按需分配以及多种分配方式并存等多种分配制度。

《中华人民共和国宪法》规定，“国家在社会主义初级阶段”，“坚持按劳分配为主体、多种分配方式并存的分配制度”。

长期以来，我国的分配制度，名义上是按劳分配。但在现实中，劳动的计算是一个非常复杂的问题，很难简明和科学地确定。因此，实际上，新中国成立初期实行过供给制，人民公社时一度实行过“军事共产主义”。改革开放前，在农村主要实行“工分制”，在城市主要实行以等级工资为基础的固定工资制。这类制度都带有平均主义的色彩，很难说就是按劳分配。它们大都根据人的资历确定分配标准，并没有完全考虑人的实际劳动成果和贡献。尤其对于脑力劳动、智力劳动、创造性劳动，没有给予应得的报酬，对知识分子的地位和作用，没有给予应有的肯定。这种不合理的分配方式，造成了“吃大锅饭”的平均主义分配格局，严重阻碍了经济社会的发展和进步。

所以，在改革开放的进程中，分配制度也发生了重大的变化。随着多种所有制经济的出现，市场主体日益多元化，如何分配成为这些主体自己的事，国家只能依法规范而不可能直接进行初次分配。对传统的统一实行国家规定分配制度的主体，为了激发活力，也不能不进行改革，努力消除平均主义色彩，设法调动人的积极性。因此，在社会生活中，逐步出现和形成了多种分配方式。

党和国家逐步肯定了多种分配方式，鼓励和推进分配制度的改革。

十一届三中全会第一次提出克服平均主义。

十二届三中全会第一次提出让一部分地区和一部分人通过诚实劳动和合法经营先富起来。

党的十三大第一次提出实行以按劳分配为主体、其他分配方式为补充的分配制度。

十四届三中全会把“补充”改为“并存”，确立了按劳分配为主体、多种分配方式并存的分配制度。

党的十五大提出把按劳分配和按生产要素分配结合起来，允许和鼓励资本、技术等生产要素参与收益分配。

党的十六大提出调整和规范国家、企业和个人的分配关系，确立劳动、资本、技术和管理等生产要素按贡献参与分配的原则，要求完善按劳分配为主体、多种分配方式并存的分配制度。

党的十七大要求健全劳动、资本、技术、管理等生产要素按贡献参与分配的制度。

实行按劳分配为主体、多种分配方式并存的分配制度，目的在于放手让一切劳动、知识、技术、管理和资本的活力竞相迸发，让一切创造社会财富的源泉充分涌流，以造福于人民。

按劳分配的主体地位表现在：一是全社会范围的收入分配中，按劳分配占最大比重，起主要作用；二是公有制经济范围内劳动者总收入中，按劳分配收入是最主要的收入来源。

其他多种分配方式主要有按经营成果分配；按劳动、资本、技术、土地等其他生产要素分配等。实践证明，这些分配方式不仅是可行的、合理的，而且极大地鼓舞了社会各方面人群自觉劳动、创造性劳动、智慧性劳动的积极性，增加了社会和国家财富，提高了人们的收入水平和生活水平。

以按劳分配为主体、多种分配方式并存的分配制度，实质上肯定了劳动、管理、资本、技术、土地等不同要素在创造社会财富过程中都发挥了作用，所以都应该按各自的贡献参与收益分配。

《中共中央关于制定国民经济和社会发展第十四个五年规划和二〇三五年远景目标的建议》要求坚持人民主体地位，坚持共同富裕方向。为此，要坚持按劳分配为主体、多种分配方式并存，提高劳动报酬在初次分配中的比重，完善工资制度，健全工资合理增长机制，着力提高低收入群体收入，扩大中等收入群体。完善按要素分配政策制度，健全各类生产要素由市场决定报酬的机制，探索通过土地、资本等要素使用权、收益权增加中低收入群体要素收入。多渠道增加城乡居民财产性收入。完善再分配机制，加大税收、社保、转移支付等调节力度和精准性，合理调节过高收入，取缔非法收入。发挥第三次分配作用，发展慈善事业，改善收入和财富分配格局。

《中共中央关于党的百年奋斗重大成就和历史经验的决议》指出，新时代，我们努力建设体现效率、促进公平的收入分配体系，调节过高收入，取缔非法收入，增加低收入者收入，稳步扩大中等收入群体，推动形成橄榄型分配格局，居民收入增长与经济增长基本同步，农村居民收入增速快于城镇居民。

党的二十大指出，分配制度是促进共同富裕的基础性制度。要坚持按劳分配为主体、多种分配方式并存，构建初次分配、再分配、第三次分配协调配套的制度体系。党的二十大修改后的党章，还把按劳分配为主体、多种分配方式并存列入"基本经济制度"的范围中。

·第三题·

对外开放的历史抉择和战略举措

中国的改革是与开放同时推进的，两者紧密联系，不可分割。因此，改革与开放经常合并为“改革开放”一个专有名词使用。对外开放，是总结国际国内历史经验作出的重大战略决策，是十一届三中全会以来中国的基本国策，也是新时期的显著特征。中国共产党把对外开放确立为基本国策，从兴办深圳等经济特区、开发开放浦东、推动沿海沿边沿江沿线和内陆中心城市对外开放到加入世界贸易组织，从“引进来”到“走出去”，充分利用国际国内两个市场、两种资源，实现了从封闭半封闭到全方位开放的历史性转变。中国40多年腾飞的一个秘诀，全面建成小康社会的一件法宝，就是改革与开放。

一、打开封闭半封闭的国门

中华人民共和国成立以后，实行“一边倒”的外交政策，与苏联、东欧等国家结成社会主义阵营。80%以上的贸易都是与社会主义国家进行。由于受西方国家的封锁和禁运，与社会主义阵营以外的国家基本处于隔绝的状态。20世纪50年代末以后，随着中苏矛盾的尖锐化，中国提出“打倒帝、修、反”的口号，与整个外部世界陷入了隔绝、半隔绝的状态。

“文化大革命”结束后，中国与外部世界的关系逐步缓和，对外交往也明显增加。1978年，国务院务虚会提出要放手利用国外资金，大量引进国外先进技术设备。一年中，同西方发达国家签订了22个成套引进项目的合同，投资规模最大的是上海宝山钢铁厂。

1978年，党和国家组织了一系列代表团、考察团出国访问。仅副总理和副委员长以上领导人的出访就有20多次，访问的国家达50多个。通过这些访问，改善了与许多国家的关系，也增加了对外部世界的了解。特别是1978年10月邓小平对日本的访问，不仅把中日两国的友好关系推进到新的阶段，而且也为中国引进国外先进的技术设备和管理方法，加快现代化建设步伐，打开了局面。

1978年12月，在中央工作会议上经过认真讨论后，十一届三中全会作出了在自力更生的基础上积极发展同世界各国的经济合作，努力采用世界先进技术和先进装备的重大决策。由此确定了对外开放的基本国策，中国的大门迅速打开。

1979年1月，邓小平在与荣毅仁等工商界领导人座谈时，明确提出了“对外开放”的要求。1980年12月25日，邓小平在中央工作会议上明确指出：“要继续在独立自主、自力更生的前提下，执行一系列已定的对外开放的经济政策，并总结经验，加以改进。在这方面由于多年闭关自守，没有经验，我们确实付出了重大的代价。责任主要在中央。我个人也要负责。”[①]1982年12月，对外开放政策被正式写入宪法。

对外开放，就其政策取向而言，一是指国家积极主动地扩大对外经济交往；二是指放开或者取消各种政策限制，不再采取封锁国内市场和投资场所的保护政策，发展开放型经济；三是指加强与世界各国的经济、政治、文化、科技等多方面的交流与合作；四是指放宽人员往来和流动，允许公民依法出入境，学生出国留学，公民依法出国出境从事劳务活动、贸易往来等。

40多年来对外开放不断扩大，水平不断提高。

以十一届三中全会为标志，首先试办深圳等经济特区，大力吸引利用外资、引进先进技术先进管理经验，发展劳动密集型出口加工业。1984年，进一步开放14个沿海开放城市，设立国家级经济技术开发区，初步

①《邓小平文选》第二卷，人民出版社1994年版，第363页。

形成由点及线、由线及面的开放格局。

以1992年邓小平南方谈话和党的十四大为标志，对外开放范围由沿海扩大到沿江、内陆和沿边，形成了全方位、多层次、宽领域的对外开放格局。

以2001年加入世贸组织为标志，从单方面自主开放转变为与世贸组织成员在国际规则下相互开放，开启了全面参与经济全球化，充分利用“两个市场、两种资源”的新时期。党的十七大报告进一步指出，要“扩大开放领域，优化开放结构，提高开放质量”。

2012年以来，以推动形成全面开放新格局、对外商投资实行准入前国民待遇加负面清单管理制度为标志，进入全面开放新阶段。按党的十八大的要求，适应经济全球化新形势，实行更加积极主动的开放战略。十八届三中全会提出了探索对外商投资实行准入前国民待遇加负面清单的管理模式、建设上海自贸试验区、扩大内陆沿边开放等改革任务。2015年5月，中共中央、国务院发布了《关于构建开放型经济新体制的若干意见》。2015年12月6日，国务院印发《关于加快实施自由贸易区战略的若干意见》。党中央、国务院先后决定设立了上海等多个自贸试验区。“一带一路”倡议成为扩大开放的最重大举措。

在党的十九大报告中，习近平总书记指出，要推动形成全面开放新格局。中国开放的大门不会关闭，只会越开越大。要以“一带一路”建设为重点，坚持引进来和走出去并重，遵循共商共建共享原则，加强创新能力开放合作，形成陆海内外联动、东西双向互济的开放格局。

2019年3月15日，十三届全国人大二次会议通过《中华人民共和国外商投资法》。12月26日，国务院公布《中华人民共和国外商投资法实施条例》。

40多年的对外开放取得了历史性的成就。打开大门的中国充满生机与活力，国际社会看好中国发展，越来越多的国家与中国开展合作，越来越多的外国企业来中国投资兴业，越来越多的外国人士来中国学习工作、观光旅游。1978年至2018年，中国累计吸引非金融类外商直接投资20343亿美元，累计设立近100万家外商投资企业。2018年，有49.2万余名外国留学人员来华学习。对外开放为中国带来了资金、先进技术和管理经验，转变了中国人民的思想观念，激发了中国人民的创造热情，显著提升了中国的现代化建设水平。同时，中国的开放发展，为其他国家提供了广阔市场。中国开放投资与服务贸易，促进了当地经济增长和就业。中国积极参与国际分工，推动全球资源配置更加合理。2013 年，中国成为世界第一货物贸易大国，货物进出口总额为 4.16 万亿美元。此后对外贸易进一步扩大。中国出口产品品质优良，满足了国际市场需求，减少了民众支出，降低了通胀压力。中国人足迹遍及全球，极大促进了中外交流互鉴。①

《国民经济和社会发展第十四个五年规划和 2035 年远景目标纲要》关于未来发展的战略导向，强调必须坚定不移扩大开放，持续深化要素流动型开放，稳步拓展制度型开放，依托国内经济循环体系形成对全球要素资源的强大引力场。必须强化国内大循环的主导作用，以国际循环提升国内大循环效率和水平，实现国内国际双循环互促共进。全面提高对外开放水平，推进贸易和投资自由化便利化，持续深化商品和要素流动型开放，稳步拓展规则、规制、管理、标准等制度型开放。

党的二十大总结 10 年来的成就之一，就是实行更加积极主动的开放战略，构建面向全球的高标准自由贸易区网络，加快推进自由贸易试验区、海南自由贸易港建设，共建“一带一路”成为深受欢迎的国际公共产品和国际合作平台。我国成为 140 多个国家和地区的主要贸易伙伴，货物贸易总额居世界第一，吸引外资和对外投资居世界前列，形成更大范围、更宽领域、更深层次对外开放格局。

党的二十大要求推进高水平对外开放，依托我国超大规模市场优势，以国内大循环吸引全球资源要素，增强国内国际两个市场两种资源联动效应，提升贸易投资合作质量和水平。稳步扩大规则、规制、管理、标准等制度型开放。推动货物贸易优化升级，创新服务贸易发展机制，发展数字贸易，加快建设贸易强国。合理缩减外资准入负面清单，依法保护外商投资权益，营造市场化、法治化、国际化一流营商环境。

① 参见《新时代的中国与世界》白皮书。

二、发挥经济特区的窗口作用

中国对外开放，最有特色、最引起世界瞩目的，是建立经济特区。这是一个沉甸甸的战略决策。

1978 年 4 月 10 日至 5 月 6 日，受国务院委派，国家计委和外经贸部组织考察组，对港澳实地调研。考察组回京后向中央提交《港澳经济考察报告》，提出：可借鉴港澳的经验，把靠近港澳的广东宝安、珠海划为出口基地，力争经过三五年努力，在内地建设具有相当水平的对外生产基地、加工基地和吸引港澳同胞的游览区。

1979 年 1 月 31 日，中共中央、国务院批准交通部关于招商局筹建蛇口工业区的意见，决定在广东蛇口建立全国第一个对外开放工业区——蛇口工业区。

与此同时，习仲勋于 1978 年到广东主持工作后，根据调研情况和时任广东省委书记吴南生等人的意见，萌发出在更大范围实行特殊政策的念头。1979 年 4 月，在中央工作会议期间，习仲勋代表省委正式向中央提出广东要求实行特殊政策、灵活措施以及创办贸易合作区的建议。

邓小平非常赞同广东富有新意的设想。当他听说贸易合作区的名称定不下来，大家意见不一致时，就说："还是叫特区好，陕甘宁开始就叫特区嘛！中央没有钱，可以给些政策，你们自己去搞，杀出一条血路来。"①

根据邓小平的提议，中央工作会议作出决定。5 月 11 日至 6 月 5 日，谷牧带工作组到广东、福建考察，研究试办特区问题。7 月 15 日，中共中央、国务院批转广东和福建两个省委的报告，同意对广东实行特殊政策和灵活措施，试办深圳、珠海、汕头三个出口特区，积极吸收侨资、外资，引进国外先进技术和管理经验。

1980 年 3 月 24 日至 30 日，谷牧受中共中央、国务院的委托，在广

---

① 中共中央文献研究室编：《邓小平思想年编（1975—1997）》，中央文献出版社 2011 年版，第 236 页。

州主持召开广东、福建两省会议。采纳了广东省的建议，把“出口特区”改名为具有更丰富内涵的“经济特区”。

同年，广东、福建两省利用地处沿海、毗邻港澳、交通便利的特点，吸收国际上自由贸易区和出口加工区的经验，在深圳、珠海、汕头、厦门划出一定地区，建立了经济特区。

1980年8月，五届全国人大常委会十五次会议正式批准国务院提出的在粤、闽四市设立经济特区的建议，同时批准《广东省经济特区条例》，完成了设立经济特区的立法程序。

特区是技术的窗口、管理的窗口、知识的窗口，也是对外政策的窗口。后来，进一步成为中国建立和完善社会主义市场经济的窗口。

短短几年功夫，特区建设就取得了重要成就。深圳这个昔日的边陲小镇迅速发展成初具规模的现代化城市，成为国内外关注的改革开放热土。珠海、厦门、汕头也有很大的发展。

1984年1月24日至2月10日，邓小平先后视察了深圳、珠海、厦门三个经济特区，对特区建设的成就给予了充分肯定，并分别为三个经济特区欣然挥笔题词。回到北京后，他特意就办好经济特区同中央几位负责同志谈话，指出：“我们建立经济特区，实行开放政策，有个指导思想要明确，就是不是收，而是放。”①

随着改革开放的深入，又相继开放沿海14个城市，在长江三角洲、珠江三角洲、闽东南地区、环渤海地区开辟经济开放区。1988年4月，中央又正式决定在海南建省，并将海南岛设立为经济特区。1990年4月，中央正式批准开发开放浦东，在浦东实行经济技术开发区和某些经济特区的政策。

新时代，经济特区又获得新的发展。

2018年4月11日，中共中央、国务院印发《关于支持海南全面深化改革开放的指导意见》，赋予海南经济特区改革开放新使命，建设自由贸易试验区和中国特色自由贸易港。13日，习近平总书记在庆祝海南建省

---

①《邓小平文选》第三卷，人民出版社1993年版，第51页。

办经济特区30周年大会上讲话指出，海南要着力打造全面深化改革开放试验区、国家生态文明试验区、国际旅游消费中心、国家重大战略服务保障区，形成更高层次改革开放新格局。2020年6月1日，中共中央、国务院印发《海南自由贸易港建设总体方案》。

2019年8月，中共中央出台了支持深圳建设中国特色社会主义先行示范区的意见，要求深圳建设好中国特色社会主义先行示范区，创建社会主义现代化强国的城市范例，提高贯彻落实新发展理念能力和水平，形成全面深化改革、全面扩大开放新格局，推进粤港澳大湾区建设，丰富“一国两制”事业发展新实践，率先实现社会主义现代化。

2020年10月14日，习近平总书记在深圳经济特区建立40周年庆祝大会上发表重要讲话，总结经济特区改革开放、创新发展积累的10条宝贵经验，充分肯定兴办经济特区，是党和国家为推进改革开放和社会主义现代化建设进行的伟大创举。在党中央坚强领导和全国大力支持下，各经济特区解放思想、改革创新，勇担使命、砥砺奋进，在建设中国特色社会主义伟大进程中谱写了勇立潮头、开拓进取的壮丽篇章，为全国改革开放和社会主义现代化建设作出了重大贡献。

2021年，《国民经济和社会发展第十四个五年规划和2035年远景目标纲要》要求，统筹推进各类开放平台建设，打造开放层次更高、营商环境更优、辐射作用更强的开放新高地。完善自由贸易试验区布局，稳步推进海南自由贸易港建设，创新提升国家级新区和开发区，促进综合保税区高水平开放，完善沿边重点开发开放试验区、边境经济合作区、跨境经济合作区功能，支持宁夏、贵州、江西建设内陆开放型经济试验区。

党的二十大要求，优化区域开放布局，巩固东部沿海地区开放先导地位，提高中西部和东北地区开放水平。

三、把开发开放浦东上升为国家战略

开发开放浦东，是20世纪90年代初，中共中央、国务院决策，上海市委、市政府组织实施的一项国家战略。开发开放浦东，几经酝酿，经历了一个从地方发展战略上升为面向世界的国家战略的过程。

1990 年初，朱镕基向在沪的邓小平提出开发开放浦东的战略设想，得到重视和支持。同年 2 月，上海市委、市政府正式向党中央、国务院上报《关于开发浦东的请示》，提出了浦东开发开放的基本构想。

邓小平高度重视、积极支持开发开放上海浦东的战略决策。他先后多次指出，“上海是我们的王牌，把上海搞起来是一条捷径”；“开发浦东，这个影响就大了，不只是浦东的问题，是关系上海发展的问题，是利用上海这个基地发展长江三角洲和长江流域的问题”；“中国在金融方面取得国际地位，首先要靠上海”[①]，要抓住机会，及时决策。

1990 年，国务委员邹家华、国务院副总理姚依林先后带领有关部委负责人，对浦东开发问题进行实地调研和专题研究。在反复论证基础上，党中央审时度势，作出了科学的战略决策。

1990 年 4 月 18 日，时任国务院总理李鹏代表党中央、国务院在上海大众汽车成立五周年大会上，正式宣布中央同意上海加快浦东开发，在浦东实行经济技术开发区和某些经济特区的政策。强调开发开放浦东，是我们为深化改革、扩大开放作出的又一重大部署。6 月 2 日，国务院正式批复，原则同意上海关于开发开放浦东的请示，指出：“开发和开放浦东是一件关系全局的大事，一定要切实办好。”

于是，浦东开发开放就从上海地方发展战略上升为国家发展战略。上海浦东成为中国改革开放的前沿阵地。

1990 年 4 月 30 日，上海市政府宣布开发浦东的 10 项优惠政策与措施。同年 9 月 10 日，上海市宣布了新区的 9 项具体政策规定，浦东开发开放进入实质性启动阶段。

1992 年 10 月，国务院批复设立上海市浦东新区。1993 年 1 月，浦东新区正式成立（党工委和管委会）。

1992 年，党的十四大进一步确立了上海“一个龙头、三个中心”的国家战略地位，即以浦东开发开放为龙头，把上海建设成为经济、金融、

① 《邓小平文选》第三卷，人民出版社 1993 年版，第 355、336—367 页。

★ 图为上海浦东新貌——晨光中的陆家嘴

贸易中心，从而带动长江经济带实现跨越式发展。

2005 年 6 月，国务院办公会议批准浦东新区为中国大陆第一个综合配套改革试验区。

2009 年 5 月，国务院同意撤销上海市南汇区，将其行政区域并入上海市浦东新区。浦东新区面积增加一倍。

根据不同时期的形势任务，党中央、国务院对浦东开发开放多次提出要求，特别是 2013 年 8 月 22 日，党中央、国务院决定设立中国（上海）自由贸易试验区。涵盖外高桥保税区、外高桥保税物流园区、洋山保税港区和上海浦东机场综合保税区，总面积 28.78 平方公里。浦东开发开放又展开了新的宏图。2013 年 9 月 30 日，《中国（上海）自由贸易试验区外商投资准入特别管理措施（负面清单）（2013 年）》发布。按照“非禁止即开放”原则，清单之外的行业及项目全都开放。这是中国第一次用负面清单管理外商对华投资。此后，负面清单不断缩减。2020年6月发布的《自由贸易试验区外商投资准入特别管理措施（负面清单）（2020年版）》，清单条目已由2013年的190条减至30条。

到2019年8月，自贸试验区试点由上海逐步扩大至广东、天津、福建、辽宁、浙江、河南、湖北、重庆、四川、陕西、海南、山东、江苏、广西、河北、云南、黑龙江等地。到2020年8月，自贸试验区试点由上海逐步扩大到21个省（自治区、直辖市）。

2020年11月12日，习近平总书记在浦东开发开放30周年庆祝大会上的讲话中强调，浦东要努力成为更高水平改革开放的开路先锋、全面建设社会主义现代化国家的排头兵、彰显“四个自信”的实践范例，更好向世界展示中国理念、中国精神、中国道路。

2021年4月23日，中共中央、国务院印发《关于支持浦东新区高水平改革开放打造社会主义现代化建设引领区的意见》。

党的二十大要求，加快建设海南自由贸易港，实施自由贸易试验区提升战略，扩大面向全球的高标准自由贸易区网络。

四、及时提出“走出去”战略

实行对外开放以来，我们总的是以“引进来”为主，包括引进外资，引进先进技术，引进管理经验，引进重大项目，引进国外人才，等等。这对当时的中国来说，是非常必要的。但到了一定阶段，光是被动地单方引进就不够了。为了进一步提高对外开放水平，就必须适时地研究和实施“走出去”的战略。

在对外开放初期，邓小平的思想中，就在一定程度上包含有“走出去”的思想。胡耀邦提出的“两个市场、两种资源”，实际奠定了“走出去”的理论基础。但在当时的条件下，最主要是“引进来”，“走出去”的要求还不紧迫，条件也不充裕，所以“走出去”的规模是有限的。

随着对外开放的扩展和自身力量的增强，“走出去”的要求逐步增强。

1992年，党的十四大指出，要“积极扩大我国企业的对外投资和跨国经营”。

1997年，党的十五大提出：“更好地利用国内国外两个市场、两种资源”；“积极参与区域经济合作和全球多边贸易体系”；“鼓励能够发挥我国比较优势的对外投资”。

同年，在全国外资工作会议上，江泽民比较完整地提出了“引进来”与“走出去”相结合的思想，他说：“我们不仅要积极吸引外国企业到中国来投资办厂，也要积极引导和组织国内有实力的企业走出去，到国外投资办厂，利用当地的市场和资源。”“‘引进来’和‘走出去’，是我们对外开放方针的两个紧密联系、相互促进的方面，缺一不可。”①

2000年初，江泽民在向中央政治局通报“三讲”情况的讲话中，在全面总结我国对外开放经验的基础上，首次把“走出去”战略上升到“关系我国发展全局和前途的重大战略之举”的高度。

同年2月，江泽民在广东考察工作时指出：“随着我国经济水平的提高和现代化建设的推进，我们必须加快实施‘走出去’的战略。这同西部大开发一样，也是关系我国经济和整个现代化建设发展全局的大战略。”②

2000年3月，九届全国人大三次会议把“走出去”战略提高到国家战略层面。2001年，写入了我国《国民经济和社会发展第十个五年计划纲要》。

2002年，党的十六大提出：“坚持‘引进来’和‘走出去’相结合，积极参与国际经济技术合作和竞争，不断提高对外开放水平。”要适应经济全球化和加入世界贸易组织的新形势，在更大范围、更广领域和更高层次上参与国际经济技术合作和竞争，充分利用国际国内两个市场，优化资源配置，拓宽发展空间，以开放促改革促发展。

此后，中国一直坚定地按照将“引进来”和“走出去”相结合，积极

---

① 中共中央文献研究室编：《江泽民论有中国特色社会主义（专题摘编）》，中央文献出版社2002年版，第190、191页。

② 中共中央文献研究室编：《江泽民论有中国特色社会主义（专题摘编）》，中央文献出版社2002年版，第193—194页。

实施“走出去”的战略。

2003 年 10 月，十六届三中全会通过的《中共中央关于完善社会主义市场经济体制若干问题的决定》指出：继续实施“走出去”战略，对外投资服务体系赋予企业更大的境外经营管理自主权，健全对境外投资企业的监管机制，促进我国跨国公司的发展。

党的十八大要求：“加快走出去步伐，增强企业国际化经营能力，培育一批世界水平的跨国公司。”

习近平总书记提出的“一带一路”倡议，包含了丰富的“走出去”的内容。党的十九大指出：“要以‘一带一路’建设为重点，坚持引进来和走出去并重，遵循共商共建共享原则，加强创新能力开放合作，形成陆海内外联动、东西双向互济的开放格局。”

“走出去”与“引进来”，是我们对外开放政策相辅相成的两个方面，缺一不可。大踏步“走出去”，从经贸投资到人文交流，从官方到民间，中国以前所未有的速度、广度和深度走向世界，开展全方位、宽领域、多层次的对外交流合作。对外投资合作持续健康发展，投资层次和水平不断提升。2015 年，中国对外直接投资流量为 1456.7 亿美元，实际利用外资 1356 亿美元，对外投资首超吸引外资，首次成为资本净输出国。2018 年，中国对外直接投资 1430.4 亿美元，是 2002 年的 53 倍，年均增长 28.2%。对外贸易逐年增长，从 1978 年至 2018 年，中国对外贸易累计达到 521921.1 亿美元；2018 年，货物贸易和服务贸易出口额分别达到 24867 亿美元、2668 亿美元。近年来，中国连续保持世界第一大出境旅游客源国地位，2018 年，中国公民出境旅游近 1.5 亿人次。

党的二十大要求，加快建设西部陆海新通道。有序推进人民币国际化。深度参与全球产业分工和合作，维护多元稳定的国际经济格局和经贸关系。

五、加入世界贸易组织

加入世界贸易组织，是中国进一步向世界开放和融入世界经济体系的重要步骤和重要标志。围绕加入世贸组织问题，中国进行了长达 15 年的谈判。

1984 年 1 月，中国正式成为世界关税与贸易总协定（简称关贸总协定）下属的国际纺织品贸易协议的成员。

1986 年 7 月，中国政府向关贸总协定总干事提交关于恢复中国在关贸总协定缔约国地位的申请，并准备就此问题同关贸总协定缔约各方进行谈判。

1994 年 4 月，中国同其他 122 个缔约方一道，签署了《乌拉圭回合谈判结果最后文件》和《建立世界贸易组织协议》。在之后的首次中国复关谈判中，鉴于世贸组织（WTO）将成立，中国代表团表示希望成为 WTO 的创始成员国。然而，由于一些西方国家的反对，中国未能就这一问题与其他缔约国达成协议，因而，未能实现复关的目标。

1995 年，世贸组织取代关贸总协定，中国复关谈判也转为入世谈判。

在加入世贸组织的谈判过程中，中国始终坚持三个原则：第一，中国加入世贸组织是中国经济发展和改革开放的需要，同样世贸组织也需要中国，没有十几亿人口的中国参加，世贸组织是不完整的，也不利于世界经济的发展；第二，中国是一个发展中国家，社会生产力还不发达，只能以发展中国家的条件加入世贸组织；第三，中国加入世贸组织，权利和义务一定要平衡。

1997 年 8 月，中国与新西兰签署了世贸组织市场准入谈判的双边协议，新西兰成为第一个与中国结束双边谈判的西方国家。1999 年 11 月，中美两国就中国加入世贸组织问题达成双边协议，这是中国进入 WTO 的关键性一步。2000 年 5 月，中国与欧盟就中国加入世贸组织问题达成双边协议。2001 年 9 月，中国与墨西哥结束了关于中国加入世贸组织的双边谈判，至此，全部完成了与世贸组织成员的双边市场准入谈判。

2001 年 11 月 10 日，在卡塔尔多哈举行的世界贸易组织（WTO）第四届部长级会议，以全体协商一致的方式，通过了中国加入世贸组织的法律文件，标志着经过 15 年的艰苦努力，中国终于成为世贸组织新成员。同年 12 月 11 日，中国正式加入世界贸易组织，成为其第 143 个成员。

加入世贸组织，是具有历史意义的一件大事，标志着中国对外开放事业进入一个新的阶段。

加入世贸组织后，中国严格遵守世贸组织规则，认真履行所作出的承诺，与世贸组织其他成员一道，为多边贸易体系和世界经济贸易的发展作出了贡献。

加入世贸组织后，还留有一个中国市场经济地位的问题。西方国家迄今还抓住这个问题做文章。中国仍在努力争取之中。

近年来，美国扬言退出世贸组织，中国和其他许多国家包括欧洲国家一起，正在为捍卫多边主义原则，捍卫世贸组织体系而进行斗争。

2018 年 3 月以来，针对美国政府单方面挑起的中美经贸摩擦，中国不得不采取有力应对措施，坚决捍卫国家和人民利益。中国政府多次表示，在相互尊重、平等互利的原则基础上进行协商，才是解决贸易分歧的有效途径，任何单边的威胁或讹诈只会导致矛盾激化，损害各方利益。

2018 年 6 月 28 日，国务院新闻办公室发布《中国与世界贸易组织》白皮书，用大量事实说明了中国自加入世贸组织以来遵守国际规则的情况，驳斥了西方某些国家对中国的不实攻击。中国切实履行加入世贸组织承诺，完善社会主义市场经济体制和法律体系，履行货物贸易领域开放、服务贸易领域开放、知识产权保护承诺，履行透明度义务，为履行承诺付出巨大努力；坚定支持多边贸易体制，积极推进贸易投资自由化便利化，有效维护争端解决机制法律地位，深度参与贸易政策审议，全力支持发展中国家融入多边贸易体制，坚决反对单边主义和保护主义。中国加入世贸组织后，拉动世界经济复苏和增长，对外贸易发展惠及全球，双向投资造福世界各国，为全球提供公共产品，对世界作出了重要贡献。

2001 年至 2018 年，中国货物贸易进口额从 2436 亿美元增至 21358 亿美元，年均增长 13.6%，高于全球平均水平 6.8 个百分点；服务贸易进口额从 393 亿美元增至 5250 亿美元，年均增长 16.5%，占全球服务贸易进口总额的 9.4%。

到 2021 年 12 月，中国加入世界贸易组织 20 年。事实证明，加入世界贸易组织，深刻改变了我国与世界经济体系的关系，使我国能够充分发挥自身比较优势，深入参与国际分工体系，迅速发展成为世界上最重要的贸易投资大国；为我国参与全球经济治理提供了更好条件，我国的国际影响力持续上升；有力促进了国内经济体制改革，激发了市场主体活力，释放了经济发展潜力。中国正式加入世界贸易组织，是我国改革开放和社会主义现代化建设进程中的一个重要里程碑。

六、提出“一带一路”倡议

新时代的新形势下，以习近平同志为核心的党中央进一步推动实施更加积极主动的开放战略。其中，最为突出的是提出并实施“一带一路”建设的倡议。

“一带一路”，是“丝绸之路经济带”和“21世纪海上丝绸之路”的简称。

2013年9月，习近平主席访问哈萨克斯坦。7日，在纳扎尔巴耶夫大学发表演讲时表示：为了使我们欧亚各国经济联系更加紧密、相互合作更加深入、发展空间更加广阔，我们可以用创新的合作模式，共同建设“丝绸之路经济带”，以点带面，从线到片，逐步形成区域大合作。

不到1个月后的10月3日，习近平主席在印度尼西亚国会发表演讲时又表示：中国愿同东盟国家加强海上合作，使用好中国政府设立的中国—东盟海上合作基金，发展好海洋合作伙伴关系，共同建设21世纪“海上丝绸之路”。

“一带一路”的倡议由此提出。习近平主席和其他中国领导人在多个场合对此倡议加以介绍、论述、讨论，阐明其宗旨和意义，与一系列国家交换了意见。

2014年5月21日，习近平主席在亚信峰会上做主旨发言时指出：中国将同各国一道，加快推进“丝绸之路经济带”和“21世纪海上丝绸之路”建设，尽早启动亚洲基础设施投资银行，更加深入参与区域合作进程，推动亚洲发展和安全相互促进、相得益彰。

2014年11月8日，加强互联互通伙伴关系对话会在北京举行。习近平主席主持并讲话，强调要深化亚洲国家互联互通伙伴关系，共建发展和命运共同体；宣布中国出资400亿美元成立丝路基金，为“一带一路”项目建设提供投融资支持。

2014年12月2日，中共中央、国务院印发《丝绸之路经济带和21世纪海上丝绸之路建设战略规划》，对推进"一带一路"建设工作作出全面部署。

2015年3月，为推进实施"一带一路"，让古丝绸之路焕发新的生机活力，中国政府制定并发布《推动共建丝绸之路经济带和21世纪海上丝绸之路的愿景与行动》，全面阐述了"一带一路"倡议的内涵。

2015年，在博鳌亚洲论坛2015年年会开幕式上，习近平主席发表主旨演讲，表示"一带一路"建设不是要替代现有地区合作机制和倡议，而是要在已有基础上，推动沿线各国实现经济战略相互对接、优势互补。

2016年8月17日，推进"一带一路"建设工作座谈会举行。习近平总书记提出8项要求，强调要聚

★ 中欧班列推进了"一带一路"建设，打通了中国与欧洲各地货物互通的交通要道。图为一辆装满集装箱的中欧班列从成都国际铁路港发出，开往德国杜伊斯堡

焦政策沟通、设施联通、贸易畅通、资金融通、民心相通，聚焦构建互利合作网络、新型合作模式、多元合作平台，聚焦携手打造绿色丝绸之路、健康丝绸之路、智力丝绸之路、和平丝绸之路。

2017年5月14日至15日，中国在北京成功地举办了“一带一路”国际合作高峰论坛。这是“一带一路”框架下最高规格的国际活动，也是新中国成立以来由中国首倡、中国主办的层级最高、规模最大的多边外交活动。来自29个国家的国家元首、政府首脑与会，来自130多个国家和70多个国际组织的1500多名代表参会，覆盖了五大洲各大区域。

在论坛上，习近平主席指出，要牢牢坚持共商、共建、共享，让政策沟通、设施联通、贸易畅通、资金融通、民心相通成为共同努力的目标，将“一带一路”建成和平、繁荣、开放、创新、文明之路。各国领导人普遍对习近平主席的讲话作出积极回应。《“一带一路”国际合作高峰论坛圆桌峰会联合公报》也将有关理念纳入其中，充分体现出广泛的国际共识。

2018年8月27日，习近平总书记在推进“一带一路”建设工作5周年座谈会上的讲话中指出，过去几年共建“一带一路”完成了总体布局，绘就了一幅“大写意”，今后要聚焦重点、精雕细琢，共同绘制好精谨细腻的“工笔画”。

2019年4月25日至27日，第二届“一带一路”国际合作高峰论坛在北京举行。习近平主席出席开幕式并发表主旨演讲，强调要秉持共商共建共享原则，坚持开放、绿色、廉洁理念，努力实现高标准、惠民生、可持续目标，推动共建“一带一路”沿着高质量发展方向不断前进。

2020年6月18日，习近平主席向“一带一路”国际合作高级别视频会议发表书面致辞，强调要把“一带一路”打造成团结应对挑战的合作之路、维护人民健康安全的健康之路、促进经济社会恢复的复苏之路、释放发展潜力的增长之路。

“一带一路”倡议提出来后，合作范围不断扩大，合作领域更为广阔，不仅给参与各方带来了实实在在的合作红利，也为世界贡献了应对挑战、创造机遇、强化信心的智慧与力量。从2013年提出“一带一路”倡议到2020年，中国同“一带一路”沿线国家货物贸易总额累计近11万亿美元，对"一带一路"沿线国家直接投资约 1640 亿美元，"六廊六路多国多港"的互联互通架构基本形成。

2021 年，《国民经济和社会发展第十四个五年规划和 2035 年远景目标纲要》要求坚持共商共建共享原则，秉持绿色、开放、廉洁理念，深化务实合作，加强安全保障，促进共同发展，推动共建"一带一路"行稳致远。加强发展战略和政策对接，推进基础设施互联互通，深化经贸投资务实合作，架设文明互学互鉴桥梁。积极参与全球治理体系改革和建设，维护和完善多边经济治理机制，推动构建人类命运共同体。

2021 年 11 月 19 日，习近平总书记在第三次"一带一路"建设座谈会上强调，要以高标准、可持续、惠民生为目标，推动共建"一带一路"高质量发展不断取得新成效。

党的二十大肯定了"一带一路"的成果，同时要求推动共建"一带一路"高质量发展。

2023 年是"一带一路"倡议提出 10 周年。10 年来，我国已与 150 多个国家、30 多个国际组织签署了 200 多份共建"一带一路"合作文件，形成 3000 多个合作项目，拉动近万亿美元投资规模，打造了一个个"国家地标""民生工程""合作丰碑"，为共建国家发展注入强劲动力，成为最受欢迎的国际公共产品和最大规模的国际合作平台。2023 年 10 月 18 日，习近平主席在第三届"一带一路"国际合作高峰论坛开幕式上的主旨演讲中宣布中国支持高质量共建"一带一路"的八项行动，为共建"一带一路"明确了新方向，开辟了新愿景，注入了新动力。

对于对外开放，党的二十大坚定宣布：中国坚持对外开放的基本国策，坚定奉行互利共赢的开放战略，不断以中国新发展为世界提供新机遇，推动建设开放型世界经济，更好惠及各国人民。中国坚持经济全球化正确方向，推动贸易和投资自由化便利化，推进双边、区域和多边合作，促进国际宏观经济政策协调，共同营造有利于发展的国际环境，共同培育全球发展新动能，反对保护主义，反对"筑墙设垒"、"脱钩断链"，反对单边制裁、极限施压。中国愿加大对全球发展合作的资源投入，致力于缩小南北差距，坚定支持和帮助广大发展中国家加快发展。

·第四题·

贴近老百姓生活的历史变革

《中共中央关于党的百年奋斗重大成就和历史经验的决议》总结的10条宝贵经验，第二条就是“坚持人民至上”。党的根基在人民、血脉在人民、力量在人民。民心是最大的政治。中国共产党人的初心和使命的第一句话就是“为中国人民谋幸福”。“人民对美好生活的向往就是我们的奋斗目标，增进民生福祉是我们坚持立党为公、执政为民的本质要求，让老百姓过上好日子是我们一切工作的出发点和落脚点，补齐民生保障短板、解决好人民群众急难愁盼问题是社会建设的紧迫任务。”①

改革开放，不仅是解放和发展生产力，而且有助于从根本上提高广大人民群众的生活水平。所有的改革开放，都是为了人民。其中有很多改革开放的措施和政策，直接与人民群众的实际生活相联系，贴近老百姓的日常生活，极大改善了人民群众的生活，提高了人民群众的生活质量。这些政策和措施中，比较突出的有户籍、住房、医疗卫生等。

一、教育体制改革

百年大计，教育为本。1977年恢复高考，拉开了中国改革开放的序幕，也拉开了教育体制改革的序幕。40多年来，中国的教育体制改革不

①《中共中央关于党的百年奋斗重大成就和历史经验的决议》，人民出版社2021年版，第47页。

断探索，扎实推进，取得了巨大的成就。中国正在从教育大国向教育强国前进。

第一阶段，从 1978 年到 1984 年，教育体制改革在拨乱反正中拉开序幕。

1977 年高考制度的恢复，是教育体制恢复与重建的突破口，整个教育界重新焕发了生机和活力。1978 年，开始派遣学生赴海外留学，同时恢复研究生教育。招收了“文化大革命”结束后的第一届研究生。

同年，教育部重新颁发了《全日制小学暂行工作条例（试行草案）》《全日制中学暂行工作条例（草案）》，恢复“文化大革命”前的教育体制，确定了中小学的基本学制和课程设置，使基础教育迅速摆脱混乱局面，重新回到正常发展的轨道。

1980 年 2 月，五届全国人大常委会十三次会议通过《中华人民共和国学位条例》。同年 12 月，国务院设立学位委员会，负责领导全国的学位授予工作。

1985 年 1 月 21 日，六届全国人大常委会第九次会议作出决议，将每年的 9 月 10 日定为教师节，以提高全社会尊师重教的意识。

第二阶段，从 1985 年到 l991 年，教育体制改革全面启动。

1985 年 5 月 15 日至 20 日，中共中央和国务院在北京召开全国教育工作会议。5 月 27 日，中共中央、国务院颁布《关于教育体制改革的决定》，阐明了教育体制改革的措施、步骤和目的，要求扩大学校办学自主权；把发展基础教育的责任交给地方，有步骤地实行 9 年制义务教育；调整中等教育结构，大力发展职业技术教育；改革高等教育的招生计划和毕业生分配制度。

该决定的出台，标志着教育体制改革全面启动，具有里程碑的意义。从 1985 年开始，围绕着办学、管理、投资体制问题，教育体制改革展开了全面的探索。1986 年颁布了《中华人民共和国义务教育法》。

第三阶段，从 1992 年到 2001 年，初步构建与社会主义市场经济体制相适应的教育新体制。

1993 年，国务院颁布《中国教育改革和发展纲要》，提出到 20 世纪末，基本普及九年义务教育，基本扫除青壮年文盲。

1993年7月，国家教委发出《关于重点建设一批高等学校和重点学科点的若干意见》，提出面向21世纪重点建设100所大学和一批重点学科点，即“211工程”。

1995年，中共中央、国务院提出科教兴国的战略，1996年的八届全国人大四次会议将“科教兴国”确定为基本国策。

1998年5月，教育部决定努力建设若干所世界一流大学和一批国际知名的高水平研究型大学，简称“985工程”。

1999年1月，国务院批转教育部《面向21世纪教育振兴行动计划》，明确2000年至2010年中国教育发展的目标。

1999年6月，中共中央、国务院作出《关于深化教育改革全面推进素质教育的决定》，提出全面推进素质教育，培养适应21世纪现代化建设需要的社会主义新人。

第四阶段，从2002年到2012年，政府办教育再次成为改革的核心，并着力解决教育公平问题。

党的十六大更加关注民生问题，并将教育政策的重点转到了教育公平上。

党的十七大明确提出：“教育是民族振兴的基石，教育公平是社会公平的重要基础。”

2008年8月，国务院发出《关于做好免除城市义务教育阶段学生学杂费工作的通知》。从2008年秋季学期开始，在全国范围内全面免除城市义务教育阶段学生学杂费。至此，全面普及城乡免费义务教育。作为城市中的弱势群体，进城务工人员子女的入学问题日益得到重视。

2010年7月8日，中共中央、国务院印发《国家中长期教育改革和发展规划纲要（2010—2020年）》。7月13日至14日，新世纪第一次全国教育工作会议召开。强调，必须坚持教育优先发展，确保到2020年我国基本实现教育现代化，基本形成学习型社会，进入人力资源强国行列。同年10月24日，国务院办公厅发出《关于开展国家教育体制改革试点的通知》。

2012年9月5日，国务院发出《关于深入推进义务教育均衡发展的意见》。

第五阶段，党的十八大以来，把教育放在优先发展位置上。

党的十八大提出，教育是民族振兴和社会进步的基石。要坚持教育优先发展，努力办好人民满意的教育。

2016年3月24日，教育部、国家发展改革委、财政部、人力资源和社会保障部印发《高中阶段教育普及攻坚计划（2017—2020年）》，提出到2020年，普及高中阶段教育，全国、各省（区、市）毛入学率均达到90%以上。

教育改革开放持续推进，关键领域改革取得重要进展。深化考试招生制度纳入全面深化改革的关键领域。依法治校开辟新的局面。教育法、高等教育法、民办教育促进法等一揽子法律修订完成。

党的十九大进一步强调：“建设教育强国是中华民族伟大复兴的基础工程，必须把教育事业放在优先位置，深化教育改革，加快教育现代化，办好人民满意的教育。”“要全面贯彻党的教育方针，落实立德树人根本任务，发展素质教育，推进教育公平，培养德智体美全面发展的社会主义建设者和接班人。”

2018年9月10日，全国教育大会召开。习近平总书记讲话指出，教育是国之大计、党之大计，要坚持改革创新，以凝聚人心、完善人格、开发人力、培育人才、造福人民为工作目标，培养德智体美劳全面发展的社会主义建设者和接班人，加快推进教育现代化、建设教育强国、办好人民满意的教育。12月8日，中共中央、国务院印发《中国教育现代化2035》。

发展要求改革，改革促进发展。改革开放以来，我国教育进入全面发展时期，义务教育不断完善，高等教育逐步加强，国民受教育程度不断提高。2018年，九年义务教育巩固率达94.2%；普通本专科在校学生2831万人，比1978年增长32倍；15岁及以上人口平均受教育年限由1982年的5.3年提高到2017年的9.6年。

党的十八大以来，我国教育事业取得新的历史性进展，总体发展水平跃居世界中上行列，现代职业教育体系初步建立。2018 年，我国高等教育毛入学率已达到 48.1%，高于中高收入国家平均水平；中等职业教育学校达到 10340 所。教育事业发展有效提升了全民族的科技文化素质，为社会主义现代化建设培养了大量人才。

2019 年 6 月 23 日，中共中央、国务院印发《关于深化教育教学改革全面提高义务教育质量的意见》，要求全面发展素质教育，培养德智体美劳全面发展的社会主义建设者和接班人。

2020 年 3 月 20 日，中共中央、国务院印发《关于全面加强新时代大中小学劳动教育的意见》。10 月 4 日，中共中央办公厅、国务院办公厅印发《关于全面加强和改进新时代学校体育工作的意见》和《关于全面加强和改进新时代学校美育工作的意见》。

2020 年，全国九年义务教育巩固率为 95.2%，义务教育普及程度达到世界高收入国家的平均水平。残疾儿童义务教育入学率达 95% 以上。建立了覆盖从学前教育到研究生教育的全学段学生资助政策体系，不让一个孩子因家庭经济困难而辍学的目标基本实现。倾斜支持农村教育、中西部地区教育，全国 96.8% 的县实现义务教育基本均衡发展，更多农村和中西部地区孩子享受到更好更公平的教育。高等教育在学总规模超过 4000 万人，建成世界上最大规模的高等教育体系。

到 2022 年 9 月，我国学前教育毛入园率 88.1%，九年义务教育巩固率 95.4%，高中阶段教育毛入学率 91.4%，高等教育毛入学率 57.8%。

2020 年 9 月 28 日，中共中央、国务院印发《深化新时代教育评价改革总体方案》，对克服唯分数、唯升学、唯文凭、唯论文、唯帽子的顽瘴痼疾作出全面部署。

到 2022 年 5 月，我国已建成世界规模最大职业教育体系，共有职业学校 1.13 万所，在校生超过 2915 万人。

党的二十大充分肯定，10 年来，我们建成世界上规模最大的教育体系、社会保障体系、医疗卫生体系，教育普及水平实现历史性跨越。强调教育、科技、人才是全面建设社会主义现代化国家的基础性、战略性支撑。教育是国之大计、党之大计。要办好人民满意的教育。加快建设高质量教育体系，发展素质教育，促进教育公平。

二、价格体制改革

商品价格与老百姓的关系最为紧密，同时又是市场经济的晴雨表和导向仪，对经济发展和社会稳定的作用极大。价格改革，历来是经济体制改革最复杂的一个课题、最难啃的一块骨头、最危险的一处雷区。

1978 年以前，我国实行的是集中统一的价格管理体制。其特点是价格管理以行政方法为主，价格管理权集中于中央，国家直接规定和调整各种商品价格和服务价格。这种体制的优点，是有利于保持价格的基本稳定和人民生活的安定。其缺点是生产经营者没有定价权，不能准确及时反映市场的需求和变化，不能及时引导市场的资源配置，不利于发挥价格的宏观调控作用，是一种比较僵化的价格管理体制。

长期实行这样的体制，不仅使经济缺乏活力，而且使政府背上沉重的包袱。政府为保持消费品价格的稳定，必须给予大量的财政补贴。到难以为继时，不得不调整价格，同时，也就不得不对价格体制实行改革。

从 1978 年到 1984 年，主要是提高农副产品的价格，开放小商品的品种范围。1982 年 1 月 15 日，经国务院批准，国产机械手表、黑白电视机、半导体收音机和弹力呢等纯涤纶织物四类商品开始陆续降低零售价格。1984 年，国务院决定把生产企业所需物资分成计划内和计划外两部分，同一种商品，两种不同价格，即所谓双轨制。

从 1985 年到 1988 年，由调放结合、以调为主转为以放为主。即除粮食、食用植物油的合同定购部分及棉花、烤烟、糖料等少数几种关系国计民生的重要农产品价格由国家制定外，绝大部分农产品价格放开，并放开了少数工业消费品价格，对生产资料和消费品实行双轨制定价。

但是，双轨制也造成一定程度的市场混乱，为“官倒”和腐败创造了条件。为了解决双轨制问题，1988 年决定实行价格闯关，将双轨并为单轨。但由于准备工作不够严密，广大群众对价格改革缺乏思想准备，结果引发严重的抢购风潮和通货膨胀，闯关失败。10 月 24 日，国务院作出

《关于加强物价管理严格控制物价上涨的决定》。从1988年下半年开始，国民经济进行治理整顿。价格改革也进入治理整顿时期。

从1992年到2003年，价格改革进入以建立健全适应发展社会主义市场经济要求的价格管理体制新阶段。

改革的措施主要包括三个方面：一是继续放开消费品价格，包括粮食价格和工业消费品价格；二是生产资料双轨价格逐渐转为按市场供求定价，截至2004年，全国各省、自治区和直辖市产品价格由市场决定的程度达到92.8%；三是进行要素市场价格形成机制的改革探索，在劳动力价格、房地产价格以及资金、技术和信息价格等方面，出台了相应措施以加速其市场化进程。

2004年之后，价格体制改革进一步深化。政府在资源市场化、垄断和公共产品定价机制上的改革迈出了新的步伐，推进了水价改革，深化了煤电价格改革，实施了煤电价格联动，并积极推进石油、天然气等资源产品价格改革。

2002年，国务院发布《电力体制改革方案》。2003年出台的《电价改革方案》，将电价划分为上网电价、输电价格、配电价格和终端销售电价；发电、售电价格由市场竞争形成；输电、配电价格由政府制定。2012年7月1日起全面试行居民阶梯电价制度。

党的十八大以来，价格体制改革明显加快，已有近98%的商品和服务价格放开由市场决定，市场决定价格的机制基本建立。

为了促进合理用水、节约用水，一些地区实行阶梯水价制度。2014年初，国家发展改革委、住建部联合发文，要求2015年底前，中国设市城市原则上全面实行居民阶梯水价制度。

2013年3月底，出台完善后的成品油价格形成机制。按照新机制，国内汽柴油价格根据国际市场原油价格变化每10个工作日调整一次，当调价幅度低于每吨50元时，不作调整，纳入下次调价时累加或冲抵。

2013年和2014年，两度调整非居民用存量气价格。2015年非居民用存量气和增量气价格实现并轨，非居民用气价格逐步放开，居民生活用气也建立阶梯价格制度。

经过40多年的改革，我国消费品价格几乎全部市场化，生产资料价格绝大部分市场化，要素价格也基本市场化。

相应地，居民收入持续增加，消费水平不断提高。1956年，全国居民人均可支配收入仅为98元，人均消费支出仅为88元。1978年全国居民人均可支配收入也仅为171元，人均消费支出为151元。改革开放以来，经济持续快速发展带动城乡居民收入水平不断提升。2018年，全国居民人均可支配收入达到28228元，比1978年实际增长24.3倍。随着收入较快增长，居民消费能力显著提升，消费结构升级趋势明显。2018年，全国居民人均消费支出为19853元，比1978年实际增长19.2倍；全国居民恩格尔系数为28.4%，降低35.5个百分点。家电、汽车等耐用消费品拥有量大幅增加，居住条件显著改善。

2018年，城镇居民家庭平均每百户家用汽车、彩色电视机拥有量分别达41.0辆、121.3台，农村居民家庭平均每百户家用汽车、彩色电视机拥有量分别达22.3辆、116.6台，比改革开放初期大幅增加。

2020年，全国居民人均可支配收入32189元，比上年增长4.7%，扣除价格因素，实际增长2.1%，快于人均国内生产总值增速。农村居民收入较快增长。全年农村居民人均可支配收入比上年实际增长3.8%，快于城镇2.6个百分点。

2021年，全国居民人均可支配收入35128元，比2012年实际增长78.0%。

三、住房制度改革

住房制度，自古以来，经过了复杂的演化过程。总体上，分为私有和公有两大类。新中国成立以后，基本上是房屋公有，国家分配。其中当然夹杂着非常复杂的产权形式。

这种住房制度，表面上使几乎所有人都有了一个居所，但这种居所是极其简陋的，而且长期没有得到什么改善。从数据来看，改革开放之前，我国的住宅建设投资占非生产性投资的比重，“三五”计划时期只有4%，

"四五"计划期间只有5.7%。加之人口多，所以住房建设始终不能满足城镇职工居民的需求。到1978年，全国城镇居民人均居住面积仅3.6平方米，缺房户达869万，占城市总户数的47.5%。城市居民住房十分拥挤。由于长期实行低租金的福利分房制度，国家和企业为解决职工住房问题背上了沉重的包袱，难以加快建设居民住房进程。

至于农村的居民住房，基本无人过问。既有逐渐盖起了砖瓦房的，也有长期住破茅草房的。

实践表明，计划经济体制下住房完全靠国家包下来，实行福利分配的路子走不通。要真正解决中国人的住房问题，就不能不实行改革。

从1978年开始，国家和企业一方面增加住房投资，加快住房建设步伐，另一方面开始探索改革住房制度。这年9月，中央召开的城市住宅建设会议传达了邓小平的一次重要谈话，主要思路是：解决住房问题能不能路子宽些，譬如允许私人建房或者私建公助，分期付款；在长期规划中，必须把建筑业放在重要位置。

1980年4月，邓小平明确指出，住房改革要走商品化的路子。由此，揭开了住房制度改革的大幕。1982年，国家有关部门设计了"三三制"的补贴出售新建住房方案，即由政府、企业和个人各承担1/3，并在郑州、常州、四平、沙市试点。但由于资金问题等，到1985年，停止了试点。

1986年，选定烟台、唐山、蚌埠进行房改试点，试行"提租补贴、租售结合、以租促售、配套改革"的方案。这种方式，从根本上动摇了根深蒂固的住房福利观念、等级观念和消费观念，为全国的住房改革提供了思路。

1988年，国务院召开第一次全国住房制度改革工作会议，印发《关于在全国城镇分期分批推行住房制度改革的实施方案》，决定从1988年起，用三五年的时间，在全国城镇分期分批把住房制度改革推开。但因发生严重通货膨胀，目标没有实现。

1991年6月，国务院发出《关于继续积极稳妥地进行城镇住房制度改革的通知》。11月，国务院下发《关于全面进行城镇住房制度改革的意见》，确定房改的总目标是：从改革公房低租金制度入手，从公房的实物福利分配逐步转变为货币工资分配，由住户通过买房或租房取得住房的所有权或使用权，使住房作为商品进入市场，实现住房资金投入、产出的良性循环。这是我国住房制度改革的一个纲领性文件。

1994 年 7 月，国务院下发《关于深化城镇住房制度改革的决定》，开启了城镇住房商品化的大门，标志着我国住房市场化改革的全面推进。其最大意义，在于稳步推进公有住房的出售，通过向城镇职工出售原公有住房，逐步完成了我国住房私有化的进程。

《关于深化城镇住房制度改革的决定》出台后，各地纷纷制定本地区的房改实施方案，在建立住房公积金、提高公房租金、出售公房等方面取得较大进展。到 1998 年中，全国城镇自有住房比例已经超过 50%，部分省市已超过 60%。

1998 年 7 月，国务院发布《关于进一步深化城镇住房制度改革加快住房建设的通知》，宣布从同年下半年开始全面停止住房实物分配，实行住房分配货币化，首次提出建立和完善以经济适用住房为主的多层次城镇住房供应体系。

到 1998 年底，全国全面停止实物分房，中国城镇住房制度发生了一次根本性的转变。但在改革中，也出现了很多问题，经济适用住房并没有成为供应主渠道。

2003 年以后，一方面继续推进住房制度改革，一方面加大对房地产市场的调控力度。国务院先后颁发“前国八条”“后国八条”“国六条”等一系列文件，提出高度重视稳定住房价格工作，在稳定住房价格（特别是普通商品住房和经济适用住房价格）的同时，加快建立和完善适合我国国情的住房保障制度。

2007 年 10 月，党的十七大提出，要加快推进以改善民生为重点的社会建设，努力使全体人民“住有所居”。由于部分城市低收入家庭住房还比较困难，所以，2007 年之后，中央进一步加大宏观调控的力度。8 月，国务院发布《关于解决城市低收入家庭住房困难的若干意见》，决定加大保障性住房建设力度，进一步鼓励普通商品住房消费。

2007 年 11 月，时任国务院总理温家宝在新加坡国立大学明确阐述了我国住宅政策的原则：首先，政府最重要的职责是搞好廉租房，让那些买不起房或进城打工的农民工能够租得起房、住得上房；其次，是建设主要面向中产阶级的经济适用房；再次，高档住房主要靠市场调节，但必须有国家的宏观调控，防止利用房地产炒作，造成市场混乱。这一谈话被称为“房产新政”，为随后的住房建设和改革指明了方向。但可惜的是，这一思路后来没有得到很好的贯彻。

2008 年 12 月，国务院办公厅发布《关于促进房地产市场健康发展的若干意见》，决定加大保障性住房建设力度，进一步鼓励普通商品住房消费。

但在住房制度改革的进程中，特别是在住房已经商品化、人民生活日益改善，对住房需求进一步加大的情况下，受各种复杂因素的影响，商品房的价格迅速上升，成为影响经济社会发展和人民生活的一个重大问题。所以，随后住房制度的改革重点，转为如何遏制房价过快上涨。

2010 年 1 月 7 日，国务院办公厅发出《关于促进房地产市场平稳健康发展的通知》。4 月 17 日，国务院发出《关于坚决遏制部分城市房价过快上涨的通知》，提出一系列政策措施，遏制部分城市房价过快上涨。

党的十八大之后，针对房价日益疯涨的状况，习近平总书记明确提出，房子是用来住的，不是用来炒的。政府加大遏制房价过快上涨的政策力度，先后出台了一系列政策。特别是 2017 年，出台“731 新政”，使房价上涨势头趋于平稳。但围绕房子和房价的博弈仍在继续。

2021 年 6 月 24 日，国务院办公厅印发《关于加快发展保障性租赁住房的意见》，明确保障性租赁住房主要解决符合条件的新市民、青年人等群体的住房困难问题。

至于中国农村的农民住房，尚无实质性改革和变化。如何处理城镇居民住房与农村农民住房的关系，仍是住房制度改革的一个难题。但农村居住条件和人居环境都得到了极大改善。

住房制度改革的最大成果，是绝大多数城镇居民都有了属于自己的住房，住房条件也不断改善。但此后出现的房价过高问题，给整个社会带来了极为复杂的影响。如何破解新的房改难题，依然是一项艰巨的任务。

★ 坚持房子是用来住的、不是用来炒的定位，加快建立多主体供给、多渠道保障、租购并举的住房制度，让全体人民住有所居。图为雄安新区容东片区安置房项目建设工地

总的来说，改革开放以来，我国城镇居民和农村居民基本居住条件显著改善。城镇居民人均住房建筑面积从1978年的4.2平方米增长到2019年的39.8平方米；农村居民人均住房建筑面积从1978年的8.1平方米增长到2019年的48.9平方米。城市人均公园绿地面积从1981年的1.5平方米增长到2019年的14.36平方米。实施城镇保障性安居工程，帮助约2亿困难群众改善了住房条件。进城农民工居住环境明显改善，人均居住面积达到21.5平方米，住房中有洗澡设施的占85.4%，能上网的占94.8%，拥有电冰箱、洗衣机、汽车（包括经营用车）的比重分别为67%、68.1%、30.8%。

党的二十大肯定10年来改造棚户区住房4200多万套，改造农村危房2400多万户，城乡居民住房条件明显改善。党的二十大指出，要坚持房子是用来住的、不是用来炒的定位，加快建立多主体供给、多渠道保障、租购并举的住房制度。

四、医药卫生体制改革

医疗卫生体制本身就是一个复杂的概念。对其如何界定，直接关系到医疗卫生体制改革的范围和内容问题。1998 年，开始推行“三项改革”，即医疗保险制度改革、医疗卫生体制改革、药品生产流通体制改革。2007 年 1 月，全国卫生工作会议提出四大基本制度，即基本卫生保健制度、医疗保障体系、国家基本药物制度和公立医院管理制度。2007 年 10 月，党的十七大报告中首次明确提出卫生医疗领域的“四大体系”，即“覆盖城乡居民的公共卫生服务体系、医疗服务体系、医疗保障体系、药品供应保障体系”。“四大体系”的提出为医疗卫生体制改革构建了新的框架。所以，按照最新文件界定，通常将医疗卫生领域的改革统称为“医药卫生体制改革”。

40 多年来的医药卫生体制改革，先后经历了若干比较大的阶段和过程，范围和内容比较广泛，也很复杂。

前 20 年改革取得的成绩主要有：

针对卫生资源严重短缺导致的“看病难、住院难和手术难”问题，鼓励多渠道筹资、多种形式办医，逐步形成了公有制为主体，多种形式、多种渠道办医的新格局。

医疗机构通过一系列激励措施，明显调动了医疗机构和医务人员的积极性，使我国医疗服务规模、条件、水平和能力有了明显改善，医疗卫生服务供给大幅度增加，有效缓解了“看病难、住院难、手术难”等突出矛盾。

针对职工医疗保险基本由国家和企事业单位包揽的弊端，对公费医疗和劳保医疗制度进行改革，建立了城镇职工基本医疗保险制度。

同时，逐步建立了新型农村合作医疗制度、城镇居民基本医疗保险制度和城乡医疗救助制度，初步形成我国医疗保障体系。

但是，医药卫生体制深层次的一些问题依然没有根本解决，并出现一些新的问题，再次推进医药卫生体制改革势在必行。

2006年6月30日，国务院决定成立16个部门参加的深化医药卫生体制改革部际协调工作小组。2009年3月17日，中共中央、国务院公布《关于深化医药卫生体制改革的意见》。18日，国务院印发《医药卫生体制改革近期重点实施方案（2009—2011年）》，提出切实缓解看病难、看病贵的五项重点改革措施和建立健全覆盖城乡居民的基本医疗卫生制度的长远目标。4月10日，召开深化医药卫生体制改革工作会议。2010年5月，还举办了全国深化医药卫生体制改革工作会议暨省部级领导干部深化医药卫生体制改革专题研讨班。

这次改革实现了五个方面重大创新：一是在改革的理念上，首次提出“把基本医疗卫生制度作为公共产品向全民提供”。二是在改革的基本原则上，明确强调政府主导与发挥市场机制作用相结合，强调坚持公平与效率的统一。三是在近期改革的重点上，突出基本、基础和基层，强调面向农村，惠及群众。四是在改革的基本思路上，远近结合，把解决群众看病就医突出问题与建立完善基本制度体系结合起来。五是在改革的方法步骤上，强调试点先行，稳步推进。

2009年至2011年，重点抓好五项改革：一是加快推进基本医疗保障制度建设；二是初步建立国家基本药物制度；三是健全基层医疗卫生服务体系；四是促进基本公共卫生服务逐步均等化；五是推进公立医院改革试点。

2012年3月14日，国务院印发《“十二五”期间深化医药卫生体制改革规划暨实施方案》。4月17日，召开全国深化医药卫生体制改革工作会议。李克强讲话强调，“十二五”期间深化医改要抓住医保、医药、医疗3个重点环节，实行“三轮驱动”。

党的十八大之后，医药卫生体制改革继续深化。

2015年4月23日，国务院办公厅印发《关于全面推开县级公立医院综合改革的实施意见》。5月6日，国务院办公厅印发《关于城市公立医院综合改革试点的指导意见》。至2016年年底，县级公立医院改革全面推开，城市公立医院改革试点扩大到200个城市。

2016年1月3日，国务院印发《关于整合城乡居民基本医疗保险制度的意见》，要求城乡居民医保制度政策实现统一覆盖范围、统一筹资政策、统一保障待遇、统一医保目录、统一定点管理、统一基金管理。

2016 年 8 月 19 日至 20 日，全国卫生与健康大会举行。习近平总书记强调，要把人民健康放在优先发展的战略地位，加快推进健康中国建设，努力全方位、全周期保障人民健康。10 月 17 日，中共中央、国务院印发《“健康中国 2030”规划纲要》。

2017 年 8 月 31 日，国家医保异地结算系统与所有省份和新疆生产建设兵团以及医疗保险统筹地区连通。9 月底，全面完成全国联网和跨省直接结算。

2018 年 9 月 13 日，国务院办公厅印发《关于完善国家基本药物制度的意见》。2019 年 7 月 19 日，国务院办公厅印发《治理高值医用耗材改革方案》。

党的十九大以“实施健康中国战略”来统揽医疗卫生和医药卫生体制改革。强调人民健康是民族昌盛和国家富强的重要标志。为此，要完善国民健康政策，为人民群众提供全方位全周期健康服务。深化医药卫生体制改革，全面建立中国特色基本医疗卫生制度、医疗保障制度和优质高效的医疗卫生服务体系，健全现代医院管理制度。加强基层医疗卫生服务体系和全科医生队伍建设。

改革开放以来，公共卫生领域投入不断加大，医疗科技水平迅速提高，医疗卫生体系建立健全。2018 年末，全国共有医疗卫生机构 99.7 万个，比 1949 年末增长 271 倍；卫生技术人员 952 万人，增长 17.8 倍。疾病防控能力明显增强，居民健康状况显著改善。随着医疗卫生体制改革不断深化，“基层首诊、双向转诊、急慢分治、上下联动”的分级诊疗制度逐步建立，全民医保体系加快健全。居民预期寿命由新中国成立初的 35 岁提高到 2018 年的 77.0 岁，婴儿死亡率由新中国成立初的 200‰下降到 2018 年的 6.1‰，居民健康水平总体上优于中高收入国家平均水平。

到 2020 年年末，全国共有医疗卫生机构 102.3 万个，卫生技术人员 1066 万人，比上年末增加 51 万人。截至 2020 年年末，全国共有 8177 家医疗卫生机构提供新型冠状病毒核酸检测服务，总检测能力达到 1153 万

份 / 天。基本医疗保险参保率稳定在 95% 以上。城乡居民免费享受的基本公共卫生服务项目由 2010 年的 9 类扩展到 2020 年的 12 类，项目内容覆盖居民生命的全过程。取消以药补医机制，建立基本药物制度，各级各类公立医疗机构全面配备优先使用基本药物，实行零差率销售。基本医疗卫生与健康促进法通过并实施，为全方位全周期维护人民健康、实施健康中国战略提供法治保障。

2019 年 9 月，长三角地区全部 41 个城市实现医保“一卡通”，率先探索异地就医门诊费用直接结算。到 2021 年 12 月，全国已实现 31 个省（自治区、直辖市）和新疆生产建设兵团所有统筹地区普通门诊费用跨省直接结算全覆盖。

2019 年 10 月 20 日，中共中央、国务院印发《关于促进中医药传承创新发展的意见》。

2019 年 12 月 28 日，十三届全国人大常委会第十五次会议通过《中华人民共和国基本医疗卫生与健康促进法》。

2020 年 2 月 25 日，中共中央、国务院印发《关于深化医疗保障制度改革的意见》，着力解决医疗保障发展不平衡不充分的问题。

2021 年 1 月，国务院公布《医疗保障基金使用监督管理条例》，医保基金监管步入法治化轨道。到 2021 年底，基本医疗保险参保人数达 13.6 亿，参保覆盖面稳定在 95% 以上。

2021 年 1 月，国务院办公厅印发《关于推动药品集中带量采购工作常态化制度化开展的意见》。药品集中带量采购工作从 2018 年在北京、上海等 11 个城市试点并逐步扩展到全国，到 2022 年 2 月，节约费用超 2600 亿元，进一步减轻了群众用药负担。

2021 年，国务院办公厅还印发了《关于建立健全职工基本医疗保险门诊共济保障机制的指导意见》《关于推动公立医院高质量发展的意见》《关于健全重特大疾病医疗保险和救助制度的意见》。

党的二十大强调，人民健康是民族昌盛和国家强盛的重要标志。要推进健康中国建设，把保障人民健康放在优先发展的战略位置，完善人民健康促进政策。深化医药卫生体制改革，促进医保、医疗、医药协同发展和治理。促进优质医疗资源扩容和区域均衡布局，坚持预防为主，加强重大慢性病健康管理，提高基层防病治病和健康管理能力。深化以公益性为导向的公立医院改革，规范民营医院发展。

五、计划生育国策的实施和调整

从1953年开始，党和国家就开始倡导节制生育。1957年10月，中共中央提出的《一九五六年到一九六七年全国农业发展纲要（修正草案）》明确规定："除了少数民族的地区以外，在一切人口稠密的地方，宣传和推广节制生育，提倡有计划地生育子女。"但是，由于"左"倾思想的影响，计划生育没有真正开展起来，人口过快增长的势头没有得到有效控制。

20世纪70年代初，面对严峻的人口形势，党和国家开始在全国城乡全面推行计划生育。1973年7月，国务院成立计划生育领导小组，在计划生育宣传教育上提出"晚、稀、少"的口号。

十一届三中全会以后，我国将人口发展纳入现代化建设的总体战略。

1978年6月，国务院新组成的计划生育领导小组召开第一次会议，讨论降低人口自然增长率问题，提倡一对夫妇最好生一个，最多生两个子女。1980年9月，中共中央发出《关于控制我国人口增长问题致全体共产党员、共青团员的公开信》，提倡一对夫妇只生育一个孩子。

1981年11月，五届全国人大四次会议提出了"限制人口的数量，提高人口的素质"的人口政策。1982年9月，党的十二大把实行计划生育确定为我国的一项基本国策。同年12月，新的《中华人民共和国宪法》明确规定："国家推行计划生育，使人口的增长同经济和社会发展计划相适应。"

2001年12月，九届全国人大常委会第二十五次会议审议通过了《中华人民共和国人口与计划生育法》，以国家法律的形式确立了计划生育基本国策的地位。

2006年12月，中共中央、国务院发出《关于全面加强人口和计划生育工作统筹解决人口问题的决定》，我国人口和计划生育工作进入了稳定低生育水平、统筹解决人口问题、促进人的全面发展的新阶段。

党的十八大以来，根据我国人口发展变化趋势，中共中央、国务院审时度势，作出了调整完善生育政策的重大决策部署。

2013 年，十八届三中全会通过的《中共中央关于全面深化改革若干重大问题的决定》提出，“坚持计划生育的基本国策，启动实施一方是独生子女的夫妇可生育两个孩子的政策”。12 月 21 日，中共中央、国务院印发《关于调整完善生育政策的意见》，对单独两孩政策作出规定。

2015 年，十八届五中全会决定：坚持计划生育的基本国策，完善人口发展战略，全面实施一对夫妇可生育两个孩子政策，积极开展应对人口老龄化行动。12 月 31 日，中共中央、国务院印发《关于实施全面两孩政策改革完善计划生育服务管理的决定》。2016 年 1 月 1 日，修改后的《中华人民共和国人口与计划生育法》正式实施，明确国家提倡一对夫妻生育两个子女。

“十三五”规划要求完善人口发展战略，建立健全人口与发展综合决策机制。2016 年 12 月，国务院印发《国家人口发展规划（2016—2030 年）》，提出到 2030 年，全国总人口达到 14.5 亿人左右，人口与经济社会、资源环境的协调程度进一步提高。

2021 年 5 月 31 日，中共中央政治局会议听取“十四五”时期积极应对人口老龄化重大政策举措汇报，根据人口发展形势新变化和推动高质量发展新要求，提出进一步优化生育政策，实施一对夫妻可以生育三个子女政策及配套支持措施。

2021 年 6 月 26 日，中共中央、国务院印发《关于优化生育政策促进人口长期均衡发展的决定》，就优化生育政策，实施一对夫妻可以生育三个子女政策，并取消社会抚养费等制约措施、清理和废止相关处罚规定，配套实施积极生育支持措施，作出了具体规定。

2021 年 11 月 18 日，中共中央、国务院印发《关于加强新时代老龄工作的意见》，旨在实施积极应对人口老龄化国家战略。

党的二十大指出，要优化人口发展战略，建立生育支持政策体系，降低生育、养育、教育成本。实施积极应对人口老龄化国家战略，发展养老事业和养老产业，优化孤寡老人服务，推动实现全体老年人享有基本养老服务。

六、户籍制度改革

1951 年 7 月 16 日，公安部公布《城市户口管理暂行条例》，规定了对人口出生、死亡、迁入、迁出、“社会变动”（社会身份）等事项的管制办法。这是新中国成立后第一部户口管理条例，基本统一了全国城市的户口登记制度。

1955 年，《国务院关于建立经常户口等级制度的指示》的发布统一了全国城乡的户口登记工作，规定全国城市、集镇、乡村都要建立户口登记制度，户口登记的统计时间为每年一次。

1958 年 1 月，全国人大常委会通过《中华人民共和国户口登记条例》，第一次明确将城乡居民区分为“农业户口”和“非农业户口”两种不同户籍，奠定了我国现行户籍管理制度的基本格局。

1964 年 8 月，《公安部关于处理户口迁移的规定（草案）》出台，集中体现了该时期户口迁移的两个“严加限制”基本精神，即：对从农村迁往城市、集镇的要严加限制；对从集镇迁往城市的要严加限制。

由此，中国城乡分隔的二元结构终于完全形成。国家严格按照户口身份来执行科教、卫生、医疗、就业等一系列政策。广大农民实际上备受歧视。城乡居民的流动和迁徙也都受到户籍的严格限制。这样的做法，虽然有助于社会管理和社会稳定，但对中国社会的发展进步产生了极为深远的影响和阻碍。

因此，长期以来，整个社会特别是广大农民都迫切要求改革这种划分“农业人口”和“非农业人口”的不合理户籍制度。虽然进展始终非常缓慢，但改革开放的推进和市场经济的发展，还是在这种户籍制度上一步步打开了缺口。

首先是实施居民身份证制度，小城镇户籍逐步放开。

1984年10月，《国务院关于农民进入集镇落户问题的通知》颁布，规定农民可以自理口粮进集镇落户，并同集镇居民一样享有同等权利，履行同等义务。户籍严控制度开始松动。

1985年7月，《公安部关于城镇暂住人口管理的暂行规定》出台，标志着城市暂住人口管理制度走向健全。

同年9月，居民身份证制度颁布实施，成为人口管理现代化的基础。

1997年6月，《国务院批转公安部小城镇户籍管理制度改革试点方案和关于完善农村户籍管理制度意见的通知》出台，规定已在小城镇就业、居住，并符合一定条件的农村人口，可以在小城镇办理城镇常住户口。

1998年7月，《国务院批转公安部关于解决当前户口管理工作中几个突出问题意见的通知》，让户籍制度进一步松动。根据此通知，新生婴儿随父落户、夫妻分居、老人投靠子女以及在城市投资、兴办实业、购买商品房的公民及随其共同居住的直系亲属，凡在城市有合法固定的住房、合法稳定的职业或者生活来源，已居住一定年限并符合当地政府有关规定的，可准予落户。

2001年3月颁布的《国务院批转公安部关于推进小城镇户籍管理制度改革意见的通知》，标志着小城镇户籍制度改革全面推进。通知规定，对办理小城镇常住户口的人员不再实行计划指标管理。

接着，是确立新型户籍制度的改革目标，并迈出实质性步伐，建立城乡统一的户口登记制度。

2011年2月26日，国务院办公厅发出《关于积极稳妥推进户籍管理制度改革的通知》。

2012年2月，《国务院办公厅关于积极稳妥推进户籍管理制度改革的通知》指出，要引导非农产业和农村人口有序向中小城市和建制镇转移，逐步满足符合条件的农村人口落户需求，逐步实现城乡基本公共服务均等化。

2013年11月，《中共中央关于全面深化改革若干重大问题的决定》指出：要“创新人口管理，加快户籍制度改革，全面放开建制镇和小城市落户限制，有序放开中等城市落户限制，合理确定大城市落户条件，严格控制特大城市人口规模”。

2014年6月30日，中央政治局召开会议，审议通过了《关于进一步推进户籍制度改革的意见》。会议指出，加快户籍制度改革是涉及亿万农业转移人口的一项重大措施。要坚持积极稳妥、规范有序，尊重群众意愿，不搞指标分配，不搞层层加码。要优先解决好进城时间长、就业能力强、可以适应城镇和市场竞争环境的人，使他们及其家庭在城镇扎根落户，有序引导人口流向。

2014年7月24日，国务院印发《关于进一步推进户籍制度改革的意见》，提出全面放开建制镇和小城市落户限制，有序放开中等城市落户限制，合理确定大城市落户条件，严格控制特大城市人口规模。7月30日，该意见正式发布。规定进一步调整户口迁移政策，统一城乡户口登记制度，全面实施居住证制度，稳步推进义务教育、就业服务、基本养老、基本医疗卫生、住房保障等城镇基本公共服务覆盖全部常住人口。到2020年，基本建立新型户籍制度，努力实现1亿左右农业转移人口和其他常住人口在城镇落户。

该意见中的最大亮点，是建立城乡统一的户口登记制度。这意味着，以“农业”和“非农业”区分户口性质的城乡二元户籍制度将成为历史，由此衍生的蓝印户口等户口类型也将作古，今后每一位中国公民的户口均统一登记为居民户口。

该意见的出台，标志着进一步推进户籍制度改革开始进入全面实施阶段，标志着我国实行了半个多世纪的“农业”和“非农业”二元户籍管理模式将退出历史舞台。

通过不断推进户籍制度改革，实行城乡统一的户口登记制度，促进有能力在城镇稳定就业的常住人口有序实现市民化，人员流动更加便利，人民公平享有的民生权利得到更好保障。2020年，全国户籍人口城镇化率达到45.4%，比2012年提高10.1个百分点。2010年以来，共为1500余万无户口人员办理了落户，基本解决全国无户口人员登记户口问题。

2020年12月28日，习近平总书记在中央农村工作会议上指出：“今后15年是破除城乡二元结构、健全城乡融合发展体制机制的窗口期。”党的二十大指出，要统筹城乡就业政策体系，破除妨碍劳动力、人才流动的体制和政策弊端，完善基本养老保险全国统筹制度，落实异地就医结算，加快完善全国统一的社会保险公共服务平台。这些都是随着户口制度改革而提出来的配套政策。

第四单元

社会主义发展史

· 第一题 ·

世界社会主义的由来和变迁

社会主义作为一种思潮，在世界上出现已经有500多年之久。19世纪中叶，马克思、恩格斯对空想社会主义进行革命性改造，创立了科学社会主义。列宁领导俄国十月革命，建立了现实的社会主义制度。随后，社会主义从一国向多国扩展。许多国家照搬苏联模式，既取得了成就，也出现了弊端，因此，不得不兴起改革的潮流。历经艰难曲折，社会主义改革一度呈现波澜壮阔的面貌，但最后仍出现了东欧剧变、苏联解体的不幸局面。世界社会主义发展的历程告诉我们一个深刻的道理，社会主义没有一个固定的模式，建设社会主义，一定要从自己的国情出发，走自己的道路。

总结历史的经验教训，中国共产党通过改革开放，开创了中国特色社会主义，不仅坚守了社会主义的阵地，而且推动世界社会主义出现了新的面貌。2021年，十九届六中全会通过的《中共中央关于党的百年奋斗重大成就和历史经验的决议》作出了一个令人震撼的新结论："马克思主义中国化时代化不断取得成功，使马克思主义以崭新形象展现在世界上，使世界范围内社会主义和资本主义两种意识形态、两种社会制度的历史演进及其较量发生了有利于社会主义的重大转变。"①

①《中共中央关于党的百年奋斗重大成就和历史经验的决议》，人民出版社2021年版，第63—64页。

一、科学社会主义奠基人对新社会的构想

1516年英国莫尔出版的一本书，叫《乌托邦》，全名是《关于最完美的国家制度和乌托邦新岛的既有益又有趣的金书》。顾名思义，书中描绘了一个叫乌托邦的小岛上实行的最完美最理想的社会制度。到了19世纪上半叶，人们把这种憧憬的理想社会称作“社会主义”，而把莫尔这一类设计未来社会图景的思潮称作空想社会主义。

空想社会主义历经了300多年发展。到19世纪40年代，马克思、恩格斯运用历史唯物主义的观点，批判了这些学说中的空想、错误成分，吸收其中积极、正确的内容，通过对社会发展规律的研究和对资本主义生产方式的剖析，创立了科学社会主义理论。

对马克思、恩格斯的社会主义理论，首先要说明三点：

第一，在历史上，社会主义和共产主义，是两个非常复杂的概念。它们有共同之处，又有很大差异。社会主义的外延比较广泛，它包含着各种流派的以争取社会平等、改造或推翻资本主义为目的的思潮、运动和制度。而共产主义则严格地指要求消灭私有制和阶级差别，主张全体社会成员共同占有全部生产资料的思潮、运动和制度。

第二，马克思、恩格斯最初是把社会主义当作反面的思潮来加以批判的。在《共产党宣言》中，马克思、恩格斯批判了很多种社会主义思潮，如反动的社会主义、封建的社会主义等。直到19世纪七八十年代，他们才逐渐在正面意义上使用社会主义的概念，有时还把社会主义当作共产主义的同义语。为了与其他社会主义流派加以区别，他们称自己的理论为科学社会主义。他们还进一步把共产主义划分为两个阶段，即第一阶段和高级阶段。后来，列宁把社会主义称作共产主义的第一阶段。

第三，马克思、恩格斯历来反对对未来社会主义的特征、要求等作出具体的描述。1886年1月，英国费边社的一位领导人请求恩格斯为该社准备出版的小册子《什么是社会主义？》写一篇文章，简要地叙述一下社

会主义者提出的经济、社会和政治的基本要求。恩格斯回信表示难以承担这一任务。他强调指出：“我所在的党并没有任何一劳永逸的现成方案。我们对未来非资本主义社会区别于现代社会的特征的看法，是从历史事实和发展过程中得出的确切结论；不结合这些事实和过程去加以阐明，就没有任何理论价值和实际价值。”①

作为科学社会主义的创始人，却从来不愿意描述未来社会主义社会到底应该是什么样子。这种似乎非常矛盾的做法会使我们很多人大惑不解。但其实，这正是马克思、恩格斯的思想方法，是他们对于社会主义的科学态度。马克思、恩格斯坚决反对从理性原则出发来预定未来社会的模式，更不愿意凭空制造一个理想的乌托邦。我们学习马克思主义理论或科学社会主义理论时概括的社会主义特征之类，其实都是后人的概括，并不是马克思、恩格斯自己在哪一本书里作了这样的概括和描述。

当然，这并不等于马克思、恩格斯对于未来社会主义社会没有任何预见。这种预见是散在于他们对资本主义社会的批判性分析之中的。他们在考察资本主义历史命运的同时，不能不非常自然地提出以什么样的社会制度来代替资本主义的问题，指出共产党人应该为之奋斗的目标，对未来社会作出一些合乎逻辑的构想。马克思、恩格斯的这些构想，大致可以归纳为以下几个方面：

第一，他们指出，社会主义社会最基本的特征就是生产资料归全社会占有。解决资本主义社会矛盾的办法，“只能是在事实上承认现代生产力的社会本性”，“由社会公开地和直接地占有已经发展到除了社会管理不适于任何其他管理的生产力”②。所以，一切生产资料和生产工具归社会公有。他们认为，社会主义社会同现存制度的具有决定意义的差别正在于，在实行全部生产资料公有制（先是单个国家实行）的基础上组织生产。

第二，他们认为，社会主义社会是人们结成平等合作的关系有计划地为全社会进行联合劳动的社会。劳动者作为自由人联合体，“用公共的生

①《马克思恩格斯选集》第四卷，人民出版社 2012 年版，第 676 页。

②《马克思恩格斯选集》第三卷，人民出版社 2012 年版，第 666 页。

产资料进行劳动，并且自觉地把他们许多个人劳动力当做一个社会劳动力来使用”①。社会将协调安排生产力。社会建立了新型的平等互助关系。“代替那存在着阶级和阶级对立的资产阶级旧社会的，将是这样一个联合体，在那里，每个人的自由发展是一切人的自由发展的条件”②。

第三，他们设想，社会主义社会个人消费品的分配，在社会总产品作了各项必要的扣除之后，实行按劳分配，即按等量劳动取等量产品。这种分配制度第一次消除了剥削现象，实现了劳动平等和分配平等，但它还不是最理想的分配制度。只有到共产主义社会，才能实现“各尽所能，按需分配”。

第四，他们认为，社会主义社会是没有商品生产和货币交换的社会。“一旦社会占有了生产资料，商品生产就将被消除，而产品对生产者的统治也将随之消除”③，“直接的社会生产以及直接的分配排除一切商品交换，因而也排除产品向商品的转化……也就排除产品向价值的转化”④。既然不存在商品生产和商品交换，作为商品价值表现形式的交换价值和货币也就消失了。

第五，他们认为，社会主义社会将消灭阶级和阶级对立，同时，国家的政治职能将逐步消失。按他们的设想，无产阶级革命将首先建立起民主制度，从而直接或间接地建立无产阶级的政治统治，然后利用这种统治，把全部资本，全部农业工业、运输业和整个交换都集中到国家手里，彻底消灭私有制。

第六，他们还设想，到社会主义社会，由于物质关系和物质生产发生了根本变化，人们的精神文化和社会生活也必然出现新的特点。人的认识能力、体力和智力将得到充分和自由的发展。他们认为摩尔根的一段话——“管理上的民主，社会中的博爱，权利的平等，普及的教育，将揭开社会的下一个更高的阶段”，是对现代社会提出的直接的共产主义要求。

---

①《马克思恩格斯选集》第三卷，人民出版社 2012 年版，第 509 页。

②《马克思恩格斯选集》第一卷，人民出版社 2012 年版，第 422 页。

③《马克思恩格斯选集》第三卷，人民出版社 2012 年版，第 671 页。

④《马克思恩格斯选集》第三卷，人民出版社 2012 年版，第 696 页。

如前所述，马克思、恩格斯使用“社会主义社会”和“共产主义社会”两个概念的情况很复杂。所以，他们对社会主义社会的构想，有的直接指共产主义社会的第一阶段，即社会主义社会，有的则是指共产主义社会，对两者的构想有时并未划出明确的界限。所以，我们也只能在有分有合的意义上来把握这些构想的精神实质。

经过170多年的社会发展过程，特别是20世纪到21世纪社会主义实践过程的检验，马克思、恩格斯的有些构想是具有普遍意义的科学论断和基本原理，只要搞社会主义，就必须加以遵循。有些构想，是基于一定的历史条件而作出的预测，历史条件变了，这些构想也需要加以改变。还有一些构想，被实践证明是不准确、不切合实际的，没有必要再加以坚持。所以，我们归纳的上述六个方面，仅是指马克思、恩格斯本来的设想，而不是说每一条都是我们今天仍然不能变更的原则。

对我们来说，更为重要的，是学习和坚持马克思主义关于社会主义的科学的方法论思想。马克思、恩格斯从来没有把他们的构想看作尽善尽美的图画和静止不动的最终方案。恰恰相反，他们认为，对未来的社会主义社会，只能指出一个大致的轮廓和方向，而不能预先规定好各方面的具体内容，共产党人并不提出任何一劳永逸的方案；社会主义没有固定不变的模式，而是一个不断发展和变革的历史过程，任何完美的社会、完善的国家只能在幻想中存在；必须善于从实际出发运用和发展科学社会主义理论，坚决反对教条主义的态度，反对用一把“万能钥匙”来解释任何历史现象。马克思、恩格斯的这些方法论思想，对我们认识和建设社会主义具有重要的指导意义。

列宁不仅继承了马克思、恩格斯的科学社会主义理论，而且亲自领导建立了世界上第一个由工人阶级掌握全部政权的国家，真正开始了建设新社会的探索。经过几年的初步实践，列宁系统地提出了建设社会主义的构想。他认为在经济文化比较落后的国家里，要采取渐进、过渡的方式建设社会主义，要大力发展大工业，为社会主义奠定雄厚的物质基础；要通过合作制引导农民走上社会主义道路；要发展文化教育事业，大力提高劳动人民群众的文化水平。他还特别强调要加强苏维埃政权的建设，反对官僚主义，改进工作作风；要加强党的建设，改善党的领导。列宁的思想，为科学社会主义的理论宝库增添了丰富的内容。

关于社会主义的定位、定性问题，亦即发展阶段和基本特征，列宁先后作出了一些重要的论述。他第一次明确地将社会主义社会与共产主义社会加以区分，将社会主义称作共产主义社会的“第一”阶段或“低级阶段”。同时，还提出了“社会主义最初级形式”“发达的社会主义社会”“完全的社会主义社会”等概念，认为社会主义同样有一个由低级到高级、由不发达到发达的过程。

科学社会主义奠基人关于新社会制度的构想，奠定了20—21世纪社会主义建设事业的思想基础，并对整个社会主义历史进程的发展产生了深远的影响。现在看来，其中的某些内容并不完全符合实际，但其主导的方面，仍然构成了社会主义的基本框架，对社会主义建设事业的指导作用是明显和积极的。

二、社会主义制度在苏联的创立和实践

马克思主义理论与工人阶级反对资本主义的斗争结合起来，便先在欧洲，后又在世界许多国家，掀起了大规模的社会主义运动。

各国无产阶级和劳动人民为建立社会主义的新制度进行了长期和艰苦的斗争。而俄国由于种种主客观原因，率先取得了十月革命的胜利，从而得以在世界上最先创立了现实的社会主义制度，开始了社会主义制度的初步运行和实践。

十月革命胜利之初，俄国无产阶级立即创立了以苏维埃为基本架构的新型的国家政权和政治制度。1918年1月，《被剥削劳动人民权利宣言》正式宣布俄国为工兵农代表苏维埃共和国。同年7月，全俄苏维埃第五次代表大会一致通过了世界上第一部社会主义国家的根本法——《俄罗斯苏维埃联邦社会主义共和国宪法》。经过艰苦的努力，苏维埃俄国实现了重大的社会变革，初步确立了新型的社会政治和经济制度。

从1918年上半年开始，苏维埃俄国经历了三年艰苦的国内战争。战

争期间，苏维埃政府实行了一整套被称为“战时共产主义”的经济政策和措施。

从 1921 年开始，苏维埃俄国进入新经济政策时期。新经济政策的主要内容是：以粮食税代替余粮收集制，农民按其土地、人口、收成或财产状况交纳粮食税，税后剩余的粮食、原料和饲料则全归农民自己支配；实行自由贸易政策，允许进行小工业商品和农产品的私人贸易，并使实物交换转变为以货币为媒介的交换；改变国有化政策，对部分工业实行租让制、租赁制等各种国家资本主义的形式，允许多种经济成分和多种经济形式的存在；改革经济管理的体制和方法，建立中央和地方的计划委员会，适当扩大地方和企业权力，运用价值规律和货币、信贷、商业、财政等手段调节经济，对国营企业实行经济核算制并组建托拉斯，在承认劳动者个人物质利益的基础上，实行劳动报酬级差制度。

1922 年 12 月 30 日，苏维埃社会主义共和国联盟第一次苏维埃代表大会在莫斯科开幕并通过宣言和条约，正式宣告了苏联的诞生。1924 年 1 月 31 日，苏联苏维埃第二次代表大会批准《苏联宪法》。

1926 年至 1932 年，是苏联建立社会主义经济基础的时期，主要开展了工业化和农业集体化两场最大的运动。联共（布）十四大提出实行社会主义工业化的方针。1926 年 4 月，制定了工业化的具体纲领。1928 年至 1932 年，实行了第一个五年计划。1927 年 12 月，联共（布）十五大作出关于农业集体化的决议。1929 年秋，开始实行农业全盘集体化。到 1932 年下半年，62.4%的农户实行了集体化。工业化和农业集体化是社会主义发展的必然要求，但在实际过程中也犯了许多“左”的错误。

从 1933 年开始，苏联进入国民经济社会主义改造的完成时期。到 1937 年，苏联完成了第二个五年计划。1938 年开始执行“三五”计划。由于工业化的完成，苏联建成了独立的工业体系。其他社会事业也有了很大的发展。

随着工业化和农业集体化的展开，苏联先后在 1929 年至 1932 年、1932 年至 1934 年以及 30 年代末对经济体制进行了几次较大的改组，逐步实现了国民经济的计划化，除了编制年度计划外，开始实行五年计划制

★ 图为《俄国十月革命冬宫广场上的人群》油画
张奋泉 / 供图

度，计划具有法律效力，企业的生产经营活动全部纳入国民经济的计划之中。

1936 年，苏联制定新宪法，从法律上确认了社会主义社会的社会制度和国家制度。苏联的社会主义制度及其相应的政治、经济等体制最终形成。

1939 年 9 月，第二次世界大战爆发。1941 年 6 月，法西斯德国以突然袭击的“闪电战”方式进攻苏联。苏联人民同仇敌忾，以顽强的精神和英勇的斗志，进行了艰苦卓绝的卫国战争。直至 1945 年进兵东欧，攻克柏林，迫使法西斯德国投降，终于取得了战争的胜利，并为世界反法西斯战争的胜利作出了伟大的贡献。

卫国战争胜利后，苏联人民致力于恢复和发展国民经济。1946 年至 1950 年，实施了第四个五年计划。到 1950 年，苏联在工业产量上超过了第二次世界大战前的水平。

苏联是人类历史上第一个社会主义国家。苏联人民以自己的英勇奋斗和自我牺牲，取得了社会主义建设的巨大成就。苏联人民所建立的新型国家政权，为其他国家的社会主义制度建设提供了楷模。但苏联制度的缺陷和弊病也产生了很多消极的影响。

三、社会主义制度在欧亚各国的建立和发展

第二次世界大战结束前后，东欧国家的共产党人，把反法西斯抵抗运动胜利地发展为人民民主革命，先后建立了 8 个人民民主国家。它们是：南斯拉夫、阿尔巴尼亚、波兰、捷克斯洛伐克、匈牙利、罗马尼亚、保加利亚、民主德国。

在亚洲，越南、朝鲜和中国人民在共产党领导下，经过长期的革命斗争特别是武装斗争，也先后建立了人民民主政权。

中国人民在中国共产党的领导下，进行了长期的革命斗争。在抗日战争胜利以后，又经过三年多解放战争，推翻了国民党反动派的统治，于 1949 年 10 月建立了中华人民共和国。

除此之外，还有蒙古、老挝、古巴也建立了人民民主政权。

这样，到 70 年代中期，除苏联之外，共有 14 个国家先后在不同时期、不同历史条件、不同国际环境下，以不完全相同的方式，建立了人民民主政权，确立了在共产主义政党领导下的、无产阶级和广大劳动人民在国家政治生活中的统治地位。

人民民主政权还不等同于社会主义的国家制度，但它为最终确立社会主义制度创造了良好的条件。各人民民主国家诞生后，一般都经历了两个历史发展阶段：第一个阶段是完成民主主义革命的任务。第二个阶段是在完成民主革命任务的基础上，进一步实行全面的社会主义改造，向社会主义过渡，逐步建立起社会主义的各项制度。

各国民主改革和社会主义改造的时间有快有慢，有先有后，有长有短，方式上也不完全一致，但其最后结果，除了老挝称其尚处于向社会主义过渡阶段外，都普遍建立起了比较完整的社会主义制度，进入了社会主义的历史发展时期。

这些社会主义国家各有自己的国情，但比较而言，一般都具有以下几个共同的特点：

第一，除少数国家外，一般都是经济文化比较落后的国家。一方面，这些国家已基本具备了社会主义革命的客观物质基础；另一方面，这种物质基础在各国所达到的程度有所不同。有的属于工业较发达的国家（如民主德国、捷克斯洛伐克），而另一些国家（如波兰、匈牙利、保加利亚、南斯拉夫，亚洲的中国、越南、朝鲜，拉丁美洲的古巴等）基本上都是农业国，生产力不发达。阿尔巴尼亚、老挝等，则属于最落后的国家之列。蒙古、老挝，没有经过资本主义的发展阶段而直接从封建社会或殖民地向社会主义过渡。这种落后状况，给这些国家的社会主义建设带来了一系列复杂的问题。

第二，这些国家的社会主义制度大都是经过长期的革命斗争建立起来的，同时，也与一定的外部条件有关。有的国家早在 19 世纪就出现了工人运动并建立了社会主义政党，十月革命后建立了共产主义政党。有的国家，如中国、南斯拉夫等，共产党领导人民群众，以武装斗争的形式建立了人民政权，大多数是在第二次世界大战或反帝救国斗争取得胜利的基础上实现的。很多国家直接或间接得到了不同程度的外部援助。东欧一些国家是由苏联红军解放的，其人民民主政权是在苏联帮助下建立起来的。这种状况，从长远来看，带来了一些复杂的问题。

第三，这些国家确立的人民民主制度和社会主义制度，曾经具有丰富多彩的形式，但又受到苏联模式的很大影响。由于苏联是世界上第一个社会主义国家，在人们心目中享有较高的威望；苏联对一些国家的解放和建设曾经给予很大的帮助；随着冷战局面的形成，东西方关系紧张并迅速形成两大政治、经济、军事集团，苏联加强对一些国家的控制；加上长期以来唯一可以学习的典范只有苏联。凡此种种，使欧亚不少国家在创立社会主义制度的过程中受到苏联过多的影响，自觉不自觉地照搬了苏联的模式，形成了过于集中的政治、经济等体制。

四、社会主义国家改革兴起和发展的过程

苏联在20世纪30年代最终形成的经济、政治、文化等体制，通常被称为传统社会主义模式。这种模式是特定历史条件的产物，是在苏联国情等各种复杂因素的制约下进行最初探索的结果。它既有积极的一面，对苏联社会的发展起了推动作用，又有很多弊端和缺陷，对历史产生了消极影响。这种利弊双重性，构成了传统社会主义模式最深刻的内在矛盾。

到20世纪40年代末50年代初，这种模式产生的弊端逐渐暴露出来，如冤假错案、践踏法制、破坏民主、个人崇拜、人民生活艰难等，由此产生了大量社会问题。苏联、东欧国家不得不调整政策，由此开始了最初的社会主义改革。这种改革的潮流由一国到多国、由局部到全局、由表层到深层，逐步发展、逐步推进，直至席卷了几乎所有的社会主义国家，成为一种极为重要的社会历史现象。

从50年代初到60年代前期，是社会主义改革的最初尝试阶段。

1949年12月，南斯拉夫开始建立工人委员会的试点。1950年6月26日，南斯拉夫联邦议会通过《工人自治法令》，从而开始了以实行工人自治为内容的改革。

在这之后，随着斯大林的去世，面对众多现实难题，苏联大幅度调整内外政策。1956年苏共二十大的召开，为其他国家突破苏联模式，寻求本国社会主义道路，进行经济和政治体制改革，创造了有利的外部条件。在这前后，中国对社会主义建设道路进行了初步探索，并在党的领导体制、经济体制等方面进行了一定程度的改革。波兰、匈牙利等国，以极为紧迫的形式，把改革提上了议事日程。

1957年，苏联开始进行工业建筑业管理体制的改革，下放权力，撤销专业部，建立经济区。在这前后，对农业体制、政治体制等也进行了重大的改革。为了寻找经济体制进一步改革的方向，1962年还开始进行了以利别尔曼建议为中心的理论讨论，并相应进行了局部的试验。

但是，到60年代前期，大多数国家的改革尝试都不同程度地遇到了

挫折。

从60年代中期到70年代中期，是社会主义改革深入发展的阶段。

1963年，南斯拉夫以通过南解放后的第三部宪法为标志，将工人自治推进到社会自治阶段，并实行了新经济措施和政治改革。民主德国在其他东欧国家中，最早提出了改革国民经济计划与管理体制的方案。1965年，苏共中央通过《关于改革工业管理、完善计划工作和加强工业生产的经济刺激》的决议，开始了以推行“计划工作和经济刺激新体制”为中心的经济改革。经过七八年时间，整个苏联国民经济基本上采用了新的体制。1973年，苏联又在全国范围内改组工业管理机构，实行两至三级管理制，成立各种联合公司，从而使改革进了一步。与此同时，苏联还在农业体制和发展战略以及政治体制方面作了调整和改革。

东欧各国经过比较充分的准备，大都先后推出了比较全面的改革方案。除南斯拉夫和民主德国外，罗马尼亚从1965年开始了第一次改革，匈牙利从1968年起全面实行新体制，保加利亚从1971年起全面推行新经济制度，波兰在70年代实行了新体制新战略。

这个阶段的改革，在不同程度上缓和了旧体制与生产力之间的矛盾，促进了国民经济的改善和发展。各国社会主义民主和法制的建设都有加强，领导体制都有所改革。但是，进入70年代以后，特别是70年代中期，不少国家的改革遇到困难，国民经济的增长速度减缓。

从70年代后期至80年代末，是社会主义改革走向全面高涨又遭受严重挫折的阶段。

1978年，中国共产党召开十一届三中全会，在一个10多亿人口的社会主义大国，吹响了改革开放的号角。中国的改革从农村开始，迅速发展到城市，成为包含经济、政治、文化、科技、教育等体制在内的全面改革，成为中国的第二次革命。

原已改革的国家继续把改革推向深入，其他一些国家也不同程度地开始改革或进行政策调整，从而使社会主义国家的改革达到了空前的规模。到80年代中期，一度呈现空前壮阔的景象和气势。但这种态势没有能保持下去，改革的效益逐步递减，国民经济运行状态不佳，社会政治领域出

★ 改革开放是中国共产党在新的历史条件下领导中国人民进行的新的伟大革命，是决定当代中国命运的关键抉择。改革开放的窗口——深圳将继续发扬“拓荒牛”精神，加快建设中国特色社会主义先行示范区。图为深圳市委大院门前“拓荒牛”雕像

现越来越多的不稳定现象，有的国家党内发生矛盾甚至领导层的分裂。

由于种种原因，1989 年，东欧国家政局剧变，1991 年，苏联解体。世界社会主义陷入低潮。

1992 年之后，社会主义改革在新的范围内和新的基础上逐步复兴并深入发展。

由于苏联、东欧发生剧变，苏联和东欧地区国家的社会性质发生改变，虽然也说在进行“改革”，但其含义已全然不同。

在由共产党执政的社会主义国家中，中国成为改革的主要力量。以邓小平 1992 年初视察南方的谈话和中共十四大为标志，中国的改革开放和现代化建设进入一个新的阶段。随着中国特色社会主义的确立，社会主义市场经济体制目标的确立，改革向纵深发展，成效明显。2012 年党的十八大以来，改革全面深化，对世界社会主义事业作出了新的巨大贡献。

五、社会主义没有一个固定的模式

社会主义在世界发展的进程中形成了许多宝贵的经验。其中极为重要的一点，是实践告诉我们，社会主义没有一个固定的模式，建设社会主义，一定要从本国的国情出发，建设具有自己特色的社会主义。

马克思的科学理论，揭示了整个世界包括自然、社会和人类思维发展的一般规律，提出了一整套认识世界和改造世界的方法。它在把社会主义由空想变为科学的基础上，预见到社会发展的趋势，描绘了社会主义的基本特征，从而鼓舞人们为实现这个美好的理想而奋斗。

从横向而言。马克思主义的基本理论具有普遍的指导意义，但是，每个国家的国情，包括自然状况、人口构成、生产力水平、经济结构、历史传统、生活方式、人民觉悟等各个方面，都有很大的差别，因此，马克思主义不可能为每个国家的社会主义事业提供现成的答案，更不能像贴标签一样机械地照搬于每一个国家。马克思主义提供的只是观察问题、解决问题的立场、观点和方法，是各国革命和建设的行动指南。因此，每个国家在建设社会主义的过程中，必须始终坚持从实际出发，把马克思主义的普遍真理与本国的国情结合起来，实事求是地确定自己的方向、道路、目标、方针、政策、策略，建设具有自己特色的社会主义。只有这样，社会主义才有深厚的根基。按照这样的原则去做，就会在事实上形成多种多样的社会主义模式，而不会只有一个模式。

再从纵向而言。马克思主义是发展的科学，发展的观点是马克思主义的基本观点。马克思主义创始人虽然为未来社会主义描绘出了基本的轮廓，但是，他们并不认为这一切都是尽善尽美的图画和静止不动的最终方案。恰恰相反，他们始终把社会主义看作一个不断发展和变革的历史过程。他们认为，社会主义像任何其他社会制度一样，只是人类社会由低级到高级的无穷发展进程中的一个暂时阶段，决不会停留、静止在某个一成不变的模式上，它将通过不断的发展、变化和改革，而走向更新、更高、更完善的阶段。所以，从纵向的历史发展来看，社会主义也不可能有一个固定不变的模式。

对于每一个国家来说，不仅要处理好马克思主义基本原理与本国实际的关系，而且要处理好本国实际与别国经验的关系。既不能教条主义地照抄马克思主义的只言片语，更不能生搬硬套地照抄别国的模式。

每个国家社会主义运动的出现和社会主义制度的建立，都是各国社会矛盾和社会运动成熟、发展的结果。每个国家革命的成功、社会的发展，归根结底要靠本国党和人民的努力。一个国家建设社会主义的方针、政策、道路，只能由本国党和人民自己来决定。任何别的国家和别国党都不能随便干涉。如果忽视本国人民的利益和愿望，由外国党来决定建设什么样的社会主义，而且强制人们服从，那就会严重脱离群众而一事无成。

各国在建设社会主义过程中都有自己的长处和经验，所以，各个国家在建设社会主义的过程中也需要互相交流，相互学习，取长补短，共同前进。但是，对外国的经验要有分析有选择地学，有鉴别有取舍地学，不能不顾实际盲目照搬，连错误的、不成功的东西也学了来。

社会主义在各国实践的结果，事实上会形成各种模式。其中某些模式，在一定的条件下，可以起到典型和示范的作用。但是，世界上没有哪种模式具有绝对的、神圣的意义。一国模式与他国实践，都是个性与个性的关系。个性中有共性，但不能把个性中任何东西都抬到共性的高度，变成神圣不可变动的模式。如果照抄照搬一国模式，就会严重脱离本国实际，造成非常严重的后果。

苏联作为上第一个社会主义国家，曾经创造过非常宝贵的经验，并成为历史上第一个社会主义模式。但苏联模式的内在矛盾性，最初并没有被人们认识。相反，无论是它的长处还是短处，都被当成了神圣的模式。第二次世界大战结束后，这一模式被推广到几乎所有的社会主义国家。于是各社会主义国家在接受苏联社会主义建设经验的同时，也把苏联模式的内在弊病接受了过来，产生了许多消极的后果，甚至一直影响到当代。这一深刻的教训值得我们永远记取。

·第二题·

从新民主主义到社会主义的跨越

中国共产党从建党开始，就接受了马克思主义的理论和苏俄的经验，确立了建设社会主义和共产主义的目标。但中国的国情决定了不能一步跨越。因此，中国共产党在实事求是分析了中国的国情和主要矛盾之后，首先制定了新民主主义革命的理论、路线和纲领，致力于推进新民主主义革命。中国革命的胜利，是新民主主义革命的胜利。在此基础上，中国共产党领导中国人民进行社会主义改造，使中国提前跨进了社会主义社会。

一、新民主主义革命和社会

19世纪末，社会主义思潮开始传进中国。辛亥革命后，社会主义学说进一步在中国传播。十月革命后，社会主义学说在中国的影响大大扩大，并成为中国共产党诞生的思想基础。

从1840年鸦片战争开始，中国逐渐成为半殖民地半封建社会。近代中国半殖民地半封建社会的主要矛盾是帝国主义和中华民族的矛盾、封建主义和人民大众的矛盾。而帝国主义和中华民族的矛盾，是各种矛盾中最主要的矛盾。近代中国民族民主革命就是在这些矛盾的基础上发生和发展起来的。

以1919年的五四运动为标志，中国革命划分为两种革命。五四运动之前是旧民主主义革命，由资产阶级领导。五四运动之后，是新民主主义革命，由无产阶级领导，即由中国共产党领导。

中国共产党在成立之初，制定了具有共产主义性质的纲领，确立了共产主义的目标。到1922年的中共二大，直接使用了共产主义的概念，但没有出现社会主义一词。

中共二大的一个重大变化，是初步认识到，在中国这样的国情基础上必须首先进行反帝反封建的斗争，而不能马上实行共产主义的纲领。因此，第一次提出了新民主主义革命的思想，把党的纲领区分为最高纲领和最低纲领，把当前阶段的任务确定为打倒列强、打倒军阀，即反帝反封建。未来再渐次实现共产主义性质的目标和任务。这一决策，把马克思主义从书上落到了地上，更加贴近了中国的现实，是把马克思主义与中国实际相结合的一个重大成果。

随后，在中国革命的过程中，中国共产党进一步创立了完整的新民主主义革命理论，制定了新民主主义革命的总路线。毛泽东思想的一个主要内容，就是新民主主义革命的理论。

按照这一理论和路线，中国共产党领导的中国革命分为两步。第一步，先进行民主主义革命，改变中国半殖民地半封建社会形态，使之变成一个独立的民主主义社会；第二步，进行社会主义革命，建立一个社会主义社会。

新民主主义革命的主要任务是反帝反封建，解决的是中国社会的两大矛盾，即帝国主义与中华民族的矛盾，封建主义与人民大众的矛盾。

中国共产党领导的新民主主义革命，既不同于旧式的一般的资产阶级民主革命，又不同于无产阶级领导的社会主义革命，而是新式的特殊的资产阶级民主革命，即新民主主义革命。

新民主主义革命的领导阶级是工人阶级。新民主主义革命的动力是人民大众，包括工人阶级、农民阶级、小资产阶级和民族资产阶级。农民是工人阶级最可靠的坚固的同盟军，城市小资产阶级也是可靠的同盟军，民族资产阶级则是在一定时期中和一定程度上的同盟军。民族资产阶级是一个既有革命要求又有动摇性的阶级。

到1945年的七大党章，明确写入“在将来阶段”，“经过必要步骤，为在中国实现社会主义与共产主义的制度而奋斗”。

1948 年，中国共产党确定在新民主主义革命阶段的总路线和总政策是：无产阶级领导的，人民大众的，反对帝国主义、封建主义和官僚资本主义的革命。

所以，中国共产党在 1921 年至 1949 年所争取、坚持和付诸实践的，并不是社会主义，更不是共产主义，而首先是新民主主义。中国革命的胜利，是新民主主义革命的胜利。社会主义和共产主义是中国共产党人矢志不渝的理想和目标，但必须在新民主主义革命胜利的基础上，才能逐步走向社会主义。

在新民主主义革命过程中，曾不时出现急于实行社会主义革命的倾向。特别是几次出现的“左”倾错误，一个重要的特点和内容，就是超越中国的现实，超越中国农村的现实，急于实行社会主义、共产主义性质的政策，如打击民族资产阶级甚至打击小资产阶级，没收全部土地实行国家所有，不给地主分配土地，将地主和工商业者从肉体上消灭，在民族危机的重要时刻号召保卫苏联等。这些“左”倾错误实行的结果，无一例外地损害了中国革命，遭到了失败。中国共产党不得不以极大的努力纠正这些错误，消除这些错误产生的影响。

因此，要认识中国的社会主义，首先要认识中国的国情，认识中国的新民主主义。要走向社会主义，首先要实行新民主主义。中国革命的胜利，首先是新民主主义革命的胜利。1949 年之前真正实际地挽救了中国的，是新民主主义。所以，我们党从来都是把 1949 年之前的革命称为“新民主主义革命”，而不是社会主义革命。

新民主主义革命胜利后，中国共产党领导建立的，首先是新民主主义社会。新民主主义社会是近代中国由半殖民地半封建社会走向社会主义社会的中介和桥梁。

1949 年 10 月 1 日中华人民共和国的成立，标志着新民主主义革命的胜利。之后到 1956 年社会主义改造基本完成、社会主义基本制度建立，中国社会的性质是新民主主义社会，遵循的是新民主主义纲领。

新民主主义即人民民主主义，是新中国建国的政治基础。1949 年 9 月 29 日，中国人民政治协商会议第一届全体会议通过的《中国人民政治协商会议共同纲领》规定，“中华人民共和国为新民主主义即人民民主主义的国家”。

新民主主义社会的政治纲领包括新民主主义的国体和政体两个方面。

新民主主义社会的国体是工人阶级领导下的一切反帝反封建的人们联合专政的共和国，即新民主主义共和国。工人阶级、农民、知识分子和其他小资产阶级，是决定国家命运的基本力量，是国家构成和政权构成的基本部分。政体是实行民主集中制的人民代表大会制度。

新民主主义社会的经济纲领是：没收封建阶级的土地归农民所有；没收蒋介石、宋子文、孔祥熙、陈立夫为首的垄断资本归新民主主义的国家所有；保护民族工商业。

新民主主义社会的经济形态是：社会主义性质的国营经济及其领导下的半社会主义性质的合作社经济、私人资本主义经济、个体经济、国家和私人合作的国家资本主义经济等多种经济成分并存。

新民主主义社会的经济政策是公私兼顾、劳资两利、城乡互助、内外交流，简称“四面八方”政策。

新民主主义社会的文化纲领，就是无产阶级领导的人民大众的反帝反封建的文化，即民族的科学的大众的文化。

所谓民族的文化，是指它反对帝国主义压迫，主张中华民族的尊严和独立，带有中华民族的特性。所谓科学的文化，是指它反对一切封建思想和迷信思想，主张实事求是，主张客观真理，主张理论和实践相统一。所谓大众的文化，是指它应当为占全民族中90%以上的工农劳苦大众服务，这种大众的文化，也是民主的文化。

新民主主义的前途是建设社会主义。随着新民主主义社会的建立，中国社会主义的大门也就打开了。

二、大步跨入社会主义社会

中国共产党的既定方针，是在革命胜利后，稳步地促进中国由农业国向工业国转变，由新民主主义国家向社会主义国家转变。

这种转变的时间，曾设想先经过一个“相当长时期”的新民主主义社会，待工业发展了，国营经济壮大了，再实行私人资本主义经济的国有化和个体农业的集体化。

经过新中国成立后三年多的恢复和建设，中国社会发生了巨大变化。从 1952 年 9 月开始，毛泽东提出，我们现在就要开始用 10 年到 15 年的时间基本上完成到社会主义的过渡，而不是 10 年或者更长时间以后才开始过渡。

1953 年 6 月，中央政治局会议对过渡到社会主义的方法、途径和步骤等问题正式进行了讨论。6 月 15 日，毛泽东在会议的讲话中，首次提出了党在过渡时期总路线的基本内容。会议以后，中央宣传部着手起草关于总路线的宣传提纲。毛泽东在修改这个提纲时，把党在过渡时期的总路线进一步完整表述为：“从中华人民共和国成立，到社会主义改造基本完成，这是一个过渡时期。党在这个过渡时期的总路线和总任务，是要在一个相当长的时期内，逐步实现国家的社会主义工业化，并逐步实现国家对农业、对手工业和对资本主义工商业的社会主义改造。”①

过渡时期总路线由此载入党的正式文件。1954 年 9 月，一届全国人大一次会议又把它作为全国人民在过渡时期的总任务写入《中华人民共和国宪法》。

过渡时期总路线是“一化三改”“一体两翼”的总路线。它的主体任务是逐步实现社会主义工业化，两翼分别是对个体农业、手工业的社会主义改造以及对资本主义工商业的社会主义改造。主体和两翼是不可分离的整体。

随着过渡时期总路线的提出和第一个五年建设计划的实施，对农业、手工业和资本主义工商业的有系统的社会主义改造大力向前推进。

1953 年，党先后作出关于农业生产互助合作的决议和关于发展农业生产合作社的决议。1954 年初，在开展过渡时期总路线宣传教育的基础

① 中共中央文献研究室编：《建国以来重要文献选编》第四册，中央文献出版社 1993 年版，第 700—701 页。

上，农村掀起大办农业社的热潮。1953年和1955年春对合作社进行两次整顿。1954年10月4日至11日的七届六中全会（扩大），根据毛泽东的报告，通过了《关于农业合作化问题的决议》。9月至12月，毛泽东主持编辑了《中国农村的社会主义高潮》一书，并为此书写了两篇序言和100多条按语。

对个体手工业，一般经历了生产合作小组、手工业供销合作社、手工业生产合作社几个阶段，完成了社会主义改造。

对资本主义工商业的社会主义改造，按照“限制、利用、改造”的政策，先后采取委托加工、计划订货、统购包销、委托经销代销、公私合营、全行业公私合营等一系列从低级到高级的国家资本主义的过渡形式，最后实现了马克思和列宁曾经设想过的对资产阶级的和平赎买。国家先后以“四马分肥”和支付定息的方式，付给私营工商业者30多亿元。

★图为1956年1月22日，天津市90万人集会，热烈庆祝全市社会主义改造胜利完成　袁苓／供图

到1956年底，全国一亿一千万农户中，有96.3%加入了农业生产合作社，其中参加高级社的农户占全国农户总数的87.8%；绝大多数手工业者加入了手工业集体经济组织。参加合作社的手工业人员已占全体手工业人员的91.7%；全国私营工业户数的99%，私营商业户数的82.2%，分别纳入了公私合营或合作社的轨道。

1956年同1952年相比，国营经济的比重由19.1%上升到32.2%，合作社经济由1.5%上升到53.4%，公私合营经济由0.7%上升到7.3%，个体经济由71.8%下降到7.1%，资本主义经济由6.9%下降到接近于零。社会主义性质的国营经济、合作社经济和基本上属于社会主义性质的公私合营经济合计为92.9%，占到了国民收入的绝大多数。①

至此，中国农业、手工业、资本主义工商业的社会主义改造基本完成。中国迈进了社会主义社会。

在向社会主义过渡的进程中，党创造了一系列适合中国特点的过渡形式。在农业方面，创造了以初级农业生产合作社为主要形式的多种互助合作形式，使农民的个体私有制逐步转变为社会主义集体所有制。对个体手工业，也采取类似的办法。对资本主义工商业，创造了加工订货、经销代销、公私合营等一系列国家资本主义形式，使资本家私有制逐步过渡到社会主义公有制，成功地实现了对资产阶级的和平赎买。这些经验，丰富和发展了马克思主义的科学社会主义理论。

社会主义改造中也有要求过急、工作过粗、改变过快，形式也过于简单划一的问题，但总体来说，在一个几亿人口的大国实现如此复杂、困难和深刻的变革，是一个历史性的成就。

1956年1月15日，北京各界20多万人在天安门广场举行庆祝社会主义改造胜利联欢大会。毛泽东和其他中央领导同志出席大会。北京市市长彭真在会上宣布：我们的首都已经进入了社会主义社会。1月21日，上海和重庆同时举行了欢庆进入社会主义社会的集会和游行。一时间，中

---

① 参见中共中央党史研究室著，胡绳主编:《中国共产党的七十年》，中共党史出版社1991年版，第333页。

国大地上到处张灯结彩，锣鼓喧天，庆祝社会主义改造的胜利完成，庆祝中国进入了社会主义社会。

三、对中国建设社会主义道路的思考和探索

中国走上社会主义道路之时，在经济、政治、文化等体制方面照搬了苏联模式。对此，毛泽东一是认为没办法，二是不满意。苏共二十大之后，中国共产党开始提出如何对待苏联经验的问题。中国共产党由此开始思考和探索中国自己的社会主义建设道路。

这种探索，一是表现在奠定了基本的制度基础。新中国创建的人民代表大会制度、共产党领导的多党合作和政治协商制度、以公有制和按劳分配为主体的经济制度、民族区域自治制度等，既参考和学习了苏联的经验，又考虑了中国的实际。有的如民族区域自治制度，与苏联完全不同，是富有中国特色的创造，是从中国自己国情出发所作出的符合实际的选择。

二是表现在积累了丰富的建设成就。经过艰苦努力，中国建立了独立的比较完整的工业体系和国民经济体系。在内地和少数民族地区，兴建了一批新的工业基地。国防工业从无到有地逐步建设起来。教育、科学、文化、卫生、体育事业也有很大发展。这些都显示了社会主义基本制度的优越性。遇到的困难，也反映了过于集中的管理体制的弊端。

三是表现在提供了重要的思想成果。

1956 年，毛泽东在听取国务院 34 个经济部门同志的汇报之后，于 4 月 25 日代表中央在政治局扩大会议上作《论十大关系》报告，初步总结了我国社会主义建设的经验，提出了探索适合我国国情的社会主义建设道路的任务。同年 9 月召开的党的第八次全国代表大会，以及后来毛泽东发表的《关于正确处理人民内部矛盾的问题》《在扩大的中央工作会议上的讲话》等著作，都对建设社会主义道路进行了富有成效的探索。在这些探索中，提出了一系列重要的思想。比较突出的有：

坚持把马克思列宁主义基本原理同中国实际相结合。要求“以苏为

鉴”，“向外国学习”。强调要找出适合我国情况的前进道路，不要机械搬用外国的经验。“我们的方针是，一切民族、一切国家的长处都要学……一切真正好的东西都要学。但是，必须有分析有批判地学，不能盲目地学，不能一切照抄，机械搬运。他们的短处、缺点，当然不要学”[①]。进行社会主义建设，必须坚持自力更生为主，争取外援为辅和勤俭建国等根本方针。主要依靠自己的力量发展革命和建设事业。方针要放在自己力量的基点上，同时，在任何时候都要争取外援，特别要学习外国一切对我们有益的先进事物。

把社会主义社会的发展划分为“不发达的”和“比较发达”的不同阶段。提出大体经过 10 年至 15 年的努力，使社会主义经济制度和政治制度获得比较充分的物质基础。

提出社会主义社会的基本矛盾问题，指出在社会主义制度下，人民的根本利益是一致的，但人民内部还存在着各种矛盾，必须严格区分和正确处理敌我矛盾和人民内部矛盾。人民内部要实行“团结——批评——团结”的方针。

要求从中国是一个大农业国这种情况出发，坚持以农业为基础，正确处理重工业同农业、轻工业的关系，充分重视发展农业和轻工业，走出一条适合我国国情的中国工业化道路。强调要处理好经济建设和国防建设、大型企业和中小型企业、汉族和少数民族、沿海和内地、中央和地方、自力更生和学习外国等各种关系，处理好积累和消费的关系，注意综合平衡。

提出调动一切积极因素，化消极因素为积极因素的战略思想。在党与民主党派的关系上实行“长期共存、互相监督”，在科学文化工作中实行“百花齐放、百家争鸣”，在经济工作中实行对全国城乡各阶层统筹安排和兼顾国家、集体、个人三者利益等一系列正确方针。

提出中国的建设事业必须由共产党领导。中国共产党是全中国人民的领导核心。要加强和改善党的领导，重视执政党的自身建设，一定要警惕

① 《毛泽东著作选读》（下册），人民出版社 1986 年版，第 740 页。

官僚主义作风，不要形成一个脱离人民的贵族阶层。

其他领导人也提出了很多重要思想。刘少奇提出许多生产资料可以作为商品进行流通，社会主义社会要有两种劳动制度、两种教育制度；周恩来提出我国知识分子绝大多数已经是劳动人民的知识分子，科学技术在我国现代化建设中具有关键性作用；朱德提出要注意发展手工业和农业多种经营；陈云提出计划指标必须切合实际，建设规模必须同国力相适应，人民生活和国家建设必须兼顾，制定计划必须做好物资、财政、信贷平衡；邓小平提出整顿工业企业，改善和加强企业管理，实行职工代表大会制；邓子恢等提出农业中要实行生产责任制；等等。

《中共中央关于党的百年奋斗重大成就和历史经验的决议》指出：“在这个时期，毛泽东同志提出把马克思列宁主义基本原理同中国具体实际进行‘第二次结合’，以毛泽东同志为主要代表的中国共产党人，结合新的实际丰富和发展毛泽东思想，提出关于社会主义建设的一系列重要思想，包括社会主义社会是一个很长的历史阶段，严格区分和正确处理敌我矛盾和人民内部矛盾，正确处理我国社会主义建设的十大关系，走出一条适合我国国情的工业化道路，尊重价值规律，在党与民主党派的关系上实行‘长期共存、互相监督’的方针，在科学文化工作中实行‘百花齐放、百家争鸣’的方针等。这些独创性理论成果至今仍有重要指导意义。”①

由于当年传统社会主义的观念和模式还占着主导地位，思想理论上把马恩列斯著作中的某些设想和论点教条化，没有完全搞清楚什么是社会主义，所以我们党的探索后来一步步走偏了方向。首先是反右派斗争严重扩大化。随即提出总路线，轻率发动了“大跃进”运动和农村人民公社化运动。1959 年，错误地开展“反右倾”斗争。“左”倾错误的高峰，则是 1966 年 5 月至 1976 年 10 月的“文化大革命”，使党、国家和人民遭受到新中国成立以来最严重的挫折和损失。改革开放之后作出的《关于建国以来党的若干历史问题的决议》，对这些错误作了深刻和科学的分析。

---

①《中共中央关于党的百年奋斗重大成就和历史经验的决议》，人民出版社 2021 年版，第 12—13 页。

"左"的特别是"文化大革命"的严重错误，也警醒和教育了全党全国人民，使我们更加清楚地看到了体制上的弊端，认识到改革的必要性。邓小平说："我们根本否定'文化大革命'，但应该说'文化大革命'也有一'功'，它提供了反面教训。没有'文化大革命'的教训，就不可能制定十一届三中全会以来的思想、政治、组织路线和一系列政策。"[①]中国特色社会主义，在某种意义上，正是在总结历史教训的基础上出现的。

所以，从新中国成立到改革开放开始的近30年，无论成绩还是挫折，都可以归结为对中国特色社会主义道路的探索。虽然这时还没有形成中国特色社会主义，但作为一种探索，仍然是有益和宝贵的。《中共中央关于党的百年奋斗重大成就和历史经验的决议》指出："在探索过程中，虽然经历了严重曲折，但党在社会主义革命和建设中取得的独创性理论成果和巨大成就，为在新的历史时期开创中国特色社会主义提供了宝贵经验、理论准备、物质基础。"[②]

①《邓小平文选》第三卷，人民出版社1993年版，第272页。

②《中共中央关于党的百年奋斗重大成就和历史经验的决议》，人民出版社2021年版，第14页。

·第三题·

由房屋而论什么是社会主义

在探索社会主义建设道路的过程中，中国共产党经历了曲折，积累了经验。经过几十年的探索和实践，我们党终于认识到，要建设社会主义，首先要搞清楚什么是社会主义、怎样建设社会主义。这是一个不容回避的首要问题。正是在思考和努力回答这一问题的过程中，我们党才进一步辨明了中国社会发展的方向，实行改革开放，创立了中国特色社会主义。

一、一个首要和根本的问题

数百年来，人们对社会主义进行了长期的思考和探索。世界上许多国家，搞了几十年社会主义，结果却并不理想，有的形象很差，有的最后垮台了，转向了。中国共产党和中国人民对社会主义衷心向往，矢志不渝。改革开放前，我们党还不断地进行坚持社会主义、反对资本主义的斗争和教育。但在相当程度上并没有把社会主义搞好，党所描绘的美好图景很多没有实现，社会主义的优越性没有充分发挥出来。

这种欲速不达，甚至南辕北辙的结果是怎么造成的？问题到底出在哪里呢？

在拨乱反正、正本清源过程中，我们党发现，过去我们对社会主义的认识和理解并不完全准确和科学，有些坚守的所谓原则和理念还是错误的。特别是在改革开放中，经常发生姓“社”姓“资”的争论。有些人错把社会主义的东西当成资本主义，怀疑改革开放走了资本主义的道路。事实说明，不少问题首先出在对社会主义的认识和理解上。

针对这种状况，邓小平首先发现了问题的症结，提出如何认识社会主义的问题。

1984 年 6 月，邓小平第一次明确提出："什么叫社会主义，什么叫马克思主义？我们过去对这个问题的认识不是完全清醒的。"[①]1985 年 8 月，在会见津巴布韦客人时，邓小平坦诚地说："我们总结了几十年搞社会主义的经验。社会主义是什么，马克思主义是什么，过去我们并没有完全搞清楚。""社会主义究竟是个什么样子，苏联搞了很多年，也并没有完全搞清楚。可能列宁的思路比较好，搞了个新经济政策，但是后来苏联的模式僵化了。"[②]

1987 年 4 月，在会见捷克斯洛伐克客人时，邓小平又指出："最根本的一条经验教训，就是要弄清什么叫社会主义和共产主义，怎样搞社会主义。"[③]1991 年 8 月，邓小平在同几位中央负责同志谈话时，告诫"老祖宗不能丢"，同时，又一次强调："问题是要把什么叫社会主义搞清楚，把怎么样建设和发展社会主义搞清楚。"[④]

邓小平在谈到这个问题时，用词当然是很有分寸的。"认识不是完全清醒的"，"没有完全搞清楚"，就是说，既不是完全没有搞清楚，又不是完全清楚了。尺度就在完全与不完全之间。

搞了几十年社会主义，结果却发现，对什么是社会主义、怎样建设社会主义的问题还没有完全搞清楚。这种矛盾的现象似乎匪夷所思。怎么会出现这种情况呢？有些人甚至到现在都不能理解。

其实，这种矛盾现象并不奇怪。宋朝大诗人苏轼有一首诗说："横看成岭侧成峰，远近高低各不同。不识庐山真面目，只缘身在此山中。"身在山中，反而不识山，奇怪吗？很奇怪。但仔细一琢磨，一点不奇怪。这与人们的认识过程及其特点有关系。有些东西，越是熟悉，越是研究得深，

①《邓小平文选》第三卷，人民出版社 1993 年版，第 63 页。

②《邓小平文选》第三卷，人民出版社 1993 年版，第 137、139 页。

③《邓小平文选》第三卷，人民出版社 1993 年版，第 223 页。

④《邓小平文选》第三卷，人民出版社 1993 年版，第 369 页。

就越发现问题的复杂性，就越不敢说把它们都搞清楚了。比如说，我们都是人，但“人”到底是什么？怎样给“人”下一个定义？谁敢拍拍胸脯说“我能回答，我都清楚了”？

那么，为什么我们对社会主义没有完全搞清楚呢？

第一，从实践上来说，我们搞了几十年的社会主义，也取得了很大成就，但社会主义的优越性还没有能充分和始终一贯地显示出来。突出的表现是生产力还不发达，经济比较落后，人民生活还不富裕。几十年来，“经济建设也在逐步发展，也搞了一些东西，比如原子弹、氢弹搞成功了，洲际导弹也搞成功了，但总的来说，很长时间处于缓慢发展和停滞的状态，人民的生活还是贫困”[①]。“截至一九七八年，工人的月平均工资只有四五十元，农村的大多数地区仍处于贫困状态。这叫什么社会主义优越性？”[②]

第二，从理论上来说，林彪、“四人帮”鼓吹宁要贫穷的社会主义，不要富裕的资本主义，硬把社会主义与贫穷联系在一起，把什么是社会主义的问题搞乱了。我们自己，过去设想和描绘了社会主义的一系列特征，并努力按这些特征来规范现实，处处加以对照，唯恐有所偏移。但事实证明，我们对社会主义的认识和理解并不都是完全正确的，有的恰恰是一种误解。例如，长期以来，盲目追求“一大二公”，脱离生产力实际搞纯而又纯的公有制形式。此外，误把市场经济与资本主义划等号，计划经济与社会主义划等号，认为社会主义不能搞市场经济。结果，使社会主义经济缺乏活力和动力，难以始终保持高速发展的势头。

第三，从对社会主义的认识过程来说，马克思主义关于社会主义的构想和理论，为我们从事社会主义的实践指明了方向。但马克思、恩格斯并没有能亲自参加社会主义建设的实践；而列宁对于社会主义的实践也是初步的。因此，不能认为社会主义的一切问题都已经有了现成的答案。恰恰相反，社会主义的实践远比任何书本都要具体、生动、复杂、丰富，对社会主义的许多问题既清楚又不清楚，这是必然的、正常的。社会主义需

①《邓小平文选》第三卷，人民出版社 1993 年版，第 223 页。

②《邓小平文选》第三卷，人民出版社 1993 年版，第 10—11 页。

要在努力搞清楚这些问题的过程中不断地进行探索，以逐步取得越来越正确、越来越清楚的认识。

所有这一切，都说明“什么是社会主义、怎样建设社会主义”是贯穿社会主义事业始终、决定社会主义命运的一个首要和根本的问题。搞清楚这个问题，社会主义事业才能沿着正确的方向前进；不清楚这个问题，甚至错误地回答这个问题，就必然给社会主义事业造成损害。党的十五大报告指出：我国社会主义在改革开放前所经历的曲折和失误，改革开放以来在前进中遇到的一些困惑，归根到底都在于对这个问题没有完全搞清楚。今天社会上一些否定改革开放、颂扬“文化大革命”的错误思潮，其思想理论根源之一，也在于没有搞清楚什么是社会主义、怎样建设社会主义，误把“文化大革命”当成真正的社会主义，而把中国特色社会主义当成了资本主义。

因此，要建设社会主义，要推进改革开放事业，一个首要的前提，就是要把什么是社会主义、怎样建设社会主义搞清楚。

二、邓小平对社会主义本质的科学揭示

邓小平领导全党在拨乱反正和改革开放的实践过程中，不断思考和探索什么是社会主义、怎样建设社会主义的问题，逐步深化了对社会主义的认识。

邓小平从不同角度指出：贫穷不是社会主义，发展太慢也不是社会主义；僵化封闭不能发展社会主义，照搬外国也不能发展社会主义；平均主义不是社会主义，两极分化也不是社会主义；没有民主就没有社会主义，没有法制也没有社会主义；不重视物质文明搞不好社会主义，不重视精神文明也搞不好社会主义。

这些论述，从多个反面说明了什么不是社会主义，也就等于从正面肯定了社会主义应该是什么。这样，在不同程度上回答了什么是社会主义、怎样建设社会主义的问题。

但邓小平的思路没有停止在这个层次上。反思过去我们对社会主义认

识的偏差，主要还不在于对一些特征、原则的坚持，而是没有真正抓住社会主义的本质，因而常常把一些具体形式或模式等同于社会主义，过于强调一些形式，甚至坚持僵化的模式而忽略了社会主义最根本的东西。因此，邓小平在改革开放过程中，逐步提出了社会主义本质的命题，抓住症结和要害，从最根本的意义上来思考和回答什么是社会主义、怎样建设社会主义的问题。

早在 1980 年 5 月，邓小平在会见几内亚总统杜尔时，就提出了“社会主义本质”问题。他说：“社会主义是一个很好的名词，但是如果搞不好，不能正确理解，不能采取正确的政策，那就体现不出社会主义的本质。”①

那么，怎样才能体现社会主义本质呢？邓小平强调得比较多的、直接与“社会主义”这个概念相联系的，主要是两个方面。一个是生产力发展以及相应的改革开放问题。邓小平说：“讲社会主义，首先就要使生产力发展，这是主要的。”②“对内搞活经济，是活了社会主义，没有伤害社会主义的本质。”③另一个就是共同富裕问题。邓小平说：“社会主义最大的优越性就是共同富裕，这是体现社会主义本质的一个东西。”④

在反复思考、不断探索和多次论述的基础上，邓小平 1992 年初在南方谈话中，针对人们在姓“社”姓“资”问题上的困惑，明确提出：“社会主义的本质，是解放生产力，发展生产力，消灭剥削，消除两极分化，最终达到共同富裕。”⑤

这一论断，集中地回答了什么是社会主义、怎样建设社会主义的问题，是邓小平关于社会主义本质理论最权威、最明确的表述。

社会主义本质论包含两方面的内容：

第一个方面，是“解放生产力，发展生产力”。这一概括，揭示了生产力与社会主义最紧密的本质联系，说明了解放和发展生产力是社会主义

---

①《邓小平文选》第二卷，人民出版社 1994 年版，第 313 页。

②《邓小平文选》第二卷，人民出版社 1994 年版，第 314 页。

③《邓小平文选》第三卷，人民出版社 1993 年版，第 135 页。

④《邓小平文选》第三卷，人民出版社 1993 年版，第 364 页。

⑤《邓小平文选》第三卷，人民出版社 1993 年版，第 373 页。

最主要的功能、目标、作用和价值之一。

第二个方面，是“消灭剥削，消除两极分化，最终达到共同富裕”。这一概括，突出了社会主义在生产关系方面的目标和要求，体现了它对于最广大人民群众的意义和价值。

社会主义本质论上述两个方面的内容，各有侧重，但又紧密联系，不可分割。它们是社会主义社会生产力和生产关系的统一、物质基础和社会关系的统一、根本任务和根本目标的统一。它们作为有机统一的整体，全面揭示了社会主义的本质内涵。

三、社会主义功能价值与具体形式的关系

社会主义本质论深化了我们对社会主义的认识。

社会主义本质是社会主义的最高范畴。社会主义本质论所揭示的，主要是社会主义的功能、价值、目标、任务，即“社会主义是干什么用的、对我们有何价值”。虽然它并没有直接回答“社会主义具体是什么”的问题，但它对于我们认识社会主义的质的规定性，却具有非常重要的意义。

举例来说，我们建造一所房屋，当然必须考虑这座房屋的形式问题：多长？多宽？多高？什么样的门窗？什么样的墙壁？什么样的形体？什么样的颜色？什么样的风格？所有这些，都要认真研究、明确回答，按照要求严格设计和施工。

但是，在回答所有这些问题之前，我们还必须回答一个最根本的问题，即这座房子是干什么用的？也就是说，这座房子的功能是什么？对我们有何价值？建造这座房子的目标和任务是什么？只有首先明确了这些问题，设计师才能开始设计，工程师也才能着手施工。

倘若这座房子是做礼堂用的，就要按照礼堂的功能要求设计它的具体形式，使它有较大的空间、宽敞的舞台和一定数量的座位。倘若是做居民住房用的，那就要按照住房的功能要求，设计一定数量的单元套房。只有这样，房屋的具体形式和基本特征才符合它的功能、价值、目标和任务的要求，才能真正起到它的作用。否则的话，本来需要一座礼堂，却建成

了公寓，本来需要一幢住宅，却建成了仓库，虽然形式上算房子，但它已不能实现其本来的功能和价值，不仅造成极大的浪费，而且很可能劳而无功。

同样道理，我们搞社会主义，当然需要知道社会主义的具体形式和基本特征，但更为重要的，是知道社会主义的功能、价值、目标和任务，即社会主义是干什么用的。社会主义的一切制度、体制、模式，都要围绕着这个中心问题来设计和建设。只有这样，我们建设起来的一切社会主义的具体形式，才能最大限度地发挥社会主义的功能和价值，实现社会主义的目标和任务。

过去，我们在社会主义理论和实践中的偏差，就是只注意到了社会主义的具体制度和形式，但没有注意到它的功能和价值，就形式讲形式，把形式摆在了最重要的位置上，而不是根据功能、价值、目标、任务来设计和规定具体形式，犯了本末倒置的毛病。

邓小平的社会主义本质论，就在于告诉了我们，社会主义的本质，亦即社会主义最大的功能、价值、目标和任务，是解放和发展生产力，消灭剥削，消除两极分化，最终达到共同富裕。社会主义的一切具体制度和形式，都要体现这个要求，服从这个要求。符合这个要求的，我们就坚持；不符合这个要求的，我们就调整、改革；随着时代的变化，我们还可以根据这个要求，变换旧的形式或创造更多新的形式。

从房屋与社会主义的关系可知，价值，无论是对于房屋还是社会主义，都是最为重要的。人类之所以需要社会主义，就是因为它对于我们有可资利用的价值，能够满足我们某些最重要的价值需求。社会主义的形式可以多种多样，但它归根结底，是要能够满足我们对于它的价值需求。在不同的历史条件和社会环境下，社会主义的形式会有不同的表现和特点，但它对于人们的价值应该是基本的、稳定的、一贯的。

判断某种社会主义形式适用与否、优劣如何，应该主要不是看它的形式，而是看它所包含的或能够实现的核心价值。社会主义既然称之为社会主义，就必然有它内含的核心价值。我们建设社会主义，目的并不是锁定它的某种特定的形式，而是从根本上利用它对于我们的核心价值。认识和揭示了社会主义的核心价值，我们采用社会主义的这一种或那一种形式，才有明确的目标和取舍的标准，如何改革和完善社会主义才有正确的方向。

正因为对人有某种特别的价值，我们才需要房子，也才需要社会主义。反过来，也可以说，我们所需要的，是房屋和社会主义能够提供的价值，而并不在乎它究竟是哪种具体的形式。形式是什么，不是决定性的。它们是好还是坏，关键是看能否实现其对于我们的价值。形式要服从于价值，而不是价值服从形式。

价值有基本价值、特殊价值、不同层级的价值等。在不同的时代和环境条件下，价值会有不同的要求和内容。但贯串其中的，必有它的核心价值。房屋有它的核心价值，社会主义同样有它的核心价值。核心价值是最基本的价值，也是比较恒定的价值。

随着时代的变迁，社会主义的次级价值、具体价值，乃至某些基本的价值会有变化和发展，但核心价值大体应该是恒定的。抓住核心价值，就抓住了社会主义价值需求、价值创造、价值体系、价值实现的关键。

中国特色社会主义，是立足于当代中国实际的社会主义。中国特色社会主义的核心价值既具有社会主义的共性，又有中国的个性，同时还具有时代性。我们要真正科学准确地回答什么是中国特色社会主义的问题，就必须紧紧抓住核心价值这个关键，构建起中国特色社会主义的核心价值观。

2002 年，十六届六中全会提出建设社会主义核心价值体系，这是一个突破。但核心价值体系比较宏大复杂，所以还需要对其进行概括、总结、提炼。所以，到 2012 年的党的十八大，明确提出："倡导富强、民主、文明、和谐，倡导自由、平等、公正、法治，倡导爱国、敬业、诚信、友善，积极培育和践行社会主义核心价值观。"这样的表述方式，没有直接指称它们就是社会主义的核心价值观，为实践的发展留下了充分余地，但还是第一次完整地揭示了我们应该倡导的基本理念、基本价值，为推动社会主义核心价值观的培育形成指明了方向。

正是在这个意义上，社会主义的其他一切概念，都要服从于社会主义

★ 图为造型独特的社会主义核心价值观宣传板
刘朔 / 供图

的本质。抓住了本质，才抓住了社会主义最核心的内容，也才能真正回答“什么是社会主义、怎样建设社会主义”的问题。

正是在这个意义上，社会主义本质论的确立，是科学社会主义理论的一个重大发展，是探索中国特色社会主义道路的最重大成果之一。它深刻地揭示了社会主义各种制度、特征的内在联系，指出了社会主义的发展方向和根本任务；同时，揭示了社会主义的主要功能和基本价值，提供了社会主义最根本的价值观。因此，邓小平对社会主义本质的揭示，把我们对社会主义的认识提高到了一个新的科学水平。

四、社会主义的根本任务是发展生产力

与社会主义本质论相适应，中国共产党强调，社会

主义的根本任务是发展生产力，处于社会主义初级阶段的当代中国尤其要把发展生产力放在首要地位。

按照马克思主义的基本观点，生产力是社会存在和发展的最一般条件，也是推动人类历史发展和进步的决定性力量。社会主义制度的建立，归根结底是生产力提出的要求。社会主义的进一步发展，也离不开生产力水平的提高。社会主义的根本任务是发展生产力，社会主义国家建立以后，必须把发展生产力摆在首要地位。中国是一个经济文化比较落后的国家，现在仍处于社会主义的初级阶段，生产力水平总体上比较低。因此，我们面临着更为紧迫的摆脱贫穷与落后面貌的任务。

邓小平一贯重视生产力的发展。他明确强调社会主义的根本任务是发展生产力。在他的讲话、文章中，生产力是一个不断被强调、使用频率极高的一个词。择其要者，如：

1978 年 9 月，他指出："社会主义制度优越性的根本表现，就是能够允许社会生产力以旧社会所没有的速度迅速发展，使人民不断增长的物质文化生活需要能够逐步得到满足。按照历史唯物主义的观点来讲，正确的政治领导的成果，归根结底要表现在社会生产力的发展上，人民物质文化生活的改善上。如果在一个很长的历史时期内，社会主义国家生产力发展的速度比资本主义国家慢，还谈什么优越性？"[①]1979 年 11 月，他指出："我们革命的目的就是解放生产力，发展生产力。""我们不要资本主义，但是我们也不要贫穷的社会主义，我们要发达的、生产力发展的、使国家富强的社会主义。"[②]

1980 年 5 月，邓小平在与几内亚总统杜尔的谈话中，不仅强调了发展生产力的重要性，而且提出了判断经济政策的标准问题。他说："社会主义经济政策对不对，归根到底要看生产力是否发展，人民收入是否增加。这是压倒一切的标准。空讲社会主义不行，人民不相信。"[③]

---

①《邓小平文选》第二卷，人民出版社 1994 年版，第 28 页。

②《邓小平文选》第二卷，人民出版社 1994 年版，第 231 页。

③《邓小平文选》第二卷，人民出版社 1994 年版，第 314 页。

1985年4月，他指出:“马克思主义的基本原则就是要发展生产力。”“社会主义的首要任务是发展生产力，逐步提高人民的物质和文化生活水平。”[①]同年6月，他指出:“搞社会主义，中心任务是发展社会生产力。”[②]同年8月，他又指出，“社会主义的任务很多，但根本一条就是发展生产力”[③]。1987年4月，他指出:“社会主义的第一个任务是要发展社会生产力。”[④]同年10月，他又指出:“整个社会主义历史阶段的中心任务是发展生产力，这才是真正的马克思主义。”[⑤]

选摘这些论述，我们可以清楚地看到，邓小平一而再，再而三地从很多不同角度，充分论述了发展生产力的极端重要性。概括起来有：社会主义制度的优越性就在于解放和发展生产力；社会主义国家底子薄、处于初级阶段要求发展生产力；解决社会主义时期的主要矛盾要靠发展生产力；增强国家实力、提高人民生活水平需要发展生产力；与资本主义竞争并最终战胜资本主义要靠发展生产力；马克思主义政党必须致力于发展生产力；马克思主义的基本原则就是发展生产力；社会主义的首要和中心任务就是发展生产力；社会主义够格不够格要看生产力；为共产主义创造物质基础需要发展生产力；社会主义的本质在于解放和发展生产力；等等。其论证的角度不下十余个。

需要强调的是，社会主义的根本任务是发展生产力，这个生产力是包含科学技术在内的。邓小平一贯重视科学技术在经济和社会发展中的作用。1975年，他就指出科学技术是生产力。1978年3月，在全国科学大会上，他进一步从理论与实践的结合上，全面论述了“科学技术是生产力”的观点，指出社会生产力的巨大发展、劳动生产率的大幅度提高，“最主要的是靠科学的力量、技术的力量”，“科学技术作为生产力，越来

①《邓小平文选》第三卷，人民出版社1993年版，第116页。

②《邓小平文选》第三卷，人民出版社1993年版，第130页。

③《邓小平文选》第三卷，人民出版社1993年版，第137页。

④《邓小平文选》第三卷，人民出版社1993年版，第227页。

⑤《邓小平文选》第三卷，人民出版社1993年版，第254—255页。

越显示出巨大的作用”。[①]

1988 年，邓小平又对科学技术在当代生产力和社会经济发展中的第一位变革作用进行新的理论概括，进一步指出：“科学技术是第一生产力。”“马克思讲过科学技术是生产力，这是非常正确的，现在看来这样说可能不够，恐怕是第一生产力。”[②] 邓小平的这一新论断，既坚持了马克思主义的观点，又发展了马克思主义的观点，反映了科学技术在当代发展的新形势和对我国现代化建设的新要求，从更高的层次上揭示了科学技术对于整个社会历史发展所具有的战略意义。

1992 年，在南方谈话中，邓小平重申了这一观点：“我说科学技术是第一生产力。近一二十年来，世界科学技术发展得多快啊！”“我们自己这几年，离开科学技术能增长得这么快吗？要提倡科学，靠科学才有希望。”[③]

邓小平的这些论断告诉我们，在社会主义的诸多任务中，要把发展生产力摆在中心的地位；在发展生产力的诸多任务中，要把科学技术摆在第一的地位。只有这样认识，才能充分理解和准确把握社会主义的根本任务。

进入新时代，党和国家继续坚持解放和发展生产力、以经济建设为中心的思想。党的十八大报告提出在新的历史条件下夺取中国特色社会主义新胜利必须牢牢把握的基本要求，其中第二条就是“必须坚持解放和发展社会生产力。解放和发展社会生产力是中国特色社会主义的根本任务。要坚持以经济建设为中心，以科学发展为主题，全面推进经济建设、政治建设、文化建设、社会建设、生态文明建设，实现以人为本、全面协调可持续的科学发展”[④]。

---

①《邓小平文选》第二卷，人民出版社 1994 年版，第 87 页。

②《邓小平文选》第三卷，人民出版社 1993 年版，第 274、275 页。

③《邓小平文选》第三卷，人民出版社 1993 年版，第 377—378 页。

④ 中共中央文献研究室编：《十八大以来重要文献选编》（上），中央文献出版社 2014 年版，第 11 页。

党的十九大报告指出：“实现‘两个一百年’奋斗目标、实现中华民族伟大复兴的中国梦，不断提高人民生活水平，必须坚定不移把发展作为党执政兴国的第一要务，坚持解放和发展社会生产力，坚持社会主义市场经济改革方向，推动经济持续健康发展。”① 在重新界定新时代中国社会的主要矛盾后，党的十九大强调：“我国社会主要矛盾的变化，没有改变我们对我国社会主义所处历史阶段的判断，我国仍处于并将长期处于社会主义初级阶段的基本国情没有变，我国是世界最大发展中国家的国际地位没有变。全党要牢牢把握社会主义初级阶段这个基本国情，牢牢立足社会主义初级阶段这个最大实际，牢牢坚持党的基本路线这个党和国家的生命线、人民的幸福线，领导和团结全国各族人民，以经济建设为中心，坚持四项基本原则，坚持改革开放，自力更生，艰苦创业，为把我国建设成为富强民主文明和谐美丽的社会主义现代化强国而奋斗。”②

五、正确认识社会主义的基本特征

社会主义无论作为制度体系还是社会形态，都有一定的特征。社会主义特征是社会主义基本属性的集中概括，是社会主义区别于其他社会形态和制度体系的主要标志。由于特征是辨认、判断社会主义的标准，所以说是社会主义的一个基本范畴。

社会主义到底有哪些特征？马克思主义经典作家曾经作过一些构想和描述。随着社会主义实践的不断深入，我们对社会主义特征的认识也不断深化。1982 年，党的十二大归纳了六条：剥削制度的消灭和生产资料的公有；按劳分配；国民经济有计划按比例的发展；工人阶级和劳动人民的

① 中共中央党史和文献研究院编：《十九大以来重要文献选编》(上)，中央文献出版社 2019 年版，第 21 页。

② 中共中央党史和文献研究院编：《十九大以来重要文献选编》(上)，中央文献出版社 2019 年版，第 9 页。

政权；高度发达的生产力和比资本主义更高的劳动生产率；以共产主义思想为核心的社会主义精神文明。这种概括对马克思主义有一定的发展，但还有缺陷和不足。

邓小平在改革开放过程中，对社会主义特征作了新的思考和论述。他指出："社会主义特征是搞集体富裕，它不产生剥削阶级。"[①]"社会主义与资本主义不同的特点就是共同富裕，不搞两极分化。"[②]"坚持社会主义，首先要摆脱贫穷落后状态，大大发展生产力，体现社会主义优于资本主义的特点。"[③]邓小平还指出："社会主义的经济是以公有制为基础的，生产是为了最大限度地满足人民的物质、文化需要，而不是为了剥削。由于社会主义制度的这些特点，我国人民能有共同的政治经济社会理想，共同的道德标准。以上这些，资本主义社会永远不可能有。"[④]

根据改革开放的实践与党和国家逐步提出的一些思想，综合迄今我们对于社会主义取得的认识，可以在某种意义上对社会主义特征作如下概括：

（1）发达的社会生产力和比资本主义更高的劳动生产率。这是社会主义社会的必要前提、基本要求和最终结果。（2）消灭了一切剥削制度，基本消灭了阶级对立。这是区别于其他一切社会形态的本质特征。（3）生产资料归社会占有，建立了各种形式的公有制。公有制为主体、多种所有制经济共同发展。（4）在公有制基础上，建立市场经济体制。人们结成平等合作的关系进行生产，按市场机制配置资源和交换劳动、实现价值。（5）按劳分配为主体、多种分配方式并存，限制和消除两极分化，逐步实现共同富裕。（6）人民作为社会的主人，民主地管理国家。（7）在建设物质文明的同时，建设社会主义的精神文明，人民的物质文化生活水平不断提高。

---

①《邓小平文选》第二卷，人民出版社 1994 年版，第 236 页。

②《邓小平文选》第三卷，人民出版社 1993 年版，第 123 页。

③《邓小平文选》第三卷，人民出版社 1993 年版，第 224 页。

④《邓小平文选》第二卷，人民出版社 1994 年版，第 167 页。

社会主义特征是社会主义的主要标志。坚持社会主义，建设社会主义，就要使社会主义表现出上述各方面的特征。但是，对社会主义特征必须正确认识和理解。

首先，要正确认识社会主义特征和社会主义本质的关系。社会主义特征是将社会主义的基本属性、表现形式中某些共同的、标志性的东西抽象、提炼出来，用以与其他一切社会制度相区别。但是，如前所述，社会主义的任何制度和形式，都要体现和服从于社会主义功能、价值、目标、任务的要求，即都要体现和服从于社会主义的本质。社会主义特征虽然不是具体的某种制度、形式，而是这些制度、形式共同特性的抽象，但它同样要体现和服从社会主义本质的要求。特征反映本质，本质决定特征。本质是社会主义最高层次的范畴。我们要搞清楚什么是社会主义、怎样建设社会主义，不仅要搞清楚社会主义的特征，更重要的是搞清楚社会主义的本质，而且要搞清楚本质与特征的关系，按本质的要求来规范特征，而不是只讲特征忽视本质。

其次，对社会主义特征本身也要作具体分析。这些特征，在不同的历史条件下会有不同的表现，也可以作不同的提炼。不是一个固定的模式和标尺可以到处套用。在不同的国家也必然有所不同，例如，长期以来，我们把计划经济当作社会主义的基本特征之一。但随着改革开放的深入，邓小平发现计划经济未必就是社会主义的本质要求。在 1992 年的南方谈话中，他指出：计划多一点还是市场多一点，不是社会主义与资本主义的本质区别。正是从这里出发，邓小平作出了关于社会主义本质的新概括，摆脱了长期以来拘泥于具体特征和模式而忽略社会主义本质的倾向，深化了对社会主义的认识。

所以，以往我们对社会主义特征的基本概括，要随着对社会主义认识的深化而有所发展。凡实践证明是正确的，就要坚持；不正确或过时的，就要调整和改变。

在庆祝改革开放 40 周年大会上，习近平总书记总结了改革开放的宝贵经验，其中一条就是：“必须坚持以发展为第一要务，不断增强我国综合国力。”“改革开放 40 年的实践启示我们：解放和发展社会生产力，增强社会主义国家的综合国力，是社会主义的本质要求和根本任务。只有牢牢扭住经济建设这个中心，毫不动摇坚持发展是硬道理、发展应该是科学发展和高质量发展的战略思想，推动经济社会持续健康发展，才能全面增强我国经济实力、科技实力、国防实力、综合国力，才能为坚持和发展中国特色社会主义、实现中华民族伟大复兴奠定雄厚物质基础。”[1]

① 中共中央党史和文献研究院编:《十九大以来重要文献选编》(上)，中央文献出版社 2019 年版，第 733—734 页。

· 第四题 ·

中国特色社会主义的创立和发展

社会主义，是中国共产党早就确立的目标。但这个社会主义，必须是立足于中国国情的社会主义。在改革开放的实践基础上，中国共产党领导创立了中国特色社会主义。中国特色社会主义是贯穿40多年改革开放的一条主线，是中国共产党坚定高举的伟大旗帜。中国特色社会主义既是我们必须不断推进的伟大事业，又是我们开辟未来的根本保证。中国特色社会主义制度是当代中国发展进步的根本制度保障，是具有鲜明中国特色、明显制度优势、强大自我完善能力的先进制度。坚持走中国特色社会主义道路，中华民族伟大复兴的目标才能真正实现。

习近平总书记指出，当代中国的伟大社会变革，不是简单延续我国历史文化的母版，不是简单套用马克思主义经典作家设想的模板，不是其他国家社会主义实践的再版，也不是国外现代化发展的翻版。

一、在改革开放中创立中国特色社会主义

在中国这样经济文化比较落后的东方大国如何实现和建设社会主义，一直是摆在中国共产党面前的根本课题。围绕这一课题，中国共产党带领全国各族人民，经历了艰难曲折的奋斗和探索过程。

以毛泽东同志为主要代表的中国共产党人团结带领全党全国各族人民，在把马克思主义基本原理与中国实际相结合的进程中创立了毛泽东思想，夺取了新民主主义革命的伟大胜利，建立了社会主义基本制度，为当

代中国一切发展进步奠定了根本政治前提和制度基础。

以十一届三中全会为标志，党和国家进入改革开放和社会主义现代化建设的新时期。时代潮流、人民愿望，推动中国实行了改革。但在改革中，也遇到很多思想障碍，比如，农村的家庭联产承包责任制到底是社会主义还是资本主义？农贸市场到底是社会主义还是资本主义？国有企业自主经营到底是社会主义还是修正主义？搞经济特区是不是租界又回来了？如此，等等。

这类疑问用以衡量的标准，其实都基于我们长期接受的苏联对社会主义的解释和我们自己某些落后和教条的观念。

总结历史的经验教训，邓小平把“什么是社会主义、怎样建设社会主义”的问题鲜明地提到全党面前，领导党和人民在拨乱反正和改革开放的实践中，不断深化对社会主义的认识。

1982 年 9 月，党的十二大在北京举行。邓小平主持大会开幕式并致开幕词。在开幕词中，邓小平指出：“我们的现代化建设，必须从中国的实际出发。无论是革命还是建设，都要注意学习和借鉴外国经验。但是，照抄照搬别国经验、别国模式，从来不能得到成功。这方面我们有过不少教训。把马克思主义的普遍真理同我国的具体实际结合起来，走自己的道路，建设有中国特色的社会主义，这就是我们总结长期历史经验得出的基本结论。”①

这一结论，把中国共产党几十年对社会主义探索的基本经验总结了出来，把我们党在漫长历史进程中的使命和任务集中地概括了出来，明确宣告了我们要建设的社会主义，是独立自主的社会主义，是立足于中国国情的社会主义，是中国特色的社会主义。

按这样的思路和方向，全党解放思想、实事求是，大力实行改革开放，逐步形成了一整套建设中国特色社会主义的路线、方针和政策，从而创立了中国特色社会主义理论。

党的十三大系统地阐明关于社会主义初级阶段的理论，明确制定了

---

①《邓小平文选》第三卷，人民出版社 1993 年版，第 2—3 页。

“一个中心、两个基本点”的基本路线，第一次提出“建设有中国特色的社会主义理论”的概念，并概括了12个主要观点，从而形成了建设有中国特色的社会主义理论的轮廓。随后这一轮廓又继续清晰、完善。

邓小平说：“改革开放以来，我们立的章程并不少，而且是全方位的。经济、政治、科技、教育、文化、军事、外交等各个方面都有明确的方针和政策，而且有准确的表述语言。”① “如果说构想，这就是我们的构想。”“总的来说，这条道路叫做建设有中国特色的社会主义的道路。”②

1992年，党的十四大概括了建设有中国特色社会主义理论的科学体系，正式确立了这一理论在全党的指导地位，并提出了用这一理论武装全党的任务。党的十五大正式使用邓小平理论的概念，明确将邓小平理论作为我们党的指导思想，并写进了党章。

中国特色社会主义第一次比较系统地初步回答了在中国这样经济文化比较落后的国家如何建设社会主义、如何巩固和发展社会主义的一系列基本问题，用新的思想观点，继承和发展了马克思主义，开拓了马克思主义新境界，把对社会主义的认识提高到新的科学水平。

中国特色社会主义是科学社会主义理论逻辑和中国社会发展历史逻辑的辩证统一，是根植于中国大地、反映中国人民意愿、适应中国和时代发展进步要求的科学社会主义，是全面建成小康社会、加快推进社会主义现代化、实现中华民族伟大复兴的必由之路，是当代中国大踏步赶上时代、引领时代发展的康庄大道。

改革开放以来我们取得一切成绩和进步的根本原因，归结起来就是：开辟了中国特色社会主义道路，形成了中国特色社会主义理论体系，确立了中国特色社会主义制度，发展了中国特色社会主义文化。

---

①《邓小平文选》第三卷，人民出版社1993年版，第371页。

②《邓小平文选》第三卷，人民出版社1993年版，第65—66页。

二、邓小平是中国特色社会主义的创立者

《中国共产党章程》指出："十一届三中全会以来，以邓小平同志为主要代表的中国共产党人，总结新中国成立以来正反两方面的经验，解放思想，实事求是，实现全党工作中心向经济建设的转移，实行改革开放，开辟了社会主义事业发展的新时期，逐步形成了建设中国特色社会主义的路线、方针、政策，阐明了在中国建设社会主义、巩固和发展社会主义的基本问题，创立了邓小平理论。"

邓小平是中国特色社会主义的创立者。邓小平理论是中国特色社会主义理论体系的重要组成部分。要理解和掌握中国特色社会主义，首先就要理解和掌握邓小平理论。

邓小平理论是在和平与发展成为时代主题的历史条件下，在中国改革开放和现代化建设的实践中，在总结中国社会主义胜利和挫折的历史经验并借鉴其他社会主义国家兴衰成败历史经验的基础上，逐步完善和形成科学体系的。

从 1975 年的全面整顿到 1978 年十一届三中全会前，是邓小平理论诞生前的酝酿阶段。此后，以十一届三中全会的伟大转折为标志，邓小平理论的形成和发展大体上经历了四个阶段：

第一阶段，从 1978 年十一届三中全会到党的十二大，邓小平理论在拨乱反正和初步改革中直接孕育并形成雏形。十一届三中全会重新确立了解放思想、实事求是的思想路线，把党和国家工作的重心转移到经济建设上来，并作出了改革开放的伟大决策。十一届三中全会是新时期的开始，也是邓小平理论开始形成的标志。

第二阶段，从党的十二大到十三大，邓小平理论形成主题并在全面改革中逐步展开、基本形成。邓小平在党的十二大上提出建设有中国特色社会主义的命题。随着改革开放的全面展开，邓小平对"什么是社会主义、怎样建设社会主义"的基本问题进行了深入思考，提出了许多新的思想理论观点。

第三阶段，从党的十三大到1992年前，邓小平理论继续发展并不断丰富拓展。党的十三大制定了“一个中心、两个基本点”的基本路线，第一次提出“建设有中国特色的社会主义理论”的概念，并概括了12个主要观点，形成了邓小平理论的轮廓。党的十三大以后，党领导全党全国人民经受住国内国际政治风波的严峻考验，保证了中国特色社会主义沿着正确方向不断发展。

第四阶段，以南方谈话为标志，邓小平理论走向成熟，经过提炼和概括而形成体系。1992年初，邓小平视察南方并发表重要谈话，科学总结十一届三中全会以来的基本经验，深刻回答了困扰和束缚人们思想的一系列重大认识问题。党的十四大概括了中国特色社会主义理论的科学体系，确立了这一理论在全党的指导地位，并提出了用这一理论武装全党的任务。

党的十四大以后，邓小平理论在改革开放和现代化建设的实践中继续得到丰富和发展。党的十五大正式使用“邓小平理论”的概念，明确将邓小平理论作

★ 图为庆祝中华人民共和国成立70周年大会群众游行中的“坚持邓小平理论”巨幅标语

为我们党的指导思想，并写进了党章。1999年又载入宪法。

邓小平理论是邓小平伟大创造的产物，也是伟大时代和伟大实践创造的产物。邓小平坚持解放思想、实事求是，在新的实践基础上继承前人又突破陈规，开拓了马克思主义的新境界。

从思想方法来说，邓小平先后强调了三个意思：一是老祖宗不能丢，就是不能忘了老祖宗，要始终坚持马克思列宁主义、毛泽东思想；二是要搞清楚，就是要真正搞清楚到底什么是马克思主义，怎样坚持马克思主义，不能用教条主义的态度对待马克思主义，背离马克思主义的精髓；三是要讲新话，即要随着时代和实践的发展，敢于提出新的思想理论，说出一些老祖宗没有说过的新话来，使马克思主义不断得到丰富和发展。

邓小平理论包含着丰富的内容。我们党的文献先后作过一些概括。1992年，党的十四大概括为九个方面。1995年，经中央批准印发、由中央宣传部组织编写的《邓小平同志建设有中国特色社会主义理论学习纲要》，进一步展开为16个方面。

因此，邓小平理论的内容，大体上可以说主要有16个方面，主要包括：关于建设社会主义的思想路线的理论；关于社会主义本质和发展道路的理论；关于社会主义发展阶段的理论；关于社会主义根本任务的理论；关于社会主义建设发展战略的理论；关于社会主义发展动力的理论；关于社会主义国家实行对外开放的理论；关于社会主义经济体制改革的理论；关于社会主义政治体制改革的理论；关于社会主义精神文明建设的理论；关于社会主义建设政治保证的理论；关于社会主义国家外交战略的理论；关于祖国统一的理论；关于社会主义事业依靠力量的理论；关于社会主义国家军队和国防建设的理论；关于社会主义事业领导核心的理论。

邓小平理论第一次比较系统地初步回答了中国社会主义的发展道路、发展阶段、根本任务、发展动力、外部条件、政治保证、战略步骤、党的领导和依靠力量以及祖国统一等一系列基本问题，是贯通哲学、政治经济学和科学社会主义等领域，涵盖经济、政治、科技、教育、文化、民族、军事、外交、统一战线、党的建设等方面比较完备的科学体系。

党章指出："邓小平理论是马克思列宁主义的基本原理同当代中国实

践和时代特征相结合的产物，是毛泽东思想在新的历史条件下的继承和发展，是马克思主义在中国发展的新阶段，是当代中国的马克思主义，是中国共产党集体智慧的结晶，引导着我国社会主义现代化事业不断前进。”

用邓小平理论指导我们整个事业和各项工作，这是中国共产党从历史和现实中得出的不可动摇的结论。

《中共中央关于党的百年奋斗重大成就和历史经验的决议》指出：“以邓小平同志为主要代表的中国共产党人，团结带领全党全国各族人民，深刻总结新中国成立以来正反两方面经验，围绕什么是社会主义、怎样建设社会主义这一根本问题，借鉴世界社会主义历史经验，创立了邓小平理论，解放思想，实事求是，作出把党和国家工作中心转移到经济建设上来、实行改革开放的历史性决策，深刻揭示社会主义本质，确立社会主义初级阶段基本路线，明确提出走自己的路、建设中国特色社会主义，科学回答了建设中国特色社会主义的一系列基本问题，制定了到二十一世纪中叶分三步走、基本实现社会主义现代化的发展战略，成功开创了中国特色社会主义。”①

三、在实践“三个代表”中对中国特色社会主义的发展

改革开放以来，党和国家逐步确立了邓小平理论的指导地位。但是，坚持邓小平理论，并不意味着在理论发展的道路上停步不前。生命在于运动，理论需要发展。在党的十五大报告中，江泽民庄严宣告：坚持邓小平理论，在实践中继续丰富和创造性地发展这个理论，这是党中央领导集体和全党同志的庄严历史责任。

十三届四中全会以来，国际局势风云变幻，我国改革开放和现代化建设进程波澜壮阔。我们党从容应对一系列关系我国主权和安全的国际突发事件，战胜在政治、经济领域和自然界出现的困难和风险，经受住一次又

① 《中共中央关于党的百年奋斗重大成就和历史经验的决议》，人民出版社 2021 年版，第 15—16 页。

一次考验，排除各种干扰，保证了改革开放和现代化建设的航船始终沿着正确的方向破浪前进。

以江泽民同志为主要代表的中国共产党人，坚持以科学的态度对待马克思主义，坚持解放思想、实事求是的思想路线，始终高举邓小平理论的伟大旗帜，同时，又大力倡导与时俱进、开拓创新的精神，从当代中国和世界的实际出发，不断研究新情况，解决新问题，提出和阐明了一系列新思想、新观点和新论断，对马克思主义理论作出了重要的创新。

2000 年 2 月，时任中共中央总书记江泽民前往广东，出席当地领导干部“三讲”教育会议并考察工作。围绕如何切实加强新时期党的建设问题，他进行了深入的调查研究，并主持召开了一系列座谈会。2 月 25 日，江泽民在广州发表重要讲话。

江泽民指出：“总结我们党七十多年的历史，可以得出一个重要的结论，这就是：我们党所以赢得人民的拥护，是因为我们党在革命、建设、改革的各个历史时期，总是代表着中国先进生产力的发展要求，代表着中国先进文化的前进方向，代表着中国最广大人民的根本利益，并通过制定正确的路线方针政策，为实现国家和人民的根本利益而不懈奋斗。”①

2000 年 5 月 8 日至 12 日，江泽民又前往南方，先后在江苏、浙江、上海考察，重点就如何加强新时期党的建设进行调研。5 月 14 日，在上海主持召开的党建工作座谈会上，进一步肯定了“三个代表”的重大意义，明确指出：“始终做到‘三个代表’，是我们党的立党之本、执政之基、力量之源。”②

三个“之”，高度凝练，高度概括，鲜明生动，铿锵有力，极为准确而深刻地揭示了“三个代表”的重大意义。5 月 22 日，新华社发表的特约评论员文章，标题就是富有震撼力的“立党之本、执政之基、力量之源”十二个字。

2001 年，江泽民在庆祝中国共产党成立 80 周年大会上的讲话中，全

---

① 江泽民：《论“三个代表”》，中央文献出版社 2001 年版，第 2 页。

② 江泽民：《论“三个代表”》，中央文献出版社 2001 年版，第 7 页。

面系统地阐述了"三个代表"重要思想的理论依据、科学内涵、基本内容和精神实质，以及贯彻落实"三个代表"的根本要求。

2002年11月，江泽民在党的十六大报告中科学阐述了"三个代表"重要思想的时代背景、历史地位、精神实质和指导意义。党的十六大把"三个代表"重要思想同马克思列宁主义、毛泽东思想、邓小平理论一道确立为党必须长期坚持的指导思想。

十六大党章指出:"十三届四中全会以来，以江泽民同志为主要代表的中国共产党人，在建设中国特色社会主义的实践中，加深了对什么是社会主义、怎样建设社会主义和建设什么样的党、怎样建设党的认识，积累了治党治国新的宝贵经验，形成了'三个代表'重要思想。"

"三个代表"刚提出时，主要是三句话。但党的十六大之后，它的内涵扩展了。党中央指出，"三个代表"重要思想，内涵丰富，博大精深，涵盖了经济、政治、文化和党的建设各个层面，体现了改革发展稳

★2004年3月14日，十届全国人大二次会议对宪法修正案草案进行表决，"三个代表"重要思想正式写入中国新宪法。图为北京天安门广场上的"三个代表"巨幅标语牌　中新图片/张炜

定、内政外交国防、治党治国治军的各个方面，是一个系统的科学理论。①

所以，“三个代表”重要思想，实际上可以作狭义和广义的区分。狭义，就是三句话。中国共产党必须当好“三个代表”，始终做到“三个代表”，等等，都是从狭义上说的。而广义，就是指13年中以江泽民同志为主要代表的中国共产党人所有的理论和实践创新，亦即“系统的科学理论”。

“三个代表”重要思想，用一系列紧密联系、相互贯通的新思想、新观点、新论断，进一步回答了什么是社会主义、怎样建设社会主义的问题，创造性地回答了在长期执政的历史条件下建设什么样的党、怎样建设党的问题，深化了我们对新的时代条件下推进中国特色社会主义事业和加强党的建设的规律的认识。

贯彻“三个代表”重要思想，关键在坚持与时俱进，核心在坚持党的先进性，本质在坚持执政为民。只有牢牢把握这些根本要求，才能不断增强贯彻“三个代表”重要思想的自觉性和坚定性。

《中共中央关于党的百年奋斗重大成就和历史经验的决议》指出：“党的十三届四中全会以后，以江泽民同志为主要代表的中国共产党人，团结带领全党全国各族人民，坚持党的基本理论、基本路线，加深了对什么是社会主义、怎样建设社会主义和建设什么样的党、怎样建设党的认识，形成了‘三个代表’重要思想，在国内外形势十分复杂、世界社会主义出现严重曲折的严峻考验面前捍卫了中国特色社会主义，确立了社会主义市场经济体制的改革目标和基本框架，确立了社会主义初级阶段公有制为主体、多种所有制经济共同发展的基本经济制度和按劳分配为主体、多种分配方式并存的分配制度，开创全面改革开放新局面，推进党的建设新的伟大工程，成功把中国特色社会主义推向二十一世纪。”②

① 参见《中共中央关于在全党兴起学习贯彻“三个代表”重要思想新高潮的通知》，《光明日报》2003年6月23日。

②《中共中央关于党的百年奋斗重大成就和历史经验的决议》，人民出版社2021年版，第16页。

四、在坚持科学发展中推进中国特色社会主义事业

在2003年的十六届三中全会上，以胡锦涛同志为主要代表的中国共产党人，正式提出了科学发展观的战略思想。这一思想一提出，立即引起广泛的反响，受到广大干部群众的欢迎，对中国特色社会主义事业发挥了重要的指导作用。

过去我们在描写一个地方发展、繁荣的景象时，往往会用“烟囱林立、浓烟滚滚”这样的字眼。可是现在，如果仍这样描写，或仍是这样的景象，那就可是大问题了。

发展的成就令人鼓舞，发展的甜头我们已经品尝。但我们也越来越深切地感受到：发展，不能以牺牲我们自己的生存环境为代价；发展，既要讲究速度，更要讲究质量和效益。

2003年“非典”疫情的发生，向我们提出了一次非常特殊而又极为严峻的挑战。广东告急！香港告急！北京告急！“非典”疫情骤然威胁全国人民的健康和安全。面对突然出现的疫情，党领导人民进行了英勇的抗击。但痛定思痛，我们又不能不认真思考如何避免经济与社会“一条腿长、一条腿短”的问题。

正是在现实提出的一系列课题面前，党中央及时进行了思考，对如何做到以人为本、全面协调可持续发展，给予了空前的关注，从而提出了科学发展观的战略思想。

还在1999年3月9日，胡锦涛在全国“两会”期间参加福建代表团审议时，就提出要“树立科学的发展观”。

2003年4月，在“非典”肆虐的危急时刻，胡锦涛亲临广东，看望人民群众，表达抗击“非典”的决心。就在广东考察时，胡锦涛提出“全面的发展观”，要求做到集约发展、协调发展、全面发展、系统发展、可持续发展，还使用了“正确的发展观”的概念。

8月至9月，在江西考察时，胡锦涛开始使用“科学发展观”的概念，要求各地党委“牢固树立协调发展、全面发展、可持续发展的科学发

展观”。

在当年 10 月的十六届三中全会上，胡锦涛对“科学发展观”作了专门论述。会议明确要求：“坚持以人为本，树立全面、协调、可持续的发展观，促进经济社会和人的全面发展。”这意味着科学发展观的战略思想正式展示在全党全国人民面前。

2004 年 2 月，上百名省部级主要领导干部齐聚中央党校，参加“树立和落实科学发展观”专题研讨班。温家宝、曾庆红发表重要讲话，对科学发展观的内涵和要求作了全面系统的阐述。

2004 年 3 月，在全国“两会”期间的中央人口资源环境工作座谈会上，胡锦涛发表重要讲话，准确地界定了全面、协调、可持续、以人为本等要求的含义，更加集中地概括了科学发展观的内涵，从而标志着科学发展观的正式形成。

2005 年，十六届五中全会关于“十一五”规划的建议以及 2006 年全国人大会议通过的“十一五”规划，坚持以科学发展观统领经济社会发展全局，明确

★ 图为北京天安门广场上的巨型标语牌“落实科学发展观　构建社会主义和谐社会”　中新图片/邹宪

指出:“科学发展观是指导发展的世界观和方法论的集中体现。”[①] 同时，在分析形势、总结经验、突出重点、明确任务的基础上，提出了必须坚持的六条原则要求。

2007年10月，党的十七大对这些理论创新的成果作了重要的梳理和整合，将这些成果集中整合为科学发展观，进一步阐述了科学发展观的时代背景、实践基础、科学内涵、精神实质和根本要求，同时对科学发展观作了最权威的评价。

党的十七大明确指出:“科学发展观，第一要义是发展，核心是以人为本，基本要求是全面协调可持续，根本方法是统筹兼顾。”

“科学发展观，是对党的三代中央领导集体关于发展的重要思想的继承和发展，是马克思主义关于发展的世界观和方法论的集中体现，是同马克思列宁主义、毛泽东思想、邓小平理论和‘三个代表’重要思想既一脉相承又与时俱进的科学理论，是我国经济社会发展的重要指导方针，是发展中国特色社会主义必须坚持和贯彻的重大战略思想。”[②]

科学发展观，是中国特色社会主义发展到一定阶段的产物。在历史的坐标系中，中国特色社会主义是一个漫长的发展过程，必然会有不同的阶段。每个阶段的环境、条件有所不同，所要解决的主要问题有所不同，发展的战略、布局和重点也会有所不同。

邓小平理论、“三个代表”重要思想、科学发展观等，都与这种发展的阶段性相联系。它们的主题是一脉相承的，因而都属于中国特色社会主义理论体系；但它们又都与一定的阶段性相联系，所以，又会表现出一定的特点来。科学发展观，正是我们在经历了一个快速发展时期之后，在新的历史起点上迎接新的挑战的战略对策，是把中国特色社会主义继续推向前进的科学指南。

党的十七大将科学发展观作为“我国经济社会发展的重要指导方针”

① 中共中央文献研究室编:《改革开放三十年重要文献选编》(下)，中央文献出版社2008年版，第1533页。

② 中共中央文献研究室编:《十七大以来重要文献选编》(上)，中央文献出版社2009年版，第10页。

“发展中国特色社会主义必须坚持和贯彻的重大战略思想”写入党章。在此基础上，党的十八大又进一步对科学发展观给予了正式定位，确认科学发展观“是马克思主义中国化最新成果”，“是发展中国特色社会主义必须坚持和贯彻的指导思想”。

《中共中央关于党的百年奋斗重大成就和历史经验的决议》指出：“以胡锦涛同志为主要代表的中国共产党人，团结带领全党全国各族人民，在全面建设小康社会进程中推进实践创新、理论创新、制度创新，深刻认识和回答了新形势下实现什么样的发展、怎样发展等重大问题，形成了科学发展观，抓住重要战略机遇期，聚精会神搞建设，一心一意谋发展，强调坚持以人为本、全面协调可持续发展，着力保障和改善民生，促进社会公平正义，推进党的执政能力建设和先进性建设，成功在新形势下坚持和发展了中国特色社会主义。”①

五、中国特色社会主义进入新时代

2017 年 10 月 18 日至 10 月 24 日，中国共产党第十九次全国代表大会在北京举行。这是在全面建成小康社会决胜阶段、中国特色社会主义进入新时代的关键时期召开的一次十分重要的大会。

大会期间，有 165 个国家 452 个主要政党发来 855 份贺电贺信。其中，有 814 份是国家元首、政府首脑、政党和重要组织机构领导人发来的。前来报道党的十九大的 3000 多名记者中，一半以上来自中国港澳台地区和国外。从未有一个国家、一个政党自己的会议，能吸引全球这么多关注。

党的十九大报告的标题是：《决胜全面建成小康社会，夺取新时代中国特色社会主义伟大胜利》。习近平总书记在报告中明确而又坚定地指出：“经过长期努力，中国特色社会主义进入了新时代，这是我国发展新的历

---

①《中共中央关于党的百年奋斗重大成就和历史经验的决议》，人民出版社 2021 年版，第 16—17 页。

史方位。”

新时代中国特色社会主义，这是改革开放以来第一次出现这样的概念，也是党的十九大报告映入眼帘的第一个重大亮点。使用这一崭新的概念，无疑是经过精心考量后作出的一个重大决策。

按照马克思主义的“过程论”思想，万事万物都是一个发展的过程。中国特色社会主义也是一个历史的发展过程，并始终处在不断的探索、实践和创新之中。回顾既往，我们取得的成绩是伟大的，但面向未来，要走的路还很长很长。在这漫长的发展过程中，中国特色社会主义必然表现出阶段性来。经过40年的实践探索特别是党的十八大以来的砥砺奋进，中国特色社会主义无论从主观还是从客观来说，都发展到了一个新阶段。

这是一个重要的新阶段。但报告没有把这个新阶段当作一般的阶段，而是将其提升到前所未有的高度，明确宣告，这是一个“新时代”。

新时代是从党的十八大开启的。党的十九大强调，党的十八大以来的5年，是党和国家发展进程中极不平凡的5年。

这是一个什么“新时代”？报告从5个方面作了界定。“这个新时代，是承前启后、继往开来、在新的历史条件下继续夺取中国特色社会主义伟大胜利的时代，是决胜全面建成小康社会、进而全面建设社会主义现代化强国的时代，是全国各族人民团结奋斗、不断创造美好生活、逐步实现全体人民共同富裕的时代，是全体中华儿女勠力同心、奋力实现中华民族伟大复兴中国梦的时代，是我国日益走近世界舞台中央、不断为人类作出更大贡献的时代。”

5个方面，是5个角度，汇总起来，既是“新时代中国特色社会主义”的基本内涵，也是“新时代中国特色社会主义”的任务和要求。

时代是个很大的概念，一般用于世界历史进程中，可以从不同角度进行归纳和使用。从生产力发展的角度，可以归纳为石器时代、铁器时代、工业时代、知识经济时代；从武器类别的角度，可以归纳为冷兵器时代、热兵器时代、核时代；从阶级关系和制度转换的角度，可以归纳为封建时代、资产阶级时代、帝国主义和无产阶级革命时代；从运行状态和突出问题的角度，可以归纳为战争与革命时代、和平与发展时代……它们各有自己的出发点和标准，但又可以相互补充，构成我们对世界的整体性的认识。

党的十九大所称的新时代，主要是针对中国特色社会主义的阶段性来说的，至少现在，还没有取代世界范围那种“和平与发展的时代”。所以，报告仍然肯定“和平与发展仍然是时代主题”。

宣告中国特色社会主义进入新时代，是高度自信和豪迈的产物。作出这样的宣告之后，未来很长的时期之内，我们所要建设的，都将是新时代中国特色社会主义，我们的一切事业，都将围绕着新时代中国特色社会主义来展开。

所以，党的十九大报告评价，中国特色社会主义进入新时代，在中华人民共和国发展史上、中华民族发展史上具有重大意义，在世界社会主义发展史上、人类社会发展史上也具有重大意义。党的十九大将新时代中国特色社会主义写进了修改后的党章。

新时代产生新思想。党的十九大指出，以习近平同志为主要代表的中国共产党人，顺应时代发展，从理论和实践结合上系统回答了新时代坚持和发展什么样的中国特色社会主义、怎样坚持和发展中国特色社会主义这个重大时代课题，创立了习近平新时代中国特色社会主义思想。

党的十八大以来，习近平总书记发表一系列重要讲话，从不同角度回答了在新的历史起点上如何执政、如何治国、如何引领国家走向未来的问题。这些讲话，逐步展示了习近平总书记对于治国理政的谋划、思路、理念和蓝图，也逐步规定了党的十八大以来中国社会发展的基本路径，使党和国家发生了很大变化，也在国际上产生了巨大影响。习近平总书记的系列重要讲话和治国理政的新理念新思想新战略，进一步丰富了中国特色社会主义理论体系，丰富了中国共产党的指导思想。

党的十九大指出，十八大以来，围绕回答新时代坚持和发展什么样的中国特色社会主义、怎样坚持和发展中国特色社会主义这个重大时代课题，我们党以全新的视野深化对共产党执政规律、社会主义建设规律、人类社会发展规律的认识，进行艰辛理论探索，取得重大理论创新成果，创立了习近平新时代中国特色社会主义思想。

★ 图为庆祝中华人民共和国成立70周年大会群众游行中的“贯彻习近平新时代中国特色社会主义思想”巨幅标语　中新图片／富田

党的十九大正式使用习近平新时代中国特色社会主义思想的重要概念，对这一思想包含的内容，用“八个明确”作了展开和阐述，包括总目标和总任务、社会主要矛盾、总体布局和战略布局、全面深化改革总目标、全面推进依法治国总目标、新时代的强军目标、中国特色大国外交、新时代党的建设总要求，等等。

在阐述习近平新时代中国特色社会主义思想的基础上，党的十九大进一步提出了“新时代坚持和发展中国特色社会主义的基本方略”。

这一方略一共包括14条，分别是：（1）坚持党对一切工作的领导。（2）坚持以人民为中心。（3）坚持全面深化改革。（4）坚持新发展理念。（5）坚持人民当家作主。（6）坚持全面依法治国。（7）坚持社会主义核心价值体系。（8）坚持在发展中保障和改善民生。（9）坚持人与自然和谐共生。（10）坚持总体国家安全观。（11）坚持党对人民军队的绝对领导。（12）坚持

“一国两制”和推进祖国统一。（13）坚持推动构建人类命运共同体。（14）坚持全面从严治党。

这些方略，与习近平新时代中国特色社会主义思想有紧密的联系，是新时代中国特色社会主义思想在治国理政中的转化、实践和应用。

党的十九大把习近平新时代中国特色社会主义思想与坚持和发展中国特色社会主义的基本方略载入了党章，明确指出：习近平新时代中国特色社会主义思想是对马克思列宁主义、毛泽东思想、邓小平理论、“三个代表”重要思想、科学发展观的继承和发展，是马克思主义中国化最新成果，是党和人民实践经验和集体智慧的结晶，是中国特色社会主义理论体系的重要组成部分，是全党全国人民为实现中华民族伟大复兴而奋斗的行动指南，必须长期坚持并不断发展。在习近平新时代中国特色社会主义思想指导下，中国共产党领导全国各族人民，统揽伟大斗争、伟大工程、伟大事业、伟大梦想，推动中国特色社会主义进入了新时代。

2014 年 9 月 28 日，《习近平谈治国理政》一书，以中、英、法、俄、阿、西、葡、德、日等 9 个语种、10 个版本向全球出版发行。至 2017 年 9 月，已出版 21 个语种、24 个版本，共发行 642 万册，发行到世界 160 多个国家和地区。《习近平谈治国理政》后经修订后，改称《习近平谈治国理政》第一卷再版发行。到 2022 年，又先后出版了《习近平谈治国理政》第二卷、第三卷、第四卷。

此外，为帮助广大党员、干部、群众学习习近平总书记系列重要讲话精神和治国理政新理念新思想新战略，原中央文献研究室等部门还围绕实现中华民族伟大复兴的中国梦、统筹推进“五位一体”总体布局、协调推进“四个全面”战略布局等，相继编辑出版了习近平有关论述摘编。

《中共中央关于党的百年奋斗重大成就和历史经验的决议》在党的十九大的基础上，再一次对习近平新时代中国特色社会主义思想作了概括和高度评价。

党的十九大报告归纳了习近平新时代中国特色社会主义思想的“8 个明确”，同时，归纳了 14 个坚持和发展中国特色社会主义的基本方略。《中共中央关于党的百年奋斗重大成就和历史经验的决议》把“8 个明确”

扩展为"10个明确"，其中的某些明确又增加了一些新的内容。

第一，将党的十九大的第八个明确关于党的全面领导和全面从严治党的内容，分为两个明确。

将坚持党的全面领导的内容移到了第一个，作为第一个明确，并强调"全党必须增强'四个意识'、坚定'四个自信'、做到'两个维护'"。其内容为，"明确中国特色社会主义最本质的特征是中国共产党领导，中国特色社会主义制度的最大优势是中国共产党领导，中国共产党是最高政治领导力量，全党必须增强'四个意识'、坚定'四个自信'、做到'两个维护'"。

第二，其他内容整合、补充为"明确全面从严治党的战略方针"，从而新增了一个"明确"，排在第十个。

在第十个明确中，提出了"以伟大自我革命引领伟大社会革命"的重要命题。

第三，增加了完整的一条，作为第七个"明确"，"明确必须坚持和完善社会主义基本经济制度，使市场在资源配置中起决定性作用，更好发挥政府作用，把握新发展阶段，贯彻创新、协调、绿色、开放、共享的新发展理念，加快构建以国内大循环为主体、国内国际双循环相互促进的新发展格局，推动高质量发展，统筹发展和安全"。

第四，在其他"明确"中，增加了一些新的论断。在第二个"明确"中，增加了"以中国式现代化推进中华民族伟大复兴"。在第三个"明确"中，增加了"发展全过程人民民主"，将"全体人民共同富裕"改为"全体人民共同富裕取得更为明显的实质性进展"。在第四个"明确"中，"四个全面"战略布局中，将"全面建成小康社会"改为"全面建设社会主义现代化国家"。在第九个关于外交的"明确"中，增加了中国特色大国外交"要服务民族复兴、促进人类进步"。

因此，《中共中央关于党的百年奋斗重大成就和历史经验的决议》的完整概括是：

习近平新时代中国特色社会主义思想，明确中国特色社会主义最本质的特征是中国共产党领导，中国特色社会主义制度的最大优势是中国共产党领导，中国共产党是最高政治领导力量，全党必须增强“四个意识”、坚定“四个自信”、做到“两个维护”；明确坚持和发展中国特色社会主义，总任务是实现社会主义现代化和中华民族伟大复兴，在全面建成小康社会的基础上，分两步走在本世纪中叶建成富强民主文明和谐美丽的社会主义现代化强国，以中国式现代化推进中华民族伟大复兴；明确新时代我国社会主要矛盾是人民日益增长的美好生活需要和不平衡不充分的发展之间的矛盾，必须坚持以人民为中心的发展思想，发展全过程人民民主，推动人的全面发展、全体人民共同富裕取得更为明显的实质性进展；明确中国特色社会主义事业总体布局是经济建设、政治建设、文化建设、社会建设、生态文明建设五位一体，战略布局是全面建设社会主义现代化国家、全面深化改革、全面依法治国、全面从严治党四个全面；明确全面深化改革总目标是完善和发展中国特色社会主义制度、推进国家治理体系和治理能力现代化；明确全面推进依法治国总目标是建设中国特色社会主义法治体系、建设社会主义法治国家；明确必须坚持和完善社会主义基本经济制度，使市场在资源配置中起决定性作用，更好发挥政府作用，把握新发展阶段，贯彻创新、协调、绿色、开放、共享的新发展理念，加快构建以国内大循环为主体、国内国际双循环相互促进的新发展格局，推动高质量发展，统筹发展和安全；明确党在新时代的强军目标是建设一支听党指挥、能打胜仗、作风优良的人民军队，把人民军队建设成为世界一流军队；明确中国特色大国外交要服务民族复兴、促进人类进步，推动建设新型国际关系，推动构建人类命运共同体；明确全面从严治党的战略方针，提出新时代党的建设总要求，全面推进党的政治建设、思想建设、组织建设、作风建设、纪律建设，把制度建设贯穿其中，深入推进反腐败斗争，落实管党治党政治责任，以伟大自我革命引领伟大社会革命。这些战略思想和创新理念，是党对中国特色社会主义建设规律认识深化和理论创新的重大成果。①

党的二十大指出，十九大、十九届六中全会提出的“十个明确”“十四

① 参见《中共中央关于党的百年奋斗重大成就和历史经验的决议》，人民出版社 2021 年版，第 24—25 页。

个坚持”“十三个方面成就”概括了习近平新时代中国特色社会主义思想的主要内容，必须长期坚持并不断丰富发展。

党的二十大报告指出，10年来，我们创立了新时代中国特色社会主义思想，明确坚持和发展中国特色社会主义的基本方略，提出一系列治国理政新理念新思想新战略，实现了马克思主义中国化时代化新的飞跃。党的二十大修改后的党章，在十九大党章已作高度评价的基础上，又进一步突出习近平新时代中国特色社会主义思想的新发展，增加了“两个结合”，即习近平新时代中国特色社会主义思想是“坚持把马克思主义基本原理同中国具体实际相结合、同中华优秀传统文化相结合”的产物，同时，强调习近平新时代中国特色社会主义思想是“当代中国马克思主义、二十一世纪马克思主义，是中华文化和中国精神的时代精华”。

六、坚定不移高举中国特色社会主义伟大旗帜

中国特色社会主义是当代中国最重要的标识，是中国共产党和中华民族高高飘扬的伟大旗帜。

作为一种政治标识，中国特色社会主义，既是一种道路，也是一种事业；既是一种实践，也是一种理论；既是一种制度体系，也是一种历史进程。

改革开放以来，我们党在不同的语境中使用过这些概念。党的十七大强调高举中国特色社会主义伟大旗帜，最根本的，就是要坚持中国特色社会主义道路和中国特色社会主义理论体系。在2011年庆祝中国共产党成立90周年大会上的讲话中，胡锦涛又不失时机地提出了“中国特色社会主义制度”的范畴，宣告我们已经形成一整套相互衔接、相互联系的制度体系，即“确立了中国特色社会主义制度”。2016年7月1日，习近平总书记在庆祝中国共产党成立95周年大会上又明确提出了中国特色社会主义的文化。所以，我们现在所讲的中国特色社会主义，主要包含道路、理论体系、制度、文化四大方面。它们有分有合，构成一个统一的整体。这样的中国特色社会主义，主题非常鲜明，范围非常广泛，内容极其丰富。

十九大党章确认：经过90多年的奋斗、创造、积累，中国党和人民必须倍加珍惜、长期坚持、不断发展的成就是：开辟了中国特色社会主义道路，形成了中国特色社会主义理论体系，确立了中国特色社会主义制度，发展了中国特色社会主义文化。

习近平总书记曾指出：改革开放以来社会主义在中国开创的辉煌局面和取得的巨大成就充分证明，中国特色社会主义是深深植根于中国大地、符合中国国情、具有强大生命力的社会主义。在当代中国，只有中国特色社会主义能够发展中国、造福人民、振兴中华。

中国特色社会主义，凝集着一代代中国共产党人不懈奋斗的精神和开拓创新的智慧，是改革开放以来我们党逐步高举起来的伟大旗帜，是中国共产党和中国人民在建设社会主义道路上取得的最宝贵成果之一，是中华民族自近现代以来写得最好的大文章之一。

历史的经验、现实的需要，国际国内的环境、人民群众的意愿，都告诉我们：只有中国特色社会主义才能继续发展中国；中国唯一的选择只能是继续坚定不移地高举中国特色社会主义伟大旗帜。

40多年来，中国特色社会主义始终贯穿于我们党和事业的全部进程。仅从历次党代会报告的标题，我们就可以清晰地看到这条主线。

党的十三大报告的标题是:《沿着有中国特色的社会主义道路前进》；

党的十四大报告的标题是:《加快改革开放和现代化建设步伐，夺取有中国特色社会主义事业的更大胜利》；

党的十五大报告的标题是:《高举邓小平理论伟大旗帜，把建设有中国特色社会主义事业全面推向二十一世纪》；

党的十六大报告的标题是:《全面建设小康社会，开创中国特色社会主义事业新局面》；

党的十七大报告的标题是:《高举中国特色社会主义伟大旗帜，为夺取全面建设小康社会新胜利而奋斗》；

党的十八大报告的标题是:《坚定不移沿着中国特色社会主义道路前进，为全面建成小康社会而奋斗》；

党的十九大报告的标题是:《决胜全面建成小康社会，夺取新时代中国特色社会主义伟大胜利》；

党的二十大报告的标题是:《高举中国特色社会主义伟大旗帜，为全面建设社会主义现代化国家而团结奋斗》。

这8次代表大会的标题都有一个共同的关键词——中国特色社会主义。因此，可以说，贯穿改革开放以来中国共产党历次全国代表大会的主线，都是中国特色社会主义。进而，贯穿改革开放整个进程的主线，也是中国特色社会主义。

40多年来，我们所赖以成功的，是中国特色社会主义；我们所取得的成就，归根到底，都是中国特色社会主义的胜利；在新的历史起点上，我们的使命和任务，仍然是为坚持和发展中国特色社会主义而奋斗。

中国特色社会主义伟大旗帜，是当代中国发展进步的旗帜，是全党全国各族人民团结奋斗的旗帜。中国特色社会主义伟大旗帜，代表了中国最广大人民的根本利益，指引着中华民族伟大复兴的正确方向，具有强大的吸引力、凝聚力、感召力。只有始终高举中国特色社会主义伟大旗帜，才能真正统一全党全国各族人民的思想，最大限度地团结和凝聚不同社会阶层、不同利益群体的人们，为实现中华民族伟大复兴而共同奋斗；只有始终高举中国特色社会主义伟大旗帜，才能克服前进道路上的一切艰难险阻，应对和战胜各种困难、风险和挑战，为实现民族振兴、国家富强、人民幸福、社会和谐提供根本的政治保证和思想保证。

坚定不移高举中国特色社会主义伟大旗帜，就要继续坚持和拓展中国特色社会主义道路，坚持和丰富中国特色社会主义理论体系，坚持和完善中国特色社会主义制度，坚持和发展中国特色社会主义文化。不动摇、不懈怠、不折腾，不停滞、不倒退，坚定中国特色社会主义信念，加强对中国特色社会主义的认同，用中国特色社会主义统一全党思想。坚决走充满生机活力的新路，决不走实践证明是封闭僵化的老路，也决不走那种改旗易帜、放弃共产党领导、放弃社会主义的邪路。

坚定不移高举中国特色社会主义伟大旗帜，就要深化对中国特色社会主义的研究。中国特色社会主义是一个不断发展的过程。每一阶段的实践都会遇到许多新情况、新问题。既需要运用已有的理论认识指导实践，又需要不断探索新的规律，形成许多新的理论认识，从而推动实践进一步向广度和深度发展。因此，坚持中国特色社会主义，必须始终站在时代前列，用宽广的眼界观察世界，把握实践，不唯本本，不守教条，做到与时俱进，开拓创新。

坚定不移高举中国特色社会主义伟大旗帜，就要切实解决现实提出的各种课题，把中国特色社会主义的实践不断推向前进。继续推进经济体制、政治体制、文化体制、社会体制、生态文明体制改革创新，继续解放和发展社会生产力，继续推动我国社会主义制度自我完善和发展，在新的历史征程上把中国特色社会主义伟大事业全面推向前进。

坚定不移高举中国特色社会主义伟大旗帜，就要拓展眼光，胸怀世界，展示中国形象，加强国际合

★ 图为2021年7月1日，庆祝中国共产党成立100周年大会在北京天安门广场隆重举行　中新图片／盛佳鹏

作，创造良好环境，在与世界各种复杂因素的博弈中坚持和发展中国特色社会主义伟大事业。世界局势错综复杂。我们要既坚持中国人民自己选择的社会制度和发展道路，始终把独立自主、自力更生作为自己发展的根本基点，把国家主权和安全放在第一位，坚决维护国家主权、安全和发展利益，反对外部势力干涉我国内部事务。同时，又坚持在和平共处五项原则基础上同所有国家开展交流合作，积极促进世界多极化、推进国际关系民主化，尊重世界多样性，反对霸权主义和强权政治。推动经济全球化朝着均衡、普惠、共赢方向发展，共同呵护人类赖以生存的地球家园，促进人类文明繁荣进步。始终高举和平、发展、合作旗帜，利用和平的国际环境发展自己，又通过自己的发展维护世界和平，努力构建人类命运共同体。

《中共中央关于党的百年奋斗重大成就和历史经验的决议》指出：过去一百年，党向人民、向历史交出了一份优异的答卷。现在，党团结带领中国人民又踏上了实现第二个百年奋斗目标新的赶考之路。

时代是出卷人，我们是答卷人，人民是阅卷人。中国共产党一定要继续考出好成绩，在新时代新征程上展现新气象新作为。

因此，全党要牢记中国共产党是什么、要干什么这个根本问题，把握历史发展大势，坚定理想信念，牢记初心使命，始终谦虚谨慎、不骄不躁、艰苦奋斗，从伟大胜利中激发奋进力量，从弯路挫折中吸取历史教训，不为任何风险所惧，不为任何干扰所惑，决不在根本性问题上出现颠覆性错误，以咬定青山不放松的执着奋力实现既定目标，以行百里者半九十的清醒不懈推进中华民族伟大复兴。

《中共中央关于党的百年奋斗重大成就和历史经验的决议》要求，全党必须坚持马克思列宁主义、毛泽东思想、邓小平理论、“三个代表”重要思想、科学发展观，全面贯彻习近平新时代中国特色社会主义思想，用马克思主义的立场、观点、方法观察时代、把握时代、引领时代，不断深化对共产党执政规律、社会主义建设规律、人类社会发展规律的认识。必须坚持党的基本理论、基本路线、基本方略，增强“四个意识”，坚定“四个自信”，做到“两个维护”，坚持系统观念，统筹推进“五位一体”总体布局，协调推进“四个全面”战略布局，立足新发展阶段、贯彻新发展理念、构建新发展格局、推动高质量发展，全面深化改革开放，促进共同富裕，推进科技自立自强，发展全过程人民民主，保证人民当家作主，坚持全面依法治国，坚持社会主义核心价值体系，坚持在发展中保障和改善民生，坚持人与自然和谐共生，统筹发展和安全，加快国防和军队现代化，协同推进人民富裕、国家强盛、中国美丽。

全党必须永远保持同人民群众的血肉联系，站稳人民立场，坚持人民主体地位，尊重人民首创精神，践行以人民为中心的发展思想，维护社会公平正义，着力解决发展不平衡不充分问题和人民群众急难愁盼问题，不断实现好、维护好、发展好最广大人民根本利益，团结带领全国各族人民不断为美好生活而奋斗。

全党必须铭记生于忧患、死于安乐，常怀远虑、居安思危，继续推进新时代党的建设新的伟大工程，坚持全面从严治党，坚定不移推进党风廉政建设和反腐败斗争，勇敢面对党面临的长期执政考验、改革开放考验、市场经济考验、外部环境考验，坚决战胜精神懈怠的危险、能力不足的危险、脱离群众的危险、消极腐败的危险。必须保持越是艰险越向前的英雄气概，敢于斗争、善于斗争，逢山开道、遇水架桥，做到难不住、压不垮，推动中国特色社会主义事业航船劈波斩浪、一往无前。

党的二十大指出，全党必须牢记，坚持党的全面领导是坚持和发展中国特色社会主义的必由之路，中国特色社会主义是实现中华民族伟大复兴的必由之路，团结奋斗是中国人民创造历史伟业的必由之路，贯彻新发展理念是新时代我国发展壮大的必由之路，全面从严治党是党永葆生机活力、走好新的赶考之路的必由之路。这是我们在长期实践中得出的至关紧要的规律性认识，必须倍加珍惜、始终坚持，咬定青山不放松，引领和保障中国特色社会主义巍巍巨轮乘风破浪、行稳致远。

党的二十大还指出："科学社会主义在二十一世纪的中国焕发出新的蓬勃生机，中国式现代化为人类实现现代化提供了新的选择，中国共产党和中国人民为解决人类面临的共同问题提供更多更好的中国智慧、中国方案、中国力量，为人类和平与发展崇高事业作出新的更大的贡献！"